本著作是 2014 年国家社会科学基金项目"中央支持民族地区财政政策效果评价与调整方向研究"（批准号：14BMZ078）的最终成果。

国家社会科学基金项目成果

PUBLIC FINANCIAL POLICY
SUPPORTING ETHNIC MINORITY
REGIONS DEVELOPMENT BY
THE CENTRAL GOVERNMENT IN CHINA

THE EVALUATION AND ADJUSTMENT

中央支持民族地区财政政策研究

效果评价与调整方向

张冬梅　著

社会科学文献出版社
SOCIAL SCIENCES ACADEMIC PRESS (CHINA)

前　言

党的十八届三中全会提出"财政是国家治理的基础和重要支柱",十九届四中全会提出加速推进国家治理体系与治理能力现代化。为贯彻实施"十九大"提出的区域协调发展战略,加速解决民族地区经济社会发展的问题,实现民族地区有速度、有质量、健康可持续发展,中央财政支持民族地区不仅要"加大力度",更要"重质量、调结构",这也是建立现代财政制度的重要内容,有利于解决我国区域发展不平衡、不充分、不协调的民族地区发展难题。在新发展理念下,实现民族地区创新、协调、绿色、开放、共享的发展模式,急需学术界对自新中国成立至今已有70年的中央支持民族地区发展的财政政策进行系统地总结和研究,政策效果评价有利于指明未来调整方向,提出有针对性与有效的政策建议,并进一步深化财税体制改革,促进包容差异的财税政策的创新性供给。

本书是国家社会科学基金年度(一般)项目"中央支持民族地区财政政策效果评价与调整方向研究"(批准号:14BMZ078)的最终研究成果。本书从体制、规则与政策等层面梳理了中央支持民族地区财政政策,探寻中央支持民族地区财政政策的新政治经济学理论基础,并对其综合效果进行客观量化评价,提出支持民族地区提升自我发展能力的政策调整方向与建议。

全书主要回答了三个问题。

第一个问题,为何中央要对民族地区采取财政支持政策?

首先本书根据我国财政制度发展三阶段分别梳理、归纳、总结不同阶段中央支持民族地区主要财政政策的手段、内容与思路,其基本是依据国家财政体制调整与规则完善而相继出台的支持民族地区发展的相机抉择。其次探寻了中央支持民族地区发展的科学基础,要建立包容"区域"与"民族"双重差异的现代财政制度,体现权利分配正义并遵循差异文化的集体选择逻辑,就必须深入"民主财政"与"法治财政"的联动共进。最后指出财政制度创新性供给的构架包括：激励少数民族积极参与财政预算的公共选择，包容性财政体制提升民族地区财政自主性；法治性财政规则制衡民族地区财政自治权，差异性财政政策激活民族地区经济发展动力。

第二个问题，自新中国成立至今实施的中央支持民族地区财政政策效果如何？

为能够更详尽地回答第二个问题，本书将中央支持民族地区财政政策效果评价细分为税收政策、转移支付和税收返还、中央支持下的民族地区财政支出结构、民族自治县县域财政自主性四部分，分别对每一部分进行量化分析。

其一，优惠民族地区的税收政策具有减轻其宏观税收负担的效果，资源税改革在近期内具有增加民族地区财政收入效果。比较民族地区与全国地方的宏观税负水平的数据发现：自 2000 年至 2015 年，民族地区的小口径宏观税负（税收收入/国内生产总值）比全国地方低 2.60～5.86 个百分点；自 1952 年至 2015 年，民族地区的大口径宏观税负（全部财政收入/国内生产总值）一直低于全国地方，统收统支阶段差距最大（差距平均数是 14.33 个百分点），包干制阶段差距逐渐缩小（差距平均数是 10.26 个百分点），分税制阶段差距略微振荡后趋于平稳（差距平均数是 3.88 个百分点）。同时税收结构数据显示资源税在民族地区地方税收结构中排序上升，但是计量模型分析结果显示资源税对民族地区经济增长贡献系数远低于增值税，说明未来资源税显著增加民族地区财政收入具有不确定性。

其二，中央转移支付对民族地区财政平衡效果显著增强（一方面是规模更大，另一方面是结构更趋合理），而税收返还对民族地区财政失衡效果显著减弱。就人均转移支付这一绝对规模而言，中央对民族地区转移支付相比对全国其他地方多一倍左右（1996 年对民族地区是平均 142.26 元/人，而对全国其他地方是 63.23 元/人；2016 年，中央对民族地区是 8001.52 元/人，而对全国其他地方是 3802.23 元/人）；而税收返还对增加地方财政收入的贡献越来越小，就中央税收返还与中央财政补助（税收返还与转移支付的和）的比值而言，民族地区由 1996 年的 41.60% 下降到 2016 年的 6.01%，全国其他地方由 1996 年的 71.57% 下降到 2016 年的 11.49%，说明中央税收返还在增加地方财力作用方面明显逊色于中央转移支付。但是，民族地区基本公共服务水平明显低于全国地方，说明中央财政支持民族地区财力均等化并不必然等于其基本公共服务均等化。

其三，通过对 1995 年至 2014 年民族地区财政支出结构进行实证分析，得出其典型特征与变化趋势偏重"行政管理"与"经济建设"，而忽视"社会保障"与"社会发展"。相比全国地方财政支出结构偏向"经济建设"与"行政管理"，民族地区财政支出结构中更为明显偏向这两类（2014 年民族地区财政经济建设支出与行政管理支出占比分别为 29.85% 与 15.29%），由此必然可得民族地区忽视财政科教文卫支出（2014 年占比为 25.68%）与社保就业类支出（2014 年占比为 11.06%），与全国地方民生性财政支出相比更为不足，民族地区支出结构"重"政府与经济、"轻"社会保障与发展的结论，所以"偏向"结论用在民族地区有过之而无不及。

其四，通过对 2012 年全国 1974 个县或县级市财政自主度的统计分析与比较，发现民族自治县财政自主性缺失更为严重。数据分析结果显示，120 个自治县财政自主度平均值为 22.75%，明显低于 1854 个非自治县财政自主度的平均值（40.19%），而且低于 1974 个县的平均水平（39.29%）。

第三个问题：未来这一政策应该如何调整？

通过效果评价与问题根源剖析，提出的制度建设与政策调整建议有四。

其一，现行体制与法律根源上的税收权益失衡问题约束了民族地区财政自治权的发挥。提出的解决方法是"本"与"里"在于税收权益合理配置的税制改革，"末"与"表"在于以提升自我发展能力为着力点的税收政策调整与创新。

其二，论证税收返还不具有转移支付的均等化作用，提出在新发展理念下，完全可用"新"分税制的创新性安排与转移支付的相应调整适时适当取代税收返还，体现中央地方财政激励相容的"简政"与"放权"。值得关注的是，虽然自分税制改革以来中央对民族地区转移支付力度持续加大，但是时至今日民族地区基本公共服务与全国其他地方平均水平的差距仍旧显著，说明中央财政支持民族地区财力均等化并不必然等于其基本公共服务均等化。为加速推进民族地区基本公共服务均等化，一方面要明晰界定中央地方财政事权，促进转移支付制度的公平与效率；另一方面要健全现代预算管理体制与自治区以下转移支付制度。

其三，为优化民族地区财政支出结构，应推进基于民族区域自治制度的"公共服务型"政府转型，基于民族地区财政支出显著差异性的中央地方政府间事权明晰界定；基于转移支付制度完善的民族地区财政支出结构预算科学。

其四，民族自治地方县域财政自主性缺失更为严重的核心问题在于县政治理与自治区（或省）以下财政体制及相应法治规则的制度根源。为保障自治县财政自主性得到更有效的发挥，应基于民族区域自治制度，一方面加强对包容性政治与经济良性互动的县域财政民主化制度的建设；另一方面促进对各级政府间财政分权协调制衡的县域财政法制建设。

总之，在新的发展理念下，在民族地区应建立包容双重差异的现代财政制度，应基于民族区域自治制度促进"公共服务型"政府转型，基于民族地区显著差异性推进中央地方政府间事权明晰界定，健全现代预算管理体制，保障转移支付制度的公平、规范与透明，促进以提升自我发展能力为着力点的财税政策差别化创新性供给，深度支持民族地区有速度与有质量的健康可持续发展。

感谢国家社科基金的资助，其使笔者能够在支持民族地区发展的财政政策上进行相应的探索与研究。

张冬梅

2020 年 12 月

目　录

第一章　导论

第一节　问题的提出

自新中国成立以来，中央政府制定了一系列支持民族地区发展的财政政策，时至今日已70年。本书从体制、规则与政策等层面梳理了中央支持民族地区的财政政策，探寻中央支持民族地区财政政策的新政治经济学理论基础，并对其综合效果进行客观量化评价，提出支持民族地区提升自我发展能力的政策调整方向与建议。

一　研究背景

党的十八届三中全会提出"财政是国家治理的基础和重要支柱"，十九大提出要更好地发挥财政在国家治理中的基础和重要支柱作用。2020年是我国全面建成小康社会的决胜期，要实现民族地区"同步小康"，就要加速解决民族地区经济社会发展的问题。民族地区发展相对落后的现状突显出我国区域发展的不平衡、不充分、不协调。为破解民族地区发展难题，在新发展理念下实现创新、协调、绿色、开放、共享的发展模式，急需学术界对中央支持民族地区发展的财政政策进行系统的总结和研究，提出具有针对性与有效性的政策建议。

2013年，财政部部长楼继伟的"促进包容性增长的财税改革"旨在让经济发展的成果惠及所有地区与所有人群，重点地区无疑包括民族地区，重点人群包括少数民族，中央支持民族地区财政政策只有充分关注民族地区的显著差异性，才能真正体现"包容"，实现共享发展。党的十九大报告明确指明，在贯彻新发展理念、建立现代化经济体系中，建立现代财政制度至关重要。对此，应继续实施区域协调发展战略，中央财政继续加大力度支持相对较不发达地区有质量有速度地协调发展，主要包括革命老区、民族地区、边疆地区、贫困地区等。时任财政部部长肖捷强调："紧紧围绕党的十九大做出的战略部署，紧密联系财政改革发展实际，找准工作定位，理清工作思路，明确工作举措。"

地方政府通过财政支出竞争人才及税收竞争资本的财政竞争越激烈，中央支持民族地区发展的财政政策越受关注，对量化评价政策效果与方向调整进行深入研究越必要，且该研究有利于深化财税体制改革，促进公平正义的现代财政税收制度的建立与政策创新，推进民族地区快速、健康、可持续发展。

二 研究的内容

开放的市场竞争中，民族地区发展需要中央财政政策的支持。要提升中央财政政策效果，激励相容的财政体制、法治正义的财政规则及可被有效执行的财政政策均要关注与考虑民族地区的显著差异性。无论社会发展到何种阶段，提升民族地区自我发展能力与强化内在激励是根本，就财政领域而言，通过提升民族地区政府公共服务能力而增强区域竞争力，不仅要注重财政收入与支出政策的创新性供给，还要注重公共财政预算的科学规范与制度完善。

1. 概念界定与国内外研究现状述评

界定"中央支持民族地区财政政策"的内涵；系统整理国内外相关研究成果，全面把握国内外支持民族地区财政政策的内容、实施效果、评价方法及动态前沿。

2. 中央支持民族地区财政政策的演变

梳理新中国成立以来的中央专门针对或主要惠及民族地区的各种财政收支政策；并将对财政体制改革的"统收统支"阶段、"包干制"阶段与分税制阶段进行阶段性归纳与总结，包括民族地区财政管理及运行的重点与变化。

3. 中央支持民族地区财政政策的科学基础

民族地区的地理区位与多元文化显著区别于其他地区，民族区域自治制度与《中华人民共和国民族区域自治法》为中央充分考虑区域差异与民族差异的财政政策提供了制度与法律基础。以权利配置为主要研究对象的新政治经济学自然成为支持民族地区发展的财政政策制定的科学基础，贯穿政经体制的财政制度创新是解决系统、综合、复杂的民族地区发展问题的核心；只有财政的"民主"与"法治"联动共进，才能更好地包容与尊重差异。中央支持民族地区财政政策创新性供给构架要求：首先是少数民族民主参与公共财政预算过程，其次是利用包容性财政体制提升民族地区财政自主性，再次是利用法治性财政规则制衡民族地区财政自治权，最后是利用差异性财政政策激活民族地区经济发展活力。

4. 中央支持民族地区税收政策的效果评价与调整方向

通过对我国财政体制改革三阶段的中央支持民族地区税收政策的梳理与总结，比较民族地区与全国地方的宏观税负水平，得出优惠民族地区的税收政策具有减轻其税收负担的效果；且现阶段的资源税改革具有增加民族地区财政收入的效果。然而，现行体制与法律根源上的税收权益失衡问题约束了民族地区财政自治权发挥。本书提出：权益合理配置的税制改革及以提升自我发展能力为着力点的税收政策调整与创新将深度支持民族地区有速度与有质量的可持续发展。

5. 中央支持民族地区转移支付和税收返还的效果评价与调整建议

坚持区域协调发展战略使中央支持民族地区转移支付与税收返还备受关注，尤其是两者对实现均等化目标的影响一直以来都是重点议题。通过追溯"税收返还"实施初衷与过程，论述其不属于转移支付的一种形式，并对两者自分税制改革至今的实施效果进行量化评价。中央转移支付对民族地区财政平衡效果显著，规模不断扩大且结构更趋合理；数据与实践印证了中央税收返还对民族地区财政失衡效果有序减弱。诚然，中央财政支持民族地区财力均等化并不必然等于基本公共服务均等化，要在新发展理念下，用"新"分税调整取代税收返还，使转移支付制度更加公平、规范与透明，健全现代预算管理体制，加速完善省（区市）以下转移支付制度推进民族地区基本公共服务均等化进程。

6. 中央财政支持下民族地区支出结构分析与优化建议

通过对 1995～2014 年民族地区财政支出结构进行实证分析，得出其典型特征与变化趋势，即偏重"行政管理"与"经济建设"，忽视"社会保障"与"社会发展"；与国内学者对全国一般地方财政支出结构偏向的研究结果相比，"偏向"结论用在民族地区有过之而无不及；数据说明其与民族地区政府短期"数量型"经济增长动机的相关性显著。民族地区财政支出结构优化路径是：其一，基于民族区域自治制度的"公共服务型"政府转型；其二，基于民族地区财政支出特殊性的央地政府间事权明晰界定；其三，基于转移支付制度完善的民族地区财政支出结构预算科学。

7. 现代财政制度促进民族地区基层财政自主性发挥

中央要调动民族地区积极性，激发县级财政自主性是最直接有效的方式。现有研究已证明地方财政自主性发挥与地方经济增长及地方公共产品供给呈现显著正相关关系，这可自然推演为在少数民族差异性偏好显著且经济相对不发达的民族自治县其积极作用更强。通过统计分析与比较全国1974个县级行政区域的财政自主度，发现民族自治县财政自主性缺失更为严重；核心问题在于县政治理与自治区（省）以下财政体制及相应法治规则的制度根源。为使民族自治县更有效发挥财政自主，应基于民族区域自治制度，促进包容性政治与经济的良性互动及各级政府间财政分权协调制衡，加速县域财政民主化与法制化进程。

总体而言，中央支持民族地区财政政策的综合效果较为显著，民族地区宏观税负相对较低，中央转移支付力度相对更大，基本公共服务也在提高；但是仍然存在问题，主要问题之一是中央政策安排对民族地区显著差异性特征考虑不足。另一需要引起重视的是：总量并不能够解决结构问题，如宏观税负较低源自流转税的税收流入非民族地区、大规模的财政转移支付合理安排民生性支出等。所以，中央支持民族地区的财政政策不仅要重总量，还要调结构，并且要激励民族地区基层财政自主性的发挥。中央支持民族地区财政政策的调整方向是，确保政府目标与财政体制的双向互动，以民族地区自我发展能力提升为政策基本着力点，提升政策的综合（社会、经济及生态）效益。

第二节　对中央支持民族地区财政政策的界定

一　"民族地区"的范围界定

在我国，"民族地区"自然被认为是"少数民族地区"的省略语。"少数民族"（ethnic minority）实际上是相对"多数"（majority）而言的，是相对国家内部占人口总数比例较大的"汉"民族人口而言的。与一般学术研究相同，这里专指"除汉族之外的55个民族"，为统一规范，统称其为"少数民族"。一般意义上的"民族地区"通常是指"以少数民族为主，民众聚居生活的地区"，我国的少数民族人口绝大多数分布在西部的各省和自治区，其他省市少数民族分布相对较少。一般将五个自治区（内蒙古、广西、西藏、宁夏、新疆）与三个视同民族地区的省（贵州、云南、青海）简称为"民族八省区"。《中华人民共和国民族区域自治法》第二条明确规定："各少数民族聚居的地方实行区域自治。民族自治地方分为自治区、自治州、自治县。"为了与行政区划一致，本书除"特别说明"与"专门所指"外，所研究的"民族地区"一般是指：适用民族区域自治制度与《中华人民共和国民族区域自治法》规定的显著区别于其他同级行政辖区的"民族自治地方"。

二　中央支持民族地区财政政策的界定

中央支持民族地区财政政策的含义包括三个方面。首先是中央政策，其属于国家层面的公共政策，公共政策的基本特征有：有特定的制定主体，即由国家或中央政府、执政党等制定；具有特定的价值取向，要实现特定的目标或目的；是政府为解决特定社会问题以及调整相关利益关系而制定的。其次是指惠及民族地区的政策，即我国中央政府或中国共产党通过分配或调整各地方利益关系推动民族地区发展而采取的各种手段的总和。最后，财政政策是政府为达到预期的经济、社会发展目标而确定的财政战略和策略。财政政策与其他任何政策一样，是国家有意识活动的产物，国家可以利用财政政策来达到自己经济和政治的预定目标。

由此，将"中央支持民族地区财政政策"界定为中央政府制定的惠及民族地区发展的财政政策的总和。这一财政政策的制定主体是中央政府；其目标是支持民族地区的发展，实现资源优化配置、收入分配公平及经济稳定增长；其政策工具主要包含财政收入（主要是税收）、财政支出（主要是转移支付）及公共预算等。

第三节　文献综述

一　地方政府执行中央支持财政政策的策略性选择——体制层面分析政策效果

民族地区政府执行中央支持财政政策的主动性与积极性取决于中央与

地方政府间的良性互动。国内外研究中央与地方政府间财政关系的主要理论聚焦于政府治理与财政分权，后者备受瞩目。

（一）财政分权

早期传统的财政联邦制理论（theory of fiscal federalism，或称"财政联邦主义理论"）是主要关注公共部门职能和财政在不同层级政府之间划分的一种规范理论；简言之，财政联邦主义理论乃是一种关于财政分权的理论学说，旨在从经济学的角度分析有效行使财政职能所需的财政支出和财政收入，并研究如何在中央与地方之间进行最优划分。马斯格雷夫是较早研究政府间财政关系理论的财政学家之一，他对中央（联邦）政府和地方（州）政府之间税收划分原则的探讨以及对国际税收及支出协调问题的考察都具有开创性。[1] 而针对各级政府间的财政分权，蒂布特构建了"用足投票"的地方政府模型，因为居民可以通过在各社区间自由流动来满足自身对地方公共产品的真实偏好，所以地方政府必然因竞争人力资本而主动高效率地提供地方性公共产品。[2] 蒂布特的《地方支出的纯理论》的核心是竞争性政府体系实现帕累托最优均衡；然而这一均衡需要以地方性公共产品显示消费拥挤性、社区间居民具有流动性及居民对足够多社区具有自由选择性等为主要假设条件。美国经济中的许多现实状况证明蒂布特模型并不完全是假设，在某些情况下它确实是对现实的一个较好的概括。斯蒂格勒发表的《地方政府功能的有理范围》论证了地方政府效率优势的来源，[3] 被称为关于最优分权模式的"菜单"。[4] 掌握了地方民众的真实偏好与效用函数，地方政府比中央政府更具信息优势，提供满足地方民众需求的公共产品的效率更高，为实现资源有效配置与公平分配财富，决策应在最低层级

---

① R. A. Musgrave, "The Voluntary Exchange Theory of Public Economy", *The Quarterly Journal of Economics*, Vol. 53, No. 2, 1939, pp. 213 – 237.

② C. M. Tiebout, "A Pure Theory of Local Expenditures", *The Journal of Political Economy*, Vol. 64, No. 5, 1956, pp. 416 – 424.

③ George J. Stigler, "The Tenable Range of Functions of Local Government", in *Federal Expenditure Policy for Economic Growth and Stability* (Washington, D. C.: Joint Economic Committee, Subcommittee on Fiscal Policy, 1957), pp. 213 – 219.

④ 平新乔：《财政原理与比较财政制度》，上海三联书店、上海人民出版社，1995，第338 ~ 339 页。

政府中进行。① 布坎南的"俱乐部"理论也为财政分权的合理性提供了理论基础，并论证了一个俱乐部达到最佳规模的条件。② 奥茨认为联邦制政府是一个在集中与分散两层面上进行决策的公共机构，在这个机构中，各级政府做出的与公共服务供给有关的抉择，主要是由相应辖区居民（或在其中从事各种活动的其他人）对这些服务的需求决定的。③ 奥茨同时也说明因人口异质性地方政府自主决定财政支出更有效率；如果公共产品既可以由中央（联邦）政府统一供给，也可以由各自的地方政府提供，那么由中央政府将公共产品分配给偏好不同的各个地区，就会破坏社会福利最大化的条件。④ 他特别假定，如果由中央政府供给公共产品，那么所提供的只能是同质的公共产品；财政分权下，差别化供给的边际收益与其外部的边际成本相等时达到公共产品的最优供给状态，⑤ 后人将其关于"异质性"和"规模经济"权衡的最优分税关键原则称为"奥茨定律"。

　　20 世纪 90 年代以后，财政分权理论研究的重心转向地方政府行为及激励机制等方面。温格斯特、蒙蒂诺拉等指出，在不同级政府间的权力划分中，各级政府均有制定政策法规权与范围内的自主权，制度化约束上级政府的权力有利于保障地方自主权；⑥ 他们强调在各级政府间的权力制衡中，只有制度化基层政府财政自主权，才有利于其自主性的发挥。麦金

---

① George J. Stigler, "The Economics of Information", *Journal of Political Economy*, Vol. 69, No. 3, 1961, pp. 213 – 225.

② James M. Buchanan, "An Economic Theory of Clubs", *Economica*, Vol. 32, No. 125 (Feb., 1965), pp. 1 – 14.

③ Wallace E. Oates, "The Theory of Public Finance in a Federal System", *The Canadian Journal of Economics*, Vol. 1, No. 1 (Feb., 1968), pp. 37 – 54; Wallace E. Oates, "The Dual Impact of Federal Aid on State and Local Government Expenditures: A Comment", *National Tax Journal*, Vol. 21, No. 2 (Jun., 1968), pp. 220 – 223.

④ Wallace E. Oates, "The Effects of Property Taxes and Local Public Spending on Property Values: An Empirical Study of Tax Capitalization and Tiebout Hypothesis", *Journal of Political Economy*, Vol. 77, No. 8, 1969, pp. 957 – 971.

⑤ John D. Heinberg and Wallace E. Oates, "The Incidence of Differential Property Taxes on Rental Housing: An Addendum", *National Tax Journal*, Vol. 25, No. 2 (Jun., 1972), pp. 221 – 222.

⑥ Barry R. Weingast, "The Economic Role of Political Institutions: Market – preserving Federalism and Economic Development", *Journal of Law, Economic and Organization*, Vol. 11, No. 1, 1995, pp. 1 – 31; Gabriella Montinola, Yingyi Qian and Barry R. Weingast, "Federalism, Chinese Style: The Political Basis for Economic Success in China", *World Politics*, Vol. 48, No. 1, 1995, pp. 50 – 81.

农、威迪逊和钱颖一等利用委托代理理论和公共选择理论进一步论证了财政分权的合理性；在联邦制下，跨区域可流动资源特性在一定程度上可纠偏地方政府财政支出倾向，会增加不当财政支出中地方政府的机会成本，而减少行政干预的市场化改革更有利于地方政府竞争税基和资本，因此，可流动资源被吸引到财政支出效率低下区域的概率较小，从而促进经济增长。[1] 自中国改革开放以来，尤其是分税制改革后，《中华人民共和国预算法》规定地方政府必须预算收支平衡，在税收与支出等方面的改革硬化了地方政府的预算约束；[2] 把地方政府的财政收入与支出有机联系起来的财政制度更合理，激励效果更显著，这将使地方政府更加积极地促进本辖区内的经济增长；[3] 且对政府官员的激励是重要的，必须考虑其自利动机，[4] 委托代理理论证明地方政府并不必然以促进社会福利为目标，[5] 各级政府不是利益一致的整体，而是一个委托代理组织，[6] 中国式财政分权更好地印证了政府目标是一个多元化的目标体系。[7]

---

[1] Ronald I. McKinnon, "The Logic of Market – preserving Federalism", *Virginia Law Review*, Vol. 83, No. 7 (Oct., 1997), pp. 1573 – 1580; Ronald I. McKinnon, "EMU as a Device for Collective Fiscal Retrenchment", *The American Economic Review*, Vol. 87, No. 2 (May, 1997), pp. 227 – 229; David E. Wildasin, "Income Distribution and Redistribution within Federations", *Annales d'Économie et de Statistique*, No. 45 (Jan. – Mar., 1997), pp. 291 – 313; Yingyi Qian and Gérard Roland, "Federalism and the Soft Budget Constraint", *The American Economic Review*, Vol. 88, No. 5 (Dec., 1998), pp. 1143 – 1162.

[2] Jiahua Che and Yingyi Qian, "Institutional Environment, Community Government, and Corporate Governance: Understanding China's Township – village Enterprises", *Journal of Law, Economics, and Organization*, Vol. 14, No. 1 (Apr., 1998), pp. 1 – 23.

[3] Hehui Jin and Yingyi Qian, "Public Versus Private Ownership of Firms: Evidence from Rural China", *The Quarterly Journal of Economics*, Vol. 113, No. 3 (Aug., 1998), pp. 773 – 808.

[4] Yingyi Qian and Barry R. Weingast, "Federalism, Chinese Style: The Political Basis for Economic Success in China Gabriella Montinola", *World Politics*, Vol. 48, No. 1 (Oct., 1995), pp. 50 – 81; Yingyi Qian and Barry R. Weingast, "Federalism as a Commitment to Perserving Market Incentives", *The Journal of Economic Perspectives*, Vol. 11, No. 4 (Autumn, 1997), pp. 83 – 92.

[5] Olivier Blanchard and Andrei Shleifer, "Federalism with and without Political Centralization: China Versus Russia", *IMF Staff Papers*, Vol. 48, 2001, pp. 171 – 179.

[6] Bengt Holmstrom and Paul Milgrom, "Multitask Principal – agent Analyses: Incentive Contracts, Asset Ownership, and Job Design", *Journal of Law, Economics, and Organization*, Vol. 7, Special Issue: Papers from the Conference on the New Science of Organization, 1991, pp. 24 – 52.

[7] Kai – yuen Tsui and Youqiang Wang, "Between Separate Stoves and a Single Menu: Fiscal Decentralization in China", *The China Quarterly*, Vol. 177, No. 177 (Mar., 2004), pp. 71 – 90.

（二）政府治理与财政分权的激励相容

对地方政府官员而言，仅注重经济激励并不完善，鉴于政治参与人的特征，上级政府可利用人事权优势用晋升激励地方政府官员从而促进辖区发展。陈抗等发现，地方政府激励机制及其行为影响的关键在于央地财政关系；[①] 毋庸置疑，只有充分发挥地方政府财政自主性才能够保障地方政府利用信息优势灵活应对与调整辖区内公共产品供给，提高分权的配置效率；[②] 通过对政府体系内部财政管理制度的深层剖析，[③] 发现晋升激励对地方政府官员来说是不逊于经济激励的内在激励。[④] 财政分权在何种程度上提高效率、保障公平和宏观经济稳定取决于具体的综合激励机制设计。拉丁和温格斯特把决定地方政府是否能够成长为增长型政府的制度环境归为五个方面：政府层级（hierarchy）指的是政府间关系和职责的设置；下级政府的自治程度（subnational autonomy）指的是下级政府为当地经济提供公共产品和服务的权力；共同市场（common market）指的是在国家层面上提供并维持一个要素和商品流动的共同市场；预算硬约束（hard budget constraints）指的是政府尤其是下级政府面临的预算约束；权力的制度化（institutionalized authority）指的是政治权力分配的制度化。[⑤] 因此，基于中央与地方政府间财政支出责任的明晰界定[⑥]及激励相容，机制设计显得尤为重要。近些年来，国外学者提出采用综合绩效评价（comprehensive performance assessment，CPA）作为地方政府的激励框架，探讨如何提高公共

---

① 陈抗、Hillman 和顾清扬：《财政集权与地方政府行为变化——从援助之手到攫取之手》，《经济学》（季刊）2002 年第 1 期。

② Jeffrey I. Chapman, "Local Government Autonomy and Fiscal Stress: The Case of California Countries", *State and Local Government Review*, Vol. 35, No. 1, 2003, pp. 15–25.

③ Jonathan Rodden, "Comparative Federalism and Decentralization: On Meaning and Measurement", *Comparative Politics*, Vol. 36, No. 4, 2004, pp. 481–500.

④ Qi Li and Jianxin Zhou, "The Uniqueness of Cross-validation Selected Smoothing Parameters in Kernel Estimation of Nonparametric Models", *Econometric Theory*, Vol. 21, No. 5 (Oct., 2005), pp. 1017–1025.

⑤ David D. Laitin and Barry Weingast, "An Equilibrium Alternative to the Study of Culture", *The Good Society*, Vol. 15, No. 1, 2006, pp. 15–20.

⑥ Benedict S. Jimenez, "Fiscal Stress and the Allocation of Expenditure Responsibilities between State and Local Governments: An Exploratory Study", *State and Local Government Review*, Vol. 41, No. 2, 2009, pp. 81–94; Ben Lockwood and Francesco Porcelli, "Incentive Schemes for Local Government: Theory and Evidence from Comprehensive Performance Assessment in England", *American Economic Journal: Economic Policy*, Vol. 5, No. 5, 2013, pp. 254–286.

服务质量,[①] 但至今对其效率仍存质疑,尚未达成共识。[②]

国内部分研究[③]聚焦于中央与地方财政关系及财权与事权划分的经济激励,部分研究[④]关注中央政府建立科学政绩考核机制的政治激励。

实际上,政府可以引用私人企业的成功管理方法。通过市场机制和竞争机制,上级政府可通过有效的、激励性的制度安排来鼓励各社会主体参

[①] Sandra Nutley, James Downe, Steve Martin, and Clive Grace, "Policy Transfer and Convergence within the UK: The Case of Local Government Performance Improvement Regimes", *Policy & Politics*, Vol. 40, No. 2, 2012, pp. 193 – 209; Sascha O. Becker, Peter H. Egger, and Maximilian Von Ehrlich, "Absorptive Capacity and the Growth and Investment Effects of Regional Transfers: A Regression Discontinuity Design with Heterogeneous Treatment Effects", *American Economic Journal: Economic Policy*, Vol. 5, No. 5, 2013, pp. 29 – 77; Allison H. Turner, "Instilling Public Service Values and Professionalism Through Information Literacy", *Journal of Public Affairs Education*, Vol. 21, No. 1 (Winter 2015), pp. 41 – 54; Moumita Chel and Vivekananda Mukherjee, "On Autonomous Devolution from the Union Government, Provision of Local Public Goods and Welfare of the States", *Indian Economic Review*, Vol. 51, No. 1/2 (January – December 2016), pp. 21 – 41; Béatrice Boulu – Reshef, Samuel H. Brott and Adam Zylbersztejn, "Does Uncertainty Deter Provision of Public Goods?", *Revue Économique*, Vol. 68, No. 5 (Sept. 2017), pp. 785 – 791.

[②] Ben Lockwood and Francesco Porcelli, "Incentive Schemes for Local Government: Theory and Evidence from Comprehensive Performance Assessment in England", *American Economic Journal: Economic Policy*, Vol. 5, No. 5, 2013, pp. 254 – 286; Wojciech Kopczuk: "Incentive Effects of Inheritances and Optimal Estate Taxation", *American Economic Review: Paper & Proceedings*, Vol. 103, No. 3, 2013, pp. 472 – 477; Jennifer M. Connolly and Dyana P. Mason, "Ideology and Local Public Expenditure Priorities", *Political Research Quarterly*, Vol. 69, No. 4 (Dec, 2016), pp. 830 – 841; Armenia Androniceanu, "Improving Citizen's Satisfaction Concerning the Social Welfare Services at Urban Level", *Theoretical and Empirical Researches in Urban Management*, Vol. 12, No. 4 (Nov, 2017), pp. 67 – 82.

[③] 陈硕:《分税制改革、地方财政自主权与公共品供给》,《经济学》(季刊) 2010 年第 4 期;高琳:《分权与民生:财政自主权影响公共服务满意度的经验研究》,《经济研究》2012 第 7 期;江飞涛、耿强、吕大国、李晓萍:《地区竞争、体制扭曲与产能过剩的形成机理》,《中国工业经济》2012 年第 6 期;方红生、张军:《财政集权的激励效应再评估:攫取之手还是援助之手?》,《管理世界》2014 年第 2 期;尹振东、汤玉刚:《专项转移支付与地方财政支出行为》,《经济研究》2016 年第 4 期;郭玉清、孙希芳、何杨:《地方财政杠杆的激励机制、增长绩效与调整取向研究》,《经济研究》2017 年第 6 期。

[④] 傅勇:《财政分权、政府治理与非经济性公共物品供给》,《经济研究》2010 年第 8 期;孙德超:《中国的财政分权、政治集权与经济增长》,《社会科学》2011 年第 4 期;李永友:《财政分权、财政政策与需求结构失衡》,中国人民大学出版社,2012,第 43 ~ 97 页;马海涛、任强、程岚:《我国中央和地方财力分配的合意性》,《财政研究》2013 年第 4 期;程宇:《财政分权、晋升激励与权力失衡》,《求实》2014 年第 7 期;刘冲、乔坤元、周黎安:《行政分权与财政分权的不同效应:来自中国县域的经验证据》,《世界经济》2014 年第 10 期;贾俊雪、宁静:《纵向财政治理结构与地方政府职能优化》,《管理世界》2015 年第 1 期;朱军、许志伟:《财政分权、地区间竞争与中国经济波动》,《经济研究》2018 年第 1 期。

与供给部分公共产品。只要设计出科学的激励机制，就可以诱导代理人去追求委托人的目标，使其符合委托人的利益，达到激励相容。良好的制度设计有利于促进效率与公平目标的实现，强化政府内生发展动因，[①] 提升公共服务能力，建立现代财政制度。[②]

邓子基认为："所谓财政体制是财政管理体制的简称，是在特定行政体制下，通过一定的方式调节政府间财力分配的制度；实质是正确处理国家在财政资金分配上的集权和分权问题。"[③] 财政体制是经济体制与政治体制的"接合部"，不仅反映了财政收支范围的划分，还反映了财政管理职责和权限的划分，即所反映的矛盾与冲突不局限于经济领域，更渗透到了政治领域。从财政制度与政治制度的关系看，财政制度的有效运行，需要以良好的政治制度为保障。财政属于政府的经济行为，是政治的经济内容；财权作为重要的政治权力，使得财政制度成为政治制度的重要组成部分；财政体制的调整与变革不仅仅是单纯的经济体制改革，而且是多角度、相互配套的综合性改革，既是经济中的政治问题，又是政治学中的经济问题。央地政府财政关系改革远超财政领域，[④] 涉及政治体制改革。

（三）民族地区财政自治权（financial autonomy[⑤]）

1949 年的《中国人民政治协商会议共同纲领》规定，各少数民族聚居的地区，应实行民族区域自治，自此民族区域自治制度成为我国的一项重要政治制度。《中华人民共和国宪法》第一百一十七条和《中华人民共和国民族区域自治法》第三十二条均规定："民族自治地方[⑥]的自治机关有管

[①] 贾康：《新一轮税制改革的重点》，《经济》2014 年第 2 期；贾康、梁季：《我国地方税体系的现实选择：一个总体框架》，《改革》2014 年第 7 期；贾康、苏京春：《经济学的"新框架"与"新供给"：创新中的重要联通和"集大成"境界追求》，《财政研究》2015 年第 5 期。

[②] 高培勇：《中国财税改革 40 年：基本轨迹、基本经验和基本规律》，《经济研究》2018 年第 3 期。

[③] 邓子基主编《财政学》，中国人民大学出版社，2001，第 316 页。

[④] Roy Bahl and Jorge Martinez - Vasquez, "Fiscal Federalism and Economic Reform in China", in Jessica S. Wallack and T. N. Srinivasan, ed., *Federalism and Economic Reform: International Perspectives* (New York: Cambridge University Press, 2006), p. 253.

[⑤] 英语词组"financial autonomy"，与其对应的汉语词有两个——"财政自治权""财政自主权"（财政自主性），笔者认为此处用"财政自治权"更为合宜，其与《中华人民共和国民族区域自治法》规定的"民族自治地方自治权"一致。

[⑥] 《中华人民共和国民族区域自治法》第二条规定：民族自治地方分为自治区、自治州、自治县。

理地方财政的自治权。"这就使民族自治地方的财政运行显著区别于其他地方。戴小明论证了自治区、自治州和自治县财政自治权的法律保护及目标选择。① 然而，中央政府部门体制具有示范效应，省级政府会高度复制中央政府构建，省级以下的政府部门则比照省级政府构建。Tsui 和 Wang 认为财政体制改革实际是政府治理的一个管理体系，一般情况是上级政府制定一系列指标，下级政府承诺实行；且上级政府要对下级政府进行考察。② 不同时期，中央政府对目标体系中子目标的权重会加以调整，民族地区财政特惠性主要表现在中央对民族地区的财政转移支付方面，然而，财政转移支付的均等化效果与激励效应令人质疑。③ 民族地区政府决策者同样存在任期制的内在约束，仅经济激励是不足的；政治激励指引地方财政支出结构，策略性选择执行中央财政政策实属必然。因此，要同时满足"两个约束"：一是参与约束或个人理性约束（可行机制）；二是激励相容约束（可实施机制）。二者都得到满足则称这个机制是一个可行的可实施约束。中央与民族地区财政分权的本质是财政自治权的配置问题，央地财政关系问题重在考虑区域差异的财政制度供给创新，这也深入了财政制度民主与法治建设的核心层面。④

二　中央财政规则对地方主体行为的影响——规则层面分析政策效果

规则是相互影响和制约关系的外部条件。行为主体之间的相互影响和制约关系总是在一定的规则下进行的。规则不同，行为主体的策略选择就不同，博弈结果也就不同。政府是经济活动的重要参与者之一，政府行为

---

① 戴小明：《关于民族自治地方财政自治及其法律问题》，《民族研究》1997 年第 6 期；戴小明：《论民族自治地方财政自治的目标选择》，《贵州民族研究》1998 年第 2 期；戴小明：《论财政自治权的法律保护》，《贵州民族研究》1999 年第 3 期。

② Kai‐guen Tsui and Youqiang Wang, "Between Separate Stoves and a Single Menn: Fiscal Decentralization in China", *China Quarterly*, Vol. 177, No. 177, 2004, pp. 71－90.

③ 梁积江、黄勇：《试论民族地区经济发展中的转移支付问题》，《中央民族大学学报》2003 年第 5 期；雷振扬、成艾华：《民族地区各类财政转移支付的均等化效应分析》，《民族研究》2009 年第 4 期；范子英、张军：《中国如何在平衡中牺牲了效率：转移支付的视角》，《世界经济》2010 年第 11 期。

④ 张冬梅、黄少侠：《民族自治地方县域财政自主性研究》，《民族研究》2015 年第 5 期；段晓红：《政治契约视野下财政自治权限度研究》，《苏州大学学报》2016 年第 10 期；姜漪：《中央地方关系视阈下民族区域自治权的完善》，《贵州民族研究》2016 年第 12 期。

需要受到一定规则的约束，否则，博弈可能不存在唯一的均衡或者各种政策的效果会相互抵消。相比财政分权与政府治理，国外对财政规则问题的研究相对较晚，而国内相关研究尚处于起步阶段。

（一）财政规则

国外经济学专家在研究生产、增长与经济周期理论时研究了财政规则对经济系统均衡的影响，[1] 关注的基本是较为宏观的财政规则，如松紧财政与货币政策规则下的均衡和平衡预算规则、赤字预算的政治经济分析、内生商业周期的财政货币规则等，[2] 通过完美预期增长模型、真实经济周期（RBC）模型等实证分析财政规则对经济政策目标的影响。至此，研究者指出，科学的财政规则有利于纠偏不符合公共利益的财政支出规模与结构；[3] 还有学者指出，平衡预算规则（balanced fiscal rule，BFR）对政府债务的可持续性和长期经济增长具有重要意义，并发现不同财政规则下，财政政策的影响存在明显差异。[4] 继而，学者纷纷构建计量模型［如动态随

[1] R. G. King, C. I. Plosser and S. T. Rebelo, "Production, Growth and Business Cycles", *Journal of Monetary Economics*, Vol. 21, No. 2 – 3, 1988, pp. 195 – 232.

[2] E. M. Leeper, "Equilibria under 'Active' and 'Passive' Monetary and Fiscal Policies", *Journal of Monetary Economics*, Vol. 27, No. 1, 1991, pp. 129 – 147; S. Schmitt – Grohe and M. Uribe, "Balanced – budget Rules, Distortionary Taxes, and Aggregate Instability", *Journal of Political Economy*, Vol. 105, No. 5, 1997, pp. 976 – 1000; A. Alesina and R. Perotti, "The Political Economy of Budget Deficits", *IMF Staff Papers*, Vol. 42, 1995; John B. Taylor, "Alternative Views of the Monetary Transmission Mechanism: What Difference Do They Make for Monetary Policy?", *Oxford Review of Economic Policy*, Vol. 16, No. 4, (Winter, 2000), pp. 60 – 73; M. Aloi, T. Lloyd – Braga and Hans Jrgen Whitta – Jacobsen, "Endogenous Business Cycles and Systematic Stabilization Policy", *International Economic*, Vol. 44, No. 3, 2003, pp. 895 – 915; Jordi Galí, Roberto Perotti, Philip R. Lane and Wolfram F. Richter, "Fiscal Policy and Monetary Integration in Europe", *Economic Policy*, Vol. 18, No. 37, (Oct., 2003), pp. 533 – 572; P. R. Mitchell, J. E. Sault, and K. F. Wallis, "Fiscal Policy Rules in Macroeconomic Models: Principles and Practice", *Economic Modelling*, Vol. 17, No. 2, 2004, pp. 171 – 193.

[3] G. M. Milesi – Ferretti, "Good, Bad or Ugly?: On the Effect of Fiscal Rules with Creative Accounting", *Journal of Public Economics*, Vol. 88, No. 1, 2004, pp. 377 – 394; Philip R. Lane and G. M. Milesi – Ferretti, "The Transfer Problem Revisited: Net Foreign Assets and Real Exchange Rates", *The Review of Economics and Statistics*, Vol. 86, No. 4 (Nov., 2004), pp. 841 – 857.

[4] B. Annicchiarico and N. Giammarioli, "Fiscal Rules and Sustainability of Public Finances in an Endogenous Growth Model", *European Central Bank Working Paper*, No. 381, 2004; J. F – H. Moraga and J – P. Vidal, "Fiscal Sustainability and Public Debt in an Endogenous Growth Model", *European Central Bank Working Paper*, No. 395, 2004.

机一般均衡模型（DSGE）、结构向量自回归模型（SVAR）等］来测量财政规则对微观经济主体的行为效果。[1] 他们指出政府可以通过制定科学的财政规则，有效避免政治偏差导致的不符合公共利益的政府收支规模及不利影响。[2]

相比国外对财政规则的研究，国内仅在近几年才开始将其作为研究论题，主要聚焦在财政规则对宏观经济的影响及其对微观经济主体行为的影响上，并逐渐深入财政政策规则与目标的制度建设层面。[3] 实际上，国内从规则层面研究源于公共选择的政治程序——"自下而上"的人民授权与"自上而下"的中央授权，而财政规则对政策效果的影响研究尚处于起步阶段。

1. 税收规则

税收的主要目标是确保政府财政收入及其可持续性。Leeper 探讨了税收收入比率的函数；[4] 后续税收规则的研究认为，修改已研究的税收规则可以增加社会条件福利，但增加的幅度很小，社会条件福利的增加来源于初始期对资本收入的高税率；[5] 相机抉择税收规则是宏观经济调控的重要

① Florin O. Bilbiie, André Meier and Gernot J. Müller, "What Accounts for the Changes in U. S. Fiscal Policy Transmission?", *Journal of Money, Credit and Banking*, Vol. 40, No. 7 (Oct. , 2008), pp. 1439 – 1469; Andrew Mountford and Harald Uhlig, "What Are the Effects of Fiscal Policy Shocks?", *Journal of Applied Econometrics*, Vol. 24, No. 6 (Sep. – Oct. , 2009), pp. 960 – 992; E. M Leeper, M. Plante and N. Traum, "Dynamics of Fiscal Financing in the United States", *Journal of Econometrics*, Vol. 156, No. 2, 2010, pp. 304 – 321.

② Tiziana Assenza, Te Bao, Cars Hommes and Domenico Massaro, "Experiments on Expectations in Macroeconomics and Finance", *Experiments in Macroeconomics* (*Research in Experimental Economics*), Vol. 17, 2014, pp. 11 – 70; Oleg Kodolov and Geoffrey Hale, "Budgeting under Prolonged Constraints: Canadian Provincial Governments Respond to Recession and 'Slowth'", *Canadian Public Policy*, Vol. 42, No. 1 (Mar. , 2016), pp. 20 – 34.

③ 贾俊雪、郭庆旺：《财政规则、经济增长与政府债务规模》，《世界经济》2011 年第 1 期；贾俊雪：《中国税收收入规模变化的规则性、政策态势及其稳定效应》，《经济研究》2012 年第 11 期；胡永刚、郭长林：《财政政策规则、预期与居民消费》，《经济研究》2013 年第 3 期；张佐敏：《财政规则与政策效果》，《经济研究》2013 年第 1 期；王志刚：《新常态下的财政政策规则与目标》，《公共财政研究》2015 年第 3 期。

④ E. M. Leeper "Equilibria under 'Active' and 'Passive' Monetary and Fiscal Policies", *Journal of Monetary Economics*, Vol. 27, No. 1, 1991, pp. 129 – 147.

⑤ A. Alesina and R. Perotti, "The Political Economy of Budget Deficits", *IMF Staff Papers*, Vol. 42, 1995; S. Schmitt – Grohe and M. Uribe, "Balanced – budget Rules, Distortionary Taxes, and Aggregate Instability", *Journal of Political Economy*, Vol. 105, No. 5, 1997, pp. 976 – 1000; R. Clarida, J. Gali and M. Gertler, "Monetary Policy Rules in Practice Some International Evidence", *European Economic Review*, Vol. 42, No. 6, 1998, pp. 1033 – 1067.

工具之一，也有助于自动稳定器功能的发挥;[①] 上述研究一般把税收政策分为反周期与顺周期两类;[②] 税收规则包括一般泰勒规则、总量税规则等,[③] 利用 VAR 及 DSGE 等方法对美国、西班牙等国家政府扭曲税率规则等进行了估计；得出的结果是各种税率根据政府债务变化做出相应调整的财政规则。[④] 还有研究通过经济增长实时跟踪记录研究财政税收规则对经济系统的影响,[⑤] 进一步的研究深入到了税收审计、财税数量预测、民意稳定性及政治沟通实验的预处理与效应,[⑥] 并深入探讨经济基本原则预测是否产生理性预期的均衡,[⑦] 假定财税规则参数在一定区间内，这将使经

① F. Ballabriga and M. C. Martinez, "Has EMU Shifted Policy?", Economic Papers, European Commission, Directorate Generalfor Economic and Financial Affairs No. 166, 2002; Alan J. Auerbach, "The Bush Tax Cut and National Saving", *National Tax Journal*, Vol. 55, No. 3, (Sept., 2002), pp. 387 – 407; Alan J. Auerbach and Roger H. Gordon, "Taxation of Financial Services under a VAT", *The American Economic Review*, Vol. 92, No. 2 (May., 2002), pp. 411 – 416; C. Favero, "How do European Monetary and Fiscal Authorities Behave?", *IGIER Working Paper*, No. 214, 2002.

② B. Annicchiarico and N. Giammarioli, "Fiscal Rules and Sustainability of Public Finances in an Endogenous Growth Model", *European Central Bank Working Paper*, No. 381, 2004; C. Favero and T. Monacelli, "Monetary – fiscal Policy Mix and Inflation Performance: Evidence from the U. S. ", *Working Paper*, Vol. 234, 2003; C. Favero and T. Monacelli, "Fiscal Policy Rules and Regime (In) Stability: Evidence from the U. S. ", *Working Paper*, Vol. 282, 2005; C. Peter, "Policy Mix and Debt Sustainability : Evidence from Fiscal Policy Rules", *EUI Working Paper*, No. 1, 2005.

③ Troy Davig and Eric M. Leeper, "Generalizing the Taylor Principle", *The American Economic Review*, Vol. 97, No. 3 (Jun., 2007), pp. 607 – 635; Pau Rabanal, "Inflation Differentials between Spain and the EMU: A DSGE Perspective", *Journal of Money, Credit and Banking*, Vol. 41, No. 6 (Sep., 2009), pp. 1141 – 1166; Mario Forni, Domenico Giannone, Marco Lippi and Lucrezia Reichlin, "Opening the Black Box: Structural Factor Models with Large Cross Sections", *Econometric Theory*, Vol. 25, No. 5 (Oct., 2009), pp. 1319 – 1347.

④ Troy Davig and Eric M. Leeper, "Temporarily Unstable Government Debt and Inflation", *IMF Economic Review*, Vol. 59, No. 2, 2011, pp. 233 – 270.

⑤ Filippo Altissimo, Riccardo Cristadoro, Mario Forni, Marco Lippi and Giovanni Veronese, "New Eurocoin: Tracking Economic Growth in Real Time", *The Review of Economics and Statistics*, Vol. 92, No. 4 (Nov., 2010), pp. 1024 – 1034.

⑥ Norman Gemmell and Marisa Ratto, "Behavioral Responses to Taxpayer Audits: Evidence from Random Taxpayer Inquiries", *National Tax Journal*, Vol. 65, No. 1 (Mar. 2012), pp. 33 – 57; Che – Chiang Huang, K. L. Glen Ueng and Jin – Li Hu, "Non – equivalence of Specific and Ad Valorem Taxation in the Competitive Market with Tax Evasion", *Hitotsubashi Journal of Economics*, Vol. 58, No. 1 (Jun., 2017), pp. 41 – 51.

⑦ Eric M. Leeper, Alexander W. Richter and Todd B. Walker, "Quantitative Effects of Fiscal Foresight", *American Economic Journal: Economic Policy*, Vol. 4, No. 2 (May, 2012), (转下页注)

济系统具有唯一均衡性质的政策规则成为可执行的政策规则，否则将成为不可执行的政策规则。

国内税收规则研究基本上包括两方面：一方面是税收规则与经济系统均衡的关系，[①]另一方面是税收规则与区域利益的关系，包括国际各国间利益协调与国内区域间利益协调。[②]在深入研究税收规则、税收竞争与区域利益实现的基础上，[③]进一步探讨税收管辖权及征税权的法经济学研究。[④]对税收规则的深入研究能够更好地评估税收政策的实施效果。

2. 支出规则

早期新古典模型提出了财政支出与居民消费的关系：政府增加非生产性财政支出，必然会在当期和未来增税，这就相当于居民将因当期和未来收入下降而减少消费；[⑤]继而，有文献研究了财政支出的刺激效果。[⑥]然而，后续大多数经验研究均得出财政支出挤出居民消费的结论，并深入分析原

（接上页注⑦）pp. 115 – 144；James N. Druckman, Jordanfein and Thomas J. Leeper, "A Source of Bias in Public Opinion Stability", *The American Political Science Review*, Vol. 106, No. 2（May, 2012），pp. 430 –454；James N. Druckman and Thomas J. Leeper, "Learning More from Political Communication Experiments: Pretreatment and Its Effects", *American Journal of Political Science*, Vol. 56, No. 4（Oct. , 2012），pp. 875 – 896；Eric M. Leeper, Todd B. Walker and Shu – Chun Susan Yang, "Fiscal Foresight and Information Flows", *Econometrica*, Vol. 81, No. 3（May, 2013），pp. 1115 –1145；R. James and J. R. Hines, "Business Tax Burdens and Tax Reform", *Brookings Papers on Economic Activity*, Vol. 48,（Fall, 2017），pp. 449 – 471.

① 刘溶沧、马拴友：《论税收与经济增长——对中国劳动、资本和消费征税的效应分析》，《中国社会科学》2002 年第 1 期。

② 张宇燕：《税收规则决定权之归属对经济增长的作用》，《财政研究》2002 年第 1 期；马拴友、于红霞：《地方税与区域经济增长的实证分析——论西部大开发的税收政策取向》，《管理世界》2003 年第 5 期。

③ 葛夕良：《英国、西班牙企业所得税涉外税收规则比较及启示》，《宏观经济研究》2009年第 5 期；葛夕良、沈玉平：《我国受控外国企业反避税规则及其完善》，《税务研究》2009 年第 8 期；李晓丰：《少数民族地区经济体制改革发展路径研究》，《经济体制改革》2012 年第 2 期。

④ 张泽平：《数字经济背景下的国际税收管辖权划分原则》，《学术月刊》2015 年第 2 期；崔威：《税收立法高度集权模式的起源》，《中外法学》2012 年第 4 期；武振荣：《征税权力：基于契约与法治视角的思考》，《税务研究》2013 年第 6 期；龚锋、余锦亮：《人口老龄化、税收负担与财政可持续性》，《经济研究》2015 年第 8 期。

⑤ S. R. Aiyagari, L. J. Christiano and M. Eichenbaum, "The Output, Employment and Interest Rate Effects of Government Consumption", *Journal of Monetary Economics*, Vol. 30, No. 1, 1992, pp. 78 – 86.

⑥ M. Baxter and R. G. King, "Fiscal Policy in General Equilibrium", *American Economic Review*, Vol. 83, No. 3, 1993, pp. 315 – 334.

因。[1] 还有研究在原有基础上加入"非李嘉图个体",分析财政支出增加对总产出和就业的影响,把居民的异质性引入模型后发现,当政府通过总量税为支出融资时,财政支出的延续性增强,即对激励财政支出的增强效果越大,挤入效应越小;[2] 总体上,政府消费或投资增加时,总产出是上升的。[3] 也存有对具体支出项目规则的探讨。[4] 国外文献考察的主要包括财政支出引入效用函数、扩张性财政政策引致居民消费及居民异质性产生的财政政策效应。

与国外文献不同,国内文献更注重中央政府财政支出规则对地方政府行为的影响。乔宝云等认为中国式财政分权的不合意性导致地方政府忽视当地民众的公共需求,财政支出安排偏向资本投资与经济增长目标。[5] 有限的财政资源被用于改善投资环境的"硬性"基础设施建设,从而压缩了"软性"公共服务支出,特别是对贫困地区而言,保障民生的公共服务支出被挤占得更为严重。[6] 因此,辖区竞争、地方政府财政支出策略性安排

① Olivier Blanchard and Roberto Perotti, "An Empirical Characterization of the Dynamic Effects of Changes in Government Spending and Taxes on Output", *The Quarterly Journal of Economics*, Vol. 117, No. 4 (Nov., 2002), pp. 1329 – 1368; Alberto Alesina, Silvia Ardagna, Roberto Perotti and Fabio Schiantarelli, "Fiscal Policy, Profits, and Investment", *The American Economic Review*, Vol. 92, No. 3 (Jun., 2002), pp. 571 – 589; L. Linnemann and A. Schabert, "Fiscal Policy in the New Neoclassical Synthesis", *Journal of Money, Credit and Banking*, Vol. 35, No. 6, 2005, pp. 911 – 929; R. Bouakez and N. Rebei, "Why does Private Consumption Rise after a Government Spending Shock?" *Canadian Journal of Economics*, Vol. 40, No. 3, 2007, pp. 954 – 979.

② J. Gali, J. Pavid López – Salido and J. Valles, "Understanding the Effects of Government Spending on Consumption", *Journal of the European Economic Association*, Vol. 5, No. 1, 2007, pp. 227 – 270.

③ A. Mountford and H. Uhlig, "What are the Effects of Fiscal Policy Shocks?", *NBER Working Paper*, W14551, 2008; G. Ganelli and J. Tervala, "Public Infrastructures, Public Consumption and Welfare in a New – open – economy – macro Model", *Journal of Macroeconomics*, Vol. 32, No. 3, 2010, pp. 821 – 837.

④ Harry J. Holzer, "A Race – to – the – top in Public Higher Education to Improve Education and Employment among the Poor", *The Russell Sage Foundation Journal of the Social Sciences*, Vol. 4, No. 3 (Feb., 2018), pp. 84 – 99.

⑤ 乔宝云、范剑勇、冯兴元:《中国的财政分权与小学义务教育》,《中国社会科学》2005年第6期。

⑥ 张恒龙、陈宪:《财政竞争对地方公共支出结构的影响——以中国的招商引资竞争为例》,《经济社会体制比较》2006年第6期。

与经济增长关系的研究备受瞩目。[①] 实证研究与调研数据表明，越是基层政府，财政支出偏向越严重。[②] 国内学者对财政支出规则的研究已经深入到政府治理模式转变，强调政府治理质量的提高有利于优化地方政府支出结构。[③] 在地方政府执行中央财政政策时，必然要求既定财政规则是合理、明晰、稳定及协调的，从而通过合理目标形成对地方政府的良性激励，确保地方政府较少选择机会主义行为；否则在政策执行中，扭曲行为也将成为一种理性选择。规则决定了博弈过程是否规范，从而决定了博弈结果是否合理。

（二）法律规则

与财政规则相比，更"硬"的正式规则无疑是法律规则。法律有广义和狭义之分。广义法律可分为成文法和不成文法。在成文法方面，法律包括宪法、行政法规、地方性法规等；在不成文法方面，法律还包括习惯法、判例等。狭义的法律是指拥有立法权的国家机关依法定程序制定和颁布的规范性文件。从内容上看，法律基本规定的是社会生活中最基本的社会关系和行为准则；从效力上看，法律是一切行政法规和地方性法规的依据；一切行政法规和地方性法规都不得与法律相抵触，凡有抵触，均属无效。基于财政视角的法律规则主要包括《中华人民共和国预算法》和税收相关法律（如《中华人民共和国企业所得税法》等），这是地方政府财政行为必须遵从的财政法律规则。然而，决定财政法律规则的规则（基本规则）是"宪则"，即《中华人民共和国宪法》。

1. 财政宪法

詹姆士·布坎南（James M. Buchanan）等始终把"宪法"视为一套规

---

① 傅勇、张宴：《中国式分权与财政支出结构偏向：为增长而竞争的代价》，《管理世界》2007 年第 3 期；李永友、沈坤荣：《辖区间竞争、策略性财政政策与 FDI 增长绩效的区域特征》，《经济研究》2008 年第 5 期；李涛、周业安：《财政分权视角下的支出竞争和中国经济增长：基于中国省级面板数据的经验研究》，《世界经济》2008 年第 11 期；郭庆旺、贾俊雪：《地方政府间策略互动行为、财政支出竞争与地区经济增长》，《管理世界》2009 年第 10 期；龚锋、卢洪友：《公共支出结构、偏好匹配与财政分权》，《管理世界》2009 年第 1 期。

② 尹恒、朱虹：《县级财政生产性支出偏向研究》，《中国社会科学》2011 年第 1 期。

③ 郑尚植：《地方财政支出结构偏向的政治经济学研究》，中国社会科学出版社，2014，第 2 页；李明、冯强、王明喜：《财政资金误配与企业生产效率——兼论财政支出的有效性》，《管理世界》2016 年第 5 期。

则或制度。一套博弈规则即该项博弈的"宪法",从中形成了博弈框架,包括博弈目标、合法行为及博弈过程和结果。博弈规则的选择主要包括"期内的"选择(in-period choice)和"宪法"(Constitution)选择,① 这正是正义的两层含义,即"规则下的公正"与"规则之间的公正"。沿袭哈耶克《自由宪章》思想中涉及普遍性原则的法制下的自由思想,"法治的含义还要求所有的法律符合一定的原则"。② 这些原则包括:法律必须是前涉性且为人们所普遍接受的原则;法律必须是公知的和确定的;法律必须具有平等性,即法律面前人人平等。③ 布坎南和塔洛克在《同意的计算》中认为,宪法规则应该具有前瞻性与持久性。④ 在限制性的或理想化的立宪选择(宪法规则)中,决策者必须了解在所有不同的规则体系下各轮博弈中的各种处境的格局和分布,但是只有决策者本人仍然对自身所在的任何一种格局中的具体处境保持无知,才能保障程序正义;这一思想源于罗尔斯对符合公平(fairness)标准的原则的推导。⑤ 立宪选择是在"无知之幕"中,即在无法识别特定身份的情况下进行的;要关注宪法理念,它是一组规则。公共选择理论强调,方法论的一致性告诫人们,个人在公共选择和私人选择中具有相同的动机,"统治者"作为个人的行动与普通公民基本相同,尽管其具有代理人身份。期待政府能够"完美"行事,就存在对政府施以宪法限制的逻辑基础;⑥ 一旦同意约束政府权力是有必要的,自然就会出现立宪规则问题,随之出现限制公共权力行使的方法,把政府强制力行使结果限制在可以忍受的范围内。海尔斯海姆(Hailsham)和哈耶克(Hayek)均从民主选举程序角度论证公共权力的边界。⑦ 就财政领域而言,征税的权力是政府强制力保障实施的,征税权在逻辑上并不隐含支出的性质、应遵循何种规则。从历史的角度来说,政府一直拥有真正的征税权

① 杰佛瑞·布伦南、詹姆斯 M. 布坎南:《宪政经济学》,冯克利等译,中国社会科学出版社,2012,第3~4页。

② Friedrich August Hayek, *The Constitution of Liberty* (London: Routledge & Kegan Paul).

③ 韦森:《重读哈耶克》,中信出版社,2014,第29~30页。

④ James M. Buchanan and Gordan Tullock, *The Calculus of Consent: Logical Foundations of Constitutional Democracy*, (University of Michigan, 1962), pp. 59-88.

⑤ John Rawls, *A Theory of Justice* (Cambridge, Mass.: Havard University Press, 1971), pp. 130-360.

⑥ 杰佛瑞·布伦南、詹姆斯 M. 布坎南:《宪政经济学》,第3~4页。

⑦ Lord Hailsham, *The Dilemma of Democracy* (London: William Collins Sons & Company, 1978); F. A. Hayek, *Law, Legislation, and Liberty*, Vol. 3, *The Political Order of a Free People* (Chicago: University of Chicago Press, 1979).

力。立宪规则都可以被解释为对潜在权力的限制，布坎南与布伦南合著的《征税权》阐明了不同财税规则对公共权力的约束，为一国制定财政宪法或税收宪法提供了一定的理论基础；他们的初衷是从宪法层面研究如何对政府的征税权加以限制。① 税制越复杂，内部人的控制就越严重，外部人就越难以掌握发言依据。事实上，税制很容易对私人产权造成侵犯。至于什么样的宪政规则可以约束政府的财政行为，为解决此问题必须将注意力从政治与经济决策行动层次转移到宪政层次。② 一般在国家税收关系中受到重视的是征收而不是给付，非直接偿还性决定给付的对象不是特定的纳税人，③ 所以课税具有一定程度的侵权性。近代英、法、美等国家的多数革命源于赋税问题，这促使这些国家规定课税必须经过人民的同意；④ 因此，赋税问题也相当于政府权力约束问题。⑤ 由此，国内学者对财政宪法方面的研究逐渐增多。一方面是保障权利的民主财政，⑥ 公共财政保障人民权利、限制政府权力，权力自我约束与财政民主决定是中国预算改革的一体两面；另一方面是公平正义的法治财政，⑦ 其构建面向社会公平的财

---

① Geoffrey Brennan and James M. Buchanan, *The Power to Tax* (New York: Cambridge University Press, 1980).

② H. Hanusch and S. Volkswagenwerk, *Anatomy of Government Deficiencies: Proceedings of a Conference Held at Diessen, Germany, July 22 – 25, 1980* (Berlin: Spring – Verlag), pp. 15 – 26; S. Rose – Ackerman, "Reforming Public Bureaucracy through Economic Incentives?", *Journal of Law Economics & Organization*, Vol. 2, No. 1, 1986, pp. 131 – 161.

③ Joseph A. Schumpeter, "The Crisis of Tax State", in Richard Swedberg, ed., *The Economics and Sociology of Capitalism* (Princeton University Press, 1991), pp. 90 – 140.

④ 夏冬泓、盛先科、蒋辉宇：《经济法视角下财税权体系的重构》，《上海交通大学学报》2014 年第 1 期。

⑤ 王怡：《立宪政体中的赋税问题》，《法学研究》2004 年第 5 期。

⑥ 张翔：《基本权利的受益权功能与国家的给付义务——从基本权利分析框架的革新开始》，《中国法学》2006 年第 1 期；高国希：《机会公平与政府责任》，《上海财经大学学报》2006 年第 6 期；马骏：《治国与理财：公共预算与国家建设》，生活·读书·新知三联书店，2011，第 160 ~ 189 页；熊伟：《认真对待权力：公共预算的法律要义》，《政法论坛》2011 年第 5 期；陈冶：《实施民生财政的权利进路：以构筑权利保障体系为中心》，《地方财政研究》2012 年第 10 期；宋丙涛：《中等收入陷阱背后的陷阱：财政体制缺失与民主财政陷阱》，《河南师范大学学报》2012 年第 6 期。

⑦ 刘剑文：《收入分配改革与财税法制创新》，《中国法学》2011 年第 5 期；张守文：《分配结构的财税法调整》，《中国法学》2011 年第 5 期；向玉乔：《社会制度实现分配正义的基本原则及其价值维度》，《中国社会科学》2013 年第 3 期；王桦宇：《公共财产权及其规制研究——以宪法语境下的分配正义为中心》，《上海政法学院学报》2013 年第 5 期；王桦宇：《论现代财政制度的法治逻辑——以面向社会公平的分配正义为中心》，《法学论坛》2014 年第 3 期；徐阳光：《论建立事权与支出责任相应的法律制度——（转下页注）

税制度和规则安排，实现法治下的分配正义。①

2. 民族区域自治法

我国中央与地方关系类型多样，理论上要进行差异研究，②《中华人民共和国宪法》和《中华人民共和国民族区域自治法》规定民族地区除了享有同级一般地方（省和直辖市、地级市、县）的职权外，还享有一系列自治权。根据《中华人民共和国立法法》第六十六条第 2 款，自治条例和单行条例可以依照民族自治地方当地民族的特点，对法律和行政法规的规定做出变通规定，但不得违背法律或者行政法规的基本原则，不得对宪法和民族区域自治法的规定做出变通规定。自治条例与单行条例的制定权使民族区域自治的各级行政区域甚至县级地方也具有了立法权，③并能够对大多数全国性法律法规进行变通。④《宪法》第一百一十七条规定：民族自治地方的自治机关有管理地方财政的自治权，凡是依照国家的财政体制属于民族自治地方的财政收入，都应当由民族自治地方的自治机关自主安排使用。第一百一十八条规定：民族自治地方的自治机关在国家计划的指导下，自主地安排和管理地方性的经济建设事业。所以，中央政府要考虑到民族地区财政法律上的差异性规定。⑤

总之，中央支持民族地区财政政策遵从全国相同的财政规则明显不科学，历史地理决定了民族地区的资源、产业与其他地区差异性显著；民族地区的文化制度［如双语（少数民族语和汉语）教学、宗教］决定的独特事权使其基本公共服务差异性显著；尤其是少数民族文化价值观差异性显

（接上页注⑦）理论基础与立法路径》，《清华法学》2014 年第 5 期；刘剑文、王桦宇：《公共财产权的概念及其法治逻辑》，《中国社会科学》2014 年第 8 期；刘剑文：《论财政法定原则——一种权力法治化的现代探讨》，《法学家》2014 年第 4 期；谢旭人：《坚持法治财政道路，建设现代财政制度》，《财政研究》2015 年第 1 期。

① 牛富荣：《法治财政、法治政府与腐败治理》，《经济问题》2016 年第 7 期；刘骁男：《国家治理视角下的财政法治与法治财政》，《经济研究参考》2017 年第 45 期；景宏军、王蕴波：《法治财政进程中契约精神基础的构建研究》，《地方财政研究》2018 年第 3 期。

② 熊文钊：《大国地方：中央与地方关系法治化研究》，中国政法大学出版社，2012，第 121～124 页。

③ 沈宗灵：《法理学》，北京大学出版社，2009，第 268 页。

④ 郑毅：《再论自治条例和单行条例的法律地位——基于规范位阶和效力位阶二元化视角》，《广西民族研究》2014 年第 1 期。

⑤ 顾永景：《民族自治地方经济自主权的法治保障》，《贵州民族研究》2016 年第 1 期；李永林：《乌兰夫民族法制思想的当代审视》，《内蒙古社会科学》2017 年第 3 期。

著。综上，基于自然环境、社会环境及少数民族群体差异的客观约束，财政法律规则应有区别。

三 中央支持民族地区发展的财政政策——政策层面分析政策效果

中央支持民族地区财政政策近期目标是促进其快速发展，使其同步实现小康；长期目标定位于自我发展能力（内生能力）的提高，使其实现可持续健康发展。

（一）中央支持民族地区税收政策

税收政策对经济社会发展影响的理论要追溯到英国剑桥大学福利经济学家拉姆齐的最优商品税理论，[1] 这一理论旨在从经济效率角度考虑消除税收超额负担，使税收经济扭曲性实现最小化。米尔利斯与斯特恩研究了可实现公平并兼顾效率的最优所得税设计。[2] 量化分析税收政策对经济增长与社会福利影响的文献[3]从 20 世纪 90 年代开始涌现。后续学者放宽了内生经济增长模型假定，假定税收政策是通过调整宏观税负、[4] 税收结

---

[1] F. P. Ramsey, "A Contribution to the Theory of Taxation", *Economic Journal*, Vol. 37, No. 145, 1927, pp. 47 – 61.

[2] J. A. Mirrlees, "An Exploration in the Theory Optimum Income Taxation", *Review of Economics Studies*, Vol. 38, No. 2, 1971, pp. 175 – 208; N. H. Stern. , "On the Specification of Models of Optimum Income Taxation", *Journal of Public Economics*, Vol. 6, No. 1 – 2, 1976, pp. 123 – 162.

[3] R. Lucas, "Supply Side Economies: An Analytic Review", *Oxford Economic Papers*, Vol. 42, 1990, pp. 293 – 316; L. Jones, R. Manuelli, and R. E. Rossi, "Optimal Taxation in Models of Endogenous Growth", *Journal of Political Economy*, Vol. 101, 1993, pp. 485 – 517; N. L. Stokey, and S. Rebelo, "Growth Effects of Flat – rate Taxes", *Journal of Political Economy*, Vol. 103, 1995, pp. 519 – 550.

[4] G. W. Scully, "The Growth Tax in the United States", *Public Choice*, Vol. 85, No. （1 – 2）, 1995, pp. 71 – 80; H. Uhlig and N. Yanagawa, "Increasing the Capital Income Tax May Lead to Faster Growth", *European Economic Review*, Vol. 40, No. 8, 1996, pp. 1521 – 1540; F. Padovano and E. Galli, "Comparing the Growth Effects of Marginal vs. Average Tax Rates and Progressivity", *European Journal of Political Economy*, Vol. 18, No. 3, 2002, pp. 529 – 544; A. K. Tiwari, and M. Mutascu, "A Revisit on the Tax Burden Distribution and GDP Growth", *Empirical Economics*, Vol. 46, No. 3, 2014, pp. 961 – 972.

构、① 竞争资本（物质、人力等）流动促进区域发展，既有正面效应，也有负面效应。发达国家为实现某一发展目标常施行税收优惠政策，如美国对从事慈善商业的社区经济组织豁免财产税等。② 而在发展中国家还存在财政收入压力与征税效率问题，税收政策手段与目标的耦合性更值得深入研究。③ 总之，国际区域经济一体化与税收竞争并存，使各国政府在同时实现减税与提供优质公共服务双重目标下的税收政策制定更为复杂，且至今尚未达成共识。④

国内对促进区域发展的税收政策的研究文献较多，自我国平衡发展、不平衡发展与地区经济协调发展的区域发展战略相继转变以来，相关的多样化研究不断出现。马栓友、李俊霖等研究了我国最优税收规模，质疑不同区域税收规模是否应该一致。⑤ 何茵、严成樑、郭婧等研究了税收结构的经济增长效应，指出不同税种的经济增长效应差异较大。⑥ 由此可得，忽视民族地区差异性的平均税收负担与统一税制结构的区域分析，并不能

① E. G. Mendoza and L. Tesar, "The International Ramification of Tax Reform: Supply – side Economics in a Global Economy", *American Economic Review*, Vol. 88, No. 1, 1998, pp. 226 – 245; C. Papageorgiou and F. Perez – Sebastian, "Dynamics in a Non – scale R&D Growth Model with Human Capital: Explaining the Japanese and South Korean Development Experiences", *Journal of Economic Dynamics and Control*, Vol. 30, No. 6, 2006, pp. 901 – 930; M. Gomez, "Optimal Tax Structure in a Two – sector Model of Endogenous Growth", *Journal of Macroeconomics*, Vol. 29, No. 2, 2007, pp. 305 – 325.

② Catriela Cohen, "Charitable Commerce: Examining Property Tax Exemptions for Community Economic Development Organizations", *Columbia Law Review*, Vol. 116, No. 6, 2016, pp. 1503 – 1546.

③ Francis Weyzig and Michiel Van Dijk, "Incoherence between Tax and Development Policies: The Case of the Netherlands", *Third World Quarterly*, Vol. 30, No. 7, 2009, pp. 1259 – 1276; Satya P. Das, "The Political Economy of Revenue Pressure and Tax Collection Efficiency", *Indian Growth and Development Review*, Vol. 4, No. 1, 2011, pp. 38 – 52.

④ B. N. John, B. Peter, and M. B. John, "Regional Economic Integration and Tax Revenue: East African Community", *Journal of Economic Integration*, Vol. 31, No. 4, 2016, pp. 932 – 967; Aleksandra Klofat, "Corporate Tax Rates and Regional Integration: Evidence from Transition Countries", *Journal of Economic Integration*, Vol. 32, No. 1, 2017, pp. 1 – 34.

⑤ 马栓友：《宏观税负、投资与经济增长》，《世界经济》2001 年第 9 期；李俊霖：《宏观税负、财政支出与经济增长》，《经济科学》2007 年第 4 期。

⑥ 何茵、沈明高：《政府收入、税收结构与中国经济增长》，《金融研究》2009 年第 9 期；严成樑、龚六堂：《我国税收的经济增长效应与社会福利损失分析》，《经济科学》2010 年第 2 期；严成樑、龚六堂：《税收政策对经济增长的定量评价》，《世界经济》2012 年第 4 期；郭婧、岳希明：《税制结构的增长效应实证研究进展》，《经济学动态》2015 年第 5 期。

解释与解决区域差异显著的民族地区税收与经济增长问题。事实上，专门针对民族地区税收优惠政策的文章也纷纷被刊载，① 文章提出采用多样税收政策与法律对策，加大力度继续支持民族地区发展。但是，仅在政策层面及民族自治地方财政自治层面难以解决税收深层问题，只有深入税收体系与税政体制，才能从税收制度层面深度支持民族地区制度创新与政策创新，从而促进民族地区快速、可持续、健康发展。

（二）中央支持民族地区转移支付和税收返还政策

国外对政府间财政转移支付效果的研究较多，主要有转移支付对增加地方公共产品的直接效果及其对地方政府发展经济的间接效果，前者主要取决于地方政府财政支出预算约束机制（"软"或"硬"），② 后者主要取决于上级政府转移支付资金分配机制的激励效应（"正向"或"负向"）；③ 虽然对税收返还的研究较为少见，但存在对转移支付与地方税收努力关系等的研究。④

国内学界就中央对地方"转移支付"和"税收返还"两者间关系产生

---

① 张冬梅：《民族地区税收优惠政策研究》，《经济纵横》2007 年第 9 期；朴银月：《对支持民族地区经济发展税收优惠政策的调查与思考》，《税务研究》2011 年第 4 期；乔燕君、李秀梅：《少数民族地区税收优惠政策研究》，《前沿》2015 年第 12 期；张凌、倪国爱、徐晓东：《我国少数民族地区税收现状及税收优惠政策研究》，《贵州民族研究》2016 年第 8 期。

② Robert J. Barro, "Government Spending in a Simple Model of Endogenous Growth", *Journal of Political Economy*, Vol. 98, No. 5, 1990, pp. 103 – 125; Marianne Vigneault, "Grants and Soft Budget Constraints", in Robin Boadway and Anwar Shah, eds., *Intergovernmental Fiscal Transfers: Principles and Practice* (The World Bank, 2007), p. 137.

③ Hongbin Cai and Danoel Treisman, "Does Competition for Capital Discipline Governments? Decentralization, Globalization and Public Policy", *The American Economic Review*, Vol. 95, No. 3, 2005, pp. 817 – 830; Alejandro Bonvecchi and Germán Lodola, "The Dual Logic of Intergovernmental Transfers: Presidents, Governors, and the Politics of Coalition – building in Argentina", *Publius*, Vol. 41, No. 2, 2011, pp. 179 – 206; Paul Onyango – Delewa, "Central Government Patronage, Donor Aid, and Budget Performance in Local Government: Testing a Mediation Effect", *Journal of Public Budgeting, Accounting & Financial Management*, Vol. 28, No. 2, 2016, pp. 139 – 170.

④ T. Büttner and T. Buettner, "The Incentive Effects of Fiscal Equalization Transfers on Tax Policy", *Journal of Public Economics*, Vol. 90, No. 3, 2005, pp. 477 – 497; P. Egger, M. Kethenbüerger and M. Smart, "Do Fiscal Transfers Alleviate Business Tax Competition? Evidence from Germany", *Journal of Public Economics*, Vol. 94, No. 3, 2010, pp. 235 – 246.

了明显分歧。一部分学者论述的"转移支付"并不包含"税收返还";[①] 另一部分学者把"税收返还"作为"转移支付"的形式之一。[②] 国内就中央对地方财力补助的研究是一个不断深化的过程,早期多数研究聚焦转移支付与地区间财力差异、地区间经济发展差距间的关系,[③] 然后重点关注地区间基本公共服务均等化,[④] 近几年上升到转移支付制度绩效的激励约束机制设计上。[⑤] 然而,对中央对民族地区转移支付与税收返还的差异性与特色的研究亟待深入,这也对民族地区加速发展、调整财政政策,促进区域协调发展有重要的理论意义与实践价值。

(三) 中央财政支持下的民族地区财政支出安排

最早提出地方财政支出理论的是蒂布特,他在《地方财政支出纯理论》中构建了"用足投票"模型,以此说明地方政府因竞争必然主动高效提供地方性公共产品。[⑥] 不同地方居民的公共需求偏好存在差异性,斯蒂格勒论证了具有信息优势的地方政府安排满足地方居民公共需求的财政支出更有效率。[⑦] 奥茨的分权定理也说明,就提供地方性公共产品而言,地

---

① 刘溶沧:《重建中国政府间财政转移支付制度的总体构想》,《管理世界》1996 年第 6 期;朱玲:《转移支付的效率和公平》,《管理世界》1997 年第 3 期;付文林、赵永辉:《财政转移支付与地方征税行为》,《财政研究》2016 年第 6 期;马光荣、郭庆旺、刘畅:《财政转移支付结构与地区经济增长》,《中国社会科学》2016 年第 9 期;王瑞民、陶然:《中国财政转移支付的均等化效应:基于县级数据的评估》,《世界经济》2017 年第 12 期。

② 雷震扬、成艾华:《民族地区各类财政转移支付的均等化效应分析》,《民族研究》2009 年第 4 期;赵云旗:《我国财政转移支付总体结构优化研究》,《经济研究参考》2013 年第 67 期;赵珍、王宏丽:《民族地区财政政策实施效果及政策建议——基于 2006～2014 年财政转移支付数据的考察》,《经济研究参考》2017 年第 22 期。

③ 刘溶沧、焦国华:《地区间财政能力差异与转移支付制度创新》,《财贸经济》2002 年第 6 期;马栓有、于红霞:《转移支付与地区经济收敛》,《经济研究》2003 年第 3 期。

④ 郭庆旺、贾俊雪:《中央财政转移支付与地方公共服务提供》,《世界经济》2008 年第 9 期;李永友、沈玉平:《转移支付与地方财政收支决策》,《管理世界》2009 年第 11 期。

⑤ 孙雯、蒯庆梅、张辉、邱峰:《完善专项转移支付制度提升财政资金使用绩效》,《财会研究》2014 年第 12 期;高铭、陈康、王小朋:《我国财政转移支付绩效和监督制度研究》,《现代管理科学》2017 年第 6 期。

⑥ C. M. Tiebout, "A Pure Theory of Local Expenditures", *The Journal of Political Economy*, Vol. 64, No. 5, 1956, pp. 416 – 424.

⑦ George J. Stigler, "The Economics of Information," *Journal of Political Economy*, Vol. 69, No. 3, 1961, pp. 213 – 225.

方政府要优于中央政府。[①] Matthias Wrede 研究了地方财政竞争与财政支出结构的关系，通过模型论证了财政支出结构存在系统性偏向，即用于公共投资的财政支出远多于可让居民直接受益的财政支出，[②] 如典型的中国式财政分权激励地方政府为经济增长竞争招商引资而偏向提供基础设施；[③] James P. Feehan 等从动态一般均衡视角，论证了辖区政府为在短期内快速发展经济而安排的财政支出会偏向资本。[④] 国外学者进一步研究发现：辖区政府倾向于将更多财政支出用于可提高财政资金使用效益的发展要素上。[⑤] 为激励地方政府重视质量型经济发展，有效提供质量型公共服务，[⑥] 新政治经济学关于地方政府治理激励框架新视角的研究是有益且必要的。[⑦]

相对于国外地方财政支出结构的理论及实践，国内学者结合中国特殊国情研究了财政分权、地方政府竞争与财政支出结构的关系。傅勇和张宴探讨了财政分权背景下，地方政府财政支出结构偏向的政绩考核激励根源，指出其财政支出存在"重经济建设"而"轻民生服务"的严重扭曲。[⑧] 人口流动障碍等制度约束导致地方政府为竞争物质资本投资挤占了

① Wallace E. Oates, "The Effects of Property Taxes and Local Public Spending on Property Values: An Empirical Study of Tax Capitalization and Tiebout Hypothesis", *Journal of Political Economy*, Vol. 77, No. 8, 1969, pp. 957 – 971.

② Matthias Wrede, "Tax Competition and Federalism the Underprovision of Local Public Goods", *FinanzArchiv / Public Finance Analysis New Series*, Bd. 54, H. 4, 1997, pp. 494 – 515.

③ Gabriella Montinola, Yingyi Qian and Barry R. Weingast, "Federalism, Chinese Style: The Political Basis for Economic Success in China", *World Politics*, Vol. 48, No. 1, 1995, pp. 50 – 81.

④ James P. Feehan and Mutsumi Matsumoto, "Productivity – enhancing Public Investment and Benefit Taxation: The Case of Factor – augmenting Public Inputs", *The Canadian Journal of Economics / Revue canadienne d'Economique*, Vol. 33, No. 1, 2000, pp. 114 – 121.

⑤ Jonathan Rodden, "Comparative Federalism and Decentralization: On Meaning and Measurement", *Comparative Politics*, Vol. 36, No. 4, 2004, pp. 481 – 500; Benedict S. Jimenez, "Fiscal Stress and the Allocation of Expenditure Responsibilities between State and Local Governments: An Exploratory Study", *State and Local Government Review*, Vol. 41, No. 2, 2009, pp. 81 – 94.

⑥ Ben Lockwood and Francesco Porcelli, "Incentive Schemes for Local Government: Theory and Evidence from Comprehensive Performance Assessment in England", *American Economic Journal: Economic Policy*, Vol. 5, No. 5, 2013, pp. 254 – 286; Manash Ranjan Gupta and Trishita Ray Barman, "Environmental Pollution, Informal Sector, Public Expenditure and Economic Growth", *Hitotsubashi Journal of Economics*, Vol. 56, No. 1, 2015, pp. 73 – 91.

⑦ Clayton P. Gillette, "Dictatorships for Democracy: Takeovers of Financially Failed Cities", *Columbia Law Review*, Vol. 114, No. 6, 2014, pp. 1373 – 1462.

⑧ 傅勇、张宴：《中国式分权与财政支出结构偏向：为增长而竞争的代价》，《管理世界》2007 年第 3 期。

人力资本投资的公共服务支出，[①] 尤其挤占了外部性较强的准公共产品方面的财政支出。[②] 地方财政支出结构不仅关系不同辖区差异性偏好居民的福利水平，[③] 还影响区域间协调发展。因此，地方财政支出结构优化问题还是国家财政体制改革与地方政府治理问题。[④] 然而，与一般地区有显著差异的民族地区的相关研究文献非常少，这也表明其财政支出结构特征与优化的深入研究空间与前景更为广阔。

总之，中央支持民族地区财政政策着力点突显"总量"而忽视"结构"，关注"数量"重于"质量"，对民族地区自我发展能力及其可持续性的关注有待增强，应出台更为系统、稳定、有效的财政政策激励民族地区经济主体的主观能动性及其正向发展行为。

[①] 张恒龙、陈宪：《财政竞争对地方公共支出结构的影响——以中国的招商引资竞争为例》，《经济社会体制比较》2006 年第 6 期；李永友、沈坤荣：《辖区间竞争、策略性财政政策与 FDI 增长绩效的区域特征》，《经济研究》2008 年第 5 期；郭庆旺、贾俊雪：《地方政府间策略互动行为、财政支出竞争与地区经济增长》，《管理世界》2009 年第 10 期。

[②] 乔宝云、范剑勇、冯兴元：《中国的财政分权与小学义务教育》，《中国社会科学》2005 年第 6 期；丁菊红、邓可斌：《政府偏好、公共品供给与转型中的财政分权》，《经济研究》2008 年第 7 期。

[③] 张国林、任文晨：《腐败、民生性支出与居民幸福感》，《现代财经》2015 年第 9 期。

[④] 王贤彬、张莉、徐现祥：《什么决定了地方财政的支出偏向——基于地方官员的视角》，《经济社会体制比较》2013 年第 6 期；李丹、唐善永：《财政分权、政治体制与地方政府财政支出结构偏向》，《地方财政研究》2014 年第 9 期；尹恒、杨龙见：《地方财政对本地居民的回应性研究》，《中国社会科学》2014 年第 5 期；成刚、袁梨清、周涛：《民族地区教育配置规模与结构研究》，《民族研究》2017 年第 11 期。

第二章　中央支持民族地区财政政策的演变

中央支持民族地区财政政策是国家在政府治理与经济改革宏观背景下，在相应财政体制与规则的制度框架内，为支持民族地区快速、健康、可持续发展而出台的财政政策。若体制是"根"，即本源、根基；规则是"本"，即基本、基础；"根"与"本"通常是合为一体的，即政府治理的"根本"是"法治"；则政策乃是"末"，即工具、手段。因此，对新中国成立以来中央支持民族地区各种财政政策的梳理，应基于体制调整与规则完善历程的财政支出政策（包括转移支付）与财政收入政策（主要是税收政策）演变。

第一节　1949~1979年中央支持民族地区财政政策的演变

一　1949~1979年我国财政体制与规则的演进历程

从新中国成立以来到改革开放前，我国实行的是高度集中的计划经济体制，相应财政体制以集权为主要特征。从组建财政管理机构到实行统收统支，可被基本概括为"频繁调整的财政体制"；相应财政法律、规章、条例逐步出台，即逐渐规范甚或不规范的财政规则。1949~1979年①我国财政体制与规则的具体演进历程见表2-1。

---

① 财政体制改革相对滞后于经济体制改革，且民族地区相对中央或非民族地区财政体制改革与具体落实要滞后一年，所以这里以1979年为分界年份。

表 2 – 1　1949 ~ 1979 年我国财政体制与主要财政规则

年份	财政体制	财政规则
1949 ~ 1950	高度集中，统收统支	1949 年中央《关于建立中央财政经济机构大纲（草案）》 1950 年政务院《关于统一全国税政的决定》，并附发《全国税政实施要则》、《全国各级税务机关暂行组织规程》、《工商业税暂行条例》和《货物税暂行条例》 1950 年政务院《关于统一国家财政经济工作的决定》 1950 年中央《新解放区农业税暂行条例》 1950 年政务院《关于预决算制度、预算审核、投资的施工计划和货币管理的决定》
1951 ~ 1957	收支划分，分级管理	1951 年政务院《关于 1951 年度财政收支系统划分的决定》"中央—大区—省"三级财政 1953 年取消大区，设立县（市）三级财政 1954 年系统调整预算管理体制 1957 年进一步下放财权
1958	以收定支，五年不变	1958 年《国务院关于改进税收管理体制的规定》
1959 ~ 1970	收支下放，计划包干，地区调剂，总额分成，一年一变（定）	1961 年中央"调整、巩固、充实、提高"方针调整财税体制
1971 ~ 1973	定收定支，收支包干，保证上缴（差额补贴），结余留用，一年一定	1971 年财政部《关于实行财政收支包干的通知》
1974 ~ 1975	收入按固定比例留成，超收另定分成比例，支出按指标包干	
1976 ~ 1979	定收定支，收支挂钩，总额分成，一年一变（试行收支挂钩，增收分成）	

"一五"时期，我国初步确立了分级财政管理体制框架，并适当下放财权，使地方拥有固定的收入来源且享有一定的机动财力。但是在"大跃进"时期，财政指标过度虚高，出现财权分散、财经纪律松懈等问题；而在"文革"时期，财政体制遭到严重破坏。总体而言，自新中国建立以来到改革开放前，我国高度集中的计划经济体制决定了相应高度集中的财政体制，中央与地方政府都按统一要求编制财政收支计划，税收管理权主要集中在中央，地方权限较小；国家财政收入超常积累与财政支出格局"大而宽"，反映了财政职能几乎无所不包与政府为全能型政府。频繁调整的财政体制与逐渐规范甚或不规范的财政规则，容易使地方政府产生年初争

指标与预算等不易确定的各种问题，不利于发挥地方增产增收的积极性。

二 1949~1979 年中央支持民族地区的财政政策

新中国成立初期，少数民族受历史上民族压迫政策的影响，对各级人民政府仍持怀疑态度，与汉族隔阂较深，甚至存在一定程度的民族对立。正是在这一历史背景下，国家开始了三年恢复时期和第一个五年计划，并针对民族地区经济原始落后及民族关系矛盾隐患深重的特点，积极采取了一系列具体的支持民族地区经济发展的财政政策，以改善民族关系。1952年 8 月 8 日，中央人民政府委员会第十八次会议批准了《中华人民共和国民族区域自治实施纲要》。[1] 同年 12 月提出的《中央关于少数民族地区的五年计划的若干原则性意见》明确指出："各省、自治区在制定经济发展计划时要全力推行民族区域自治，既要照顾到少数民族的要求和愿望，又必须充分估计各民族当前发展阶段特点和各种不同情况，必须根据可能实现的条件，切忌提空洞难以实现的计划。"[2] 1950~1979 年中央先后出台的支持民族地区具体财政政策见表 2-2。

表 2-2　1950~1979 年支持民族地区各项事业发展的主要财政政策

年份	专门或主要惠及民族地区的财政政策内容
1950	中央政府在全国实行"统收统支"政策的同时，对民族地区实行更为优惠的财政政策，民族地区实行具有一定自治权的财政统收统支和部分地方税收自治管理。
1951	（1）中央设立少数民族发展教育补助费。 （2）政务院通过《中央人民政府政务院关于全国少数民族贸易、教育、卫生会议的报告的决定》，规定 1952 年少数民族贸易、教育和卫生工作需要中央人民政府额外补助的经费，由中央民族事务委员会和有关主管部门会商拟定，报国务院核定。 （3）政务院就陆续批准我国边境地区与朝鲜、俄罗斯、蒙古国、巴基斯坦、缅甸、越南等国开展边境贸易，主要目的是方便边民生产、生活需要，调剂余缺，用当地的产品换取所需的生产生活物质和用品。根据民族地区贸易形式和交通不便的特殊性，中央政府适时采取了针对少数民族和民族地区的特殊贸易形式，沿袭了新中国建立初期随军贸易和免费医疗的方式，辅之以各项优惠政策，主要有：特殊偏紧的商品实行计划供应，保证需要；部分商品实行价格（运费）补贴，实行城乡同价；实行税收减免；财政提供必要的资金流动；1952 年首先对民族贸易企业的自由资金给予照顾，并把利润全部留给企业，企业利润留成比例高于一般地区等。

① 金炳镐编著《民族纲领政策文献选编》，中央民族大学出版社，2006，第 475~480 页。
② 黄光学主编《当代中国的民族工作》，当代中国出版社，1993，第 26 页。

续表

年份	专门或主要惠及民族地区的财政政策内容
1952	中央政府颁布《关于少数民族地区的五年建设计划的若干原则性意见》，规划在一些民族地区修筑铁路，逐步修建干线公路，修补重要道路桥梁，重点在若干地区逐步建立邮政、电报、电话系统。这期间，"国家新建8条铁路干线，其中有5条建在民族地区或直接与民族地区相连接，包括兰新铁路、包兰铁路等。闻名世界的康（川）藏公路和青藏公路，同时在1954年建成通车"。
1953~1957	（1）政务院在《关于编造1954年预算草案的指示》中规定，民族自治区在财政上具有一定范围的自治权。 （2）国家财政从1955年开始设置民族地区补助费，包括边疆干部生活补贴费、生产补助费、卫生补助费、教育补助费、社会救济费及无息贷款等。 （3）中央对民族地区农业生产以恢复为主，实行发放补助费、无息贷款、无偿发放铁制农具的财政支持政策；对农区实行"依率计征、依法减免、增产不增收"的轻税政策，对特别贫困农区则实行"轻灾少减、重灾多减、特重全免"的税收政策，并采取牧区轻于农区与城市的税收政策；牧业生产实行扶助贫苦牧民、发展牧区贸易、提倡定居游牧、发展以牧业为中心的多种财政支持政策，对世代以农耕放牧为主的贫困群众采取特殊的财政支持政策，政府免除农牧业各种税费，对一些特殊困难的地区，还免费提供种畜和农业生产资料。①实行民族用品生产政策，这是为了满足少数民族群众生产生活的一些特殊需要，在民族特点显著、地区性强、规格多、工艺复杂、批量小的工业品的生产和供应上，主要有专项原材料计划供应及价格优惠、减免税收、利润留成照顾、商品包销和运费补贴等。② （4）1957年国务院发布、1958年1月1日起开始实行的《民族自治地方财政管理暂行办法》。
1958~1962	国家继续在西部民族地区部署部分工业项目。"国家向西北、西南的一些民族地区迁去以机械制造业为主的一批重点骨干企业，在内蒙古、新疆、甘肃、宁夏等民族地区开展了钢铁、有色金属、大型水电基础建设和煤等能源基地建设等一批重点项目，支持民族地区的工业建设。"③
1963	国务院转批了财政部、中央民族事务委员会《关于改进民族自治地方财政管理体制的报告和关于改进民族自治地方财政管理体制的规定（草案）》，它对1957年的《民族自治地方财政管理暂行办法》做了完整具体的规定，明确提出了民族自治地方财政预算管理办法。商务部、财政部批复《边远山区、边远牧区民族贸易企业三项照顾问题的联合通知》。民族贸易"三项照顾"政策是20世纪60年代国家确定的贫困、边远、落后、交通不便的民族地区，以县级区域为单位享受国家给予的民族贸易优惠政策。国家有关部门严格审核并报国务院批准，确定了广西17个县、云南31个县、四川45个县、贵州22个县、青海31个县、甘肃13个县作为受照顾地区。内容是：（1）继续对民族贸易区域内的农副产品收购实行最低保护价和对部分工业品实行最高限价的政策，由此造成的亏损，由财政给予必要的补贴；（2）对民族贸易区域的商业、供销、医药企业的自由流动资金给予补充，规定财政对零售企业的流动资金补充到80%（一般地区为60%），其余20%由银行贷款解决；批发企业补充50%（一般地区为7%），其余由银行贷款解决；（3）利润留成照顾，允许民族贸易企业利润留成比例为20%（一般地区为3%）。④这一时期，国家对民族地区在商品生产和供应方面提出了多项照顾政策，如少数民族生产生活必需品供应优惠政策、边销茶⑤国家储备政策、少数民族特需金银饰品管理及照顾政策⑥、少数民族特需用品生产政策⑦等。

续表

年份	专门或主要惠及民族地区的财政政策内容
1964	财政部《关于计算民族自治地方百分之五机动资金的具体规定》。⑧
1968	国家财政实行收支两条线的办法，对民族地区财政支出需要的资金给予专项照顾，并视民族地区的支出需要，尽量给予必要的支持。此外，国家财政还采取了一些应急措施，以满足民族地区的财政支出需要。这些都支持了民族地区社会经济发展的财政资金需要。
1971	《财政部关于实行财政收支包干的通知》中第四款预备费的设置。中央按预算支出总额的5%计算，各省市按预算支出的3%计算；另按中央分配的行政、事业经费的5%增列机动金，作为特殊照顾。云南、青海两省少数民族人口较多，可以比照民族自治区办理。⑨
1973	国务院批转的轻工部、商业部《关于加强少数民族特需用品生产和供应工作的报告》。内容包括中央财政给予少数民族特需用品生产统筹安排及生产布局合理调整等支持。⑩
1977	国家财政设置了边境事业建设补助费，主要用于支持边疆民族地区经济和社会事业的发展，六个边境民族省区是这项补助费的分配重点，当时是每年4000万元，以后有所增加。
1979	国家民委、财政部《关于少数民族地区补助费的管理规定的通知》。内容包括对补助费的使用和管理及因特殊原因补助费当年使用不完可以结转下年使用的规定。

注：①黄光学等：《当代中国的民族工作》，第77、101、124页。

②温军：《中国少数民族经济政策的演变与启示》，《贵州民族研究》2001年第2期。

③金炳镐：《中国共产党民族政策发展史》，中央民族大学出版社，2006，第277页。

④金炳镐：《中国共产党民族政策发展史》，第279~280页。

⑤边销茶，俗称砖茶，是在我国边疆、高原、牧区销售的专供茶。新中国建立后，党和政府把砖茶作为少数民族群众的生活必需品，进行专门生产和保证供应。同时，为了保证边远落后的民族地区在遭受自然灾害时，少数民族群众能及时喝上边销茶，国家实行了完备的国家储备政策，对边销茶的专项收购、专库储备等实行财政补助，后改为财政贴息政策。

⑥国家对少数民族群众适用的金银饰品一直通过特殊的供应方式和专项配额的渠道予以满足，在价格上还给予优惠；在贷款上实行金银专项指标控制；在供应上，采取专项供应的方式。

⑦新中国成立以来，我国政府在对少数民族群众生产生活的特殊需要予以照顾的同时，在民族用品生产上根据不同时期的特点，以省、区、市为单位，多次制定民族用品产品目录。在目录规定的限额内，国家对少数民族用品定点生产企业实行专项原材料供应、减免税收、提供流动资金并贴息、商品实行计划调拨等政策。

⑧国家民委办公厅、政法司、政策研究室编《中华人民共和国民族政策法规选编》，中国民航出版社，1997年，第138页。

⑨国家民委办公厅、政法司、政策研究室编《中华人民共和国民族政策法规选编》，第139页。

⑩国家民委办公厅、政法司、政策研究室编《中华人民共和国民族政策法规选编》，第139~141页。

资料来源：作者归纳。

自新中国成立至改革开放的中央支持民族地区财政政策较为丰富，且1957年国务院发布、1958年1月1日起开始实行的《民族自治地方财政管理暂行办法》，是中国第一部以立法形式出现的民族地区财政管理体制，奠定了我国民族地区财政管理体制的基础。由于国家出现了三年自然灾害并且经济出现重大问题，其中的条款未完全实现。1963 年 12 月，国务院转批的《关于改进民族自治地方财政管理体制的报告和关于改进民族自治地方财政管理体制的规定（草案）》做了完整具体的规定，明确提出了民族地区财政预算管理办法，但"文革"时期对财政管理体制的破坏使很多规定未得到具体落实与执行。这一时期的中央支持民族地区财政政策在一定程度上促进了民族地区经济和社会的发展，但实际政策效果仍有很大的提升空间。

第二节　1980～1993 年中央支持民族地区财政政策的演变

十一届三中全会召开后，党中央认真总结经验并提出对经济体制进行全面深化改革，相应的财政体制变革打破了统收统支的财政体制，转向了"分灶吃饭"的"包干制"。民族地区的财政体制、规则与其他一般地区基本相同，同时在区域经济协调发展的背景下，中央财政对民族地区给予相应补偿。

一　1980～1993 年我国财政体制与规则的演进历程

1980～1993 年，我国财政体制演进大致分为三个阶段。1980～1984 年是"分灶吃饭"阶段，该阶段中"统收"的局面已被打破，但"统支"的局面没有被完全打破；中央逐渐下放财权，地方支出依然依靠中央。1985 年，我国实行"分级包干"的财政管理体制，税种分为中央固定收入、地方固定收入及央地共享收入；支出责任划分按隶属关系划分为中央财政支出和地方财政支出，对不宜实行包干的专项支出，由中央专项拨款安排。从 1989 年开始，全国实行不同形式的财政包干，主要有收入递增、总额分成等六种包干办法。[①] 具体财政体制与规则演进历程见表 2-3。

---

① 楼继伟、张少春、王保安：《深化财税体制改革》，人民出版社，2015，第 11 页。

表 2 - 3 1980 ~ 1993 年我国财政体制与主要规则演进历程

年份	财政体制	财政规则
1980 ~ 1984	下放财权、"分灶吃饭"	1980 年国务院《关于实行划分收支、分级包干、财政管理体制的通知》 1981 年财政部《关于支援经济不发达地区经济发展资金管理暂行办法》 1982 年国务院《牲畜交易税暂行条例》 1984 年流转税改革《中华人民共和国产品税条例》《中华人民共和国资源税条例》、国务院批转《国营企业第二步利改税试行办法》、财政部《资源税若干问题的规定》
1985 ~ 1988	划分税种、核定收支、分级包干	1985 年《财政部关于对农村乡镇企业和农民个人免征产品税、增值税和营业税的通知》 1985 年国务院《中华人民共和国集体企业所得税暂行条例》 1985 年国务院《集体企业所得税暂行条例实施细则》 1985 年财政部《集体企业所得税的若干政策规定》 1986 年财政部《关于促进横向经济联合若干税收问题的暂行办法》 1986 年财政部《关于国内联合企业若干财务问题的规定》 1987 年国务院《中华人民共和国耕地占用税暂行条例》
1989 ~ 1993	财政包干	1991 年国务院《中华人民共和国固定资产投资方向调节税暂行条例》 1991 年国务院《中华人民共和国外商投资企业和外国企业所得税法》及其《实施条例》 1991 年国家税务总局《关于免征营业税、所得税问题的通知》 1991 年国务院《国家预算管理条例》 1992 年国家税务总局《国家税务局关于进一步对外开放的边境、沿海和内陆省会城市、沿江城市有关涉外税收政策问题的通知》 1991 年主席令《中华人民共和国烟草专卖法》 1993 年国务院《中华人民共和国增值税暂行条例》及《中华人民共和国增值税暂行条例实施细则》 1993 年国务院《中华人民共和国企业所得税暂行条例》及《中华人民共和国企业所得税暂行条例实施细则》

注：部分财政规则存有对民族自治地方的特别规定。

1980 ~ 1993 年的"包干制"打破了原来中央高度集中的财政体制，一定程度上促进了地方政府与企业积极性的发挥，基本属于财政管理体制由集权型向分权型转变；逐步完善了流转税、所得税及涉外税收制度，相应的财政税收法律规章得到不断建立并出台。但是，这段时期由于多种体制并存以及中央与地方"一对一"谈判机制和条块分割的行政隶属关系，财政体制的规范性与透明性明显不足，国家财政收入占国内生产总值的比重下滑，中央财政收入占全国财政收入的比重明显偏低，[①] 中央财政调控能力下降等问题显现。

二 1980~1993 年中央支持民族地区的财政政策

改革开放以后，中央支持民族地区财政政策基本表现为两种：一种是对民族地区与一般地方进行差别化管理的财政政策；另一种是专门针对民族地区制定并实施的特殊优惠政策。后者主要包括财政管理体制对民族自治地方的特别规定、支持民族贸易与民族特殊用品的财政政策及支持民族地区脱贫与经济发展的财政政策。具体政策见表 2-4。

表 2-4 1980~1993 年支持民族地区各项事业发展的主要财政政策

年份	专门或主要惠及民族地区财政政策的内容
1980	（1）国务院发出《关于实行划分收支、分级包干、财政管理体制的通知》，这一年"分级包干"的财政政策保留原来对民族地区财政所做的某些特殊规定，为了照顾民族地区发展生产和文化教育事业的需要，中央对五自治区及云南、贵州、青海（民族八省区）实行收入全部留用、支大于收的数额由中央财政补贴的政策，补助数额 5 年不变。 （2）设立支援经济不发达地区发展资金，由中央专项拨款，不列入地方财政包干范围。
1981	出台《财政部关于支援不发达地区经济发展资金管理暂行办法》。
1982	《商业部、物价总局、国家民委关于提高边销茶原料收购价格的通知》，六种边销茶原料标准及收购价格提高 10% 以上，边销茶收购价格提高后，减税 20%，可以全额价格，也可以部分加价，部分作为设立扶持费，用于边销茶原料生产。
1984	国务院批转《边境小额贸易暂行管理办法》，边境小额贸易[①]由有关省、自治区人民政府管理；边民互市贸易应当在一定限额范围内进行，在限额内的免征关税、产品税和增值税。
1985	（1）国务院办公厅转发《商业部关于进一步发展少数民族地区商业若干问题的报告》，建议采取措施对少数民族商业给予必要的支持，内容包括：对"三项照顾"县（旗）的商业企业继续实行减税、免税；对少数主要工业品和农牧土特产品继续实行价格补贴；对自由资金不足的尽可能给予照顾；对民族贸易企业继续给予低息贷款；对部分供应偏紧的商品继续实行专项安排；进一步帮助少数民族地区商业网点建设设施；大力加强少数民族商业职业培训；大力发展集体个体商业；大力发展少数民族用品的生产等。 （2）国务院《关于实行"划分税种、核定收支、分级包干"财政管理体制的规定的通知》，对民族自治区和视同民族自治区的省，按照中央财政核定的定额补助数额，在最近 5 年继续实行每年递增 10% 的办法。
1986	设扶贫贴息贷款和以工代赈资金，其中很大部分用于民族地区。

---

① 楼继伟、张少春、王保安：《深化财税体制改革》，第 12 页。

续表

年份	专门或主要惠及民族地区的财政政策内容
1988	对民族地区"每年递增补助法"改为"定额补助"办法，即按原来核定的收支基数，支大于收的部分，实行固定数额补助。
1989	（1）国务院批转执行《国家民委、国务院贫困地区经济开发领导小组关于少数民族地区扶贫工作有关政策问题的请示》，为打好少数民族地区扶贫攻坚战，需要解决特殊政策问题，包括大力发展优势产业，切实放开农副产品销售，减轻负担、增强内部活力，设立"少数民族贫困地区温饱基金"。 （2）《地质矿产部、国家民委关于帮助少数民族地区开发利用地质矿产资源的联合通知》的主要目的是，帮助民族地区加快地质矿产资源的开发利用，促进其经济文化的发展。
1990	《国家民委、财政部关于国家安排"少数民族贫困地区温饱基金"有关事项的通知》，温饱基金财政资金 1990 年安排 2500 万元，集中安排 141 个国家重点扶持的少数民族贫困县中的一二十个县，用于解决群众温饱和经济开发的项目。
1991	（1）《国家民委、商业部关于确定全国十六个连锁茶生产加工企业为民族用品生产企业的通知》；《中国农业银行关于民贸边销茶生产加工定点企业信贷管理的通知》规定优惠金融政策中的贷款年利率由财政负担 62%。[②] （2）《国家民委、国家税务局、中国人民银行、纺织工业部关于确定全国纺织系统民族用品定点生产企业的通知》规定，确定全国纺织（丝绸）系统民族用品定点生产企业 500 家，对定点企业实行减免税和优惠贷款的政策。
1992	（1）《国家民委、财政部、国家计委、中国工商银行、中国农业银行关于民族贸易和民族用品生产专项贴息贷款办法的通知》；国家安排专项贷款用于扶持基层民族贸易网点和民族用品定点生产企业技术改造；1992～1994 年，每年由银行安排 4000 万元贷款，中央和地方财政各贴一半利息，其中 2000 万元用于扶持基层民族贸易网点建设，2000 万元用于民族用品定点生产企业技术改造；所需固定资产投资规模由国家计委安排，信贷指标由人民银行安排。 （2）《国家税务局关于进一步对外开放的边境、沿海和内陆省会城市、沿江城市有关涉外税收政策问题的通知》规定在乌鲁木齐等 18 个边境、沿海和内陆地区省会（首府）城市及重庆等 5 个长江沿岸城市市区投资兴办的外商企业（以下视情简称"市区企业"），凡属生产性的，减按 24% 的税率征收企业所得税。从事下列项目的生产性外商投资企业，经国家税务局批准，可减按 15% 的税率征收企业所得税（1992 年企业所得税税率为 33%）。 （3）为支持中越边境地区的战区恢复建设，中央财政设立战区恢复建设专项资金，每年补助云南战区 4000 万元，从 2001 年起减少为每年 2000 万元。

注：①边境小额贸易指我国边境城镇中，省、自治区人民政府指定的部门、企业同对方边境城镇之间的小额贸易，以及两国边民之间的互市贸易。

②国家民委办公厅、国家民委政法司、国家民委政策研究室编《中华人民共和国民族政策法规选编》，中国民航出版社，1997，第 193、211、214、240 页。

1984 年 5 月 31 日，第六届全国人民代表大会第二次会议通过的《中华人民共和国民族区域自治法》是实施《中华人民共和国宪法》规定的民族区域自治制度的基本法律，其中第三十二条明确规定"民族自治地方自治机关有管理地方财政的自治权"等；且多项条款规定民族自治地方享有上级财政对其照顾、扶持、补助等优惠政策。1991 年 10 月 21 日，中华人民共和国国务院令第 90 号《国家预算管理条例》第三章"预算收支范围"中的第二十三条明确规定："民族自治地方的财政收入和财政支出的安排，以及财政的管理权限，应当依照《中华人民共和国民族区域自治法》的规定执行；该法没有规定的，依照本条例和国家财政管理体制的有关规定执行。"可见，在此期间，民族地区财政自主管理具备法律与制度基础，就发展民族地区经济方面，中央支持民族地区财政政策发挥了重要的作用。

第三节　1994～2018 年中央支持民族地区财政政策的演变

我国于 1994 年进行了分税制改革，这在中国财政发展进程中具有里程碑意义。时至今日，一直实行分税制财政体制从未改变；相应财政规则与政策不断演进与完善；这一时期，中央支持民族地区财政政策的显著特点是加大了对民族地区转移支付的力度。

一　1994～2018 年我国财政规则与政策的演进历程

自 1994 年 1 月 1 日起，全国各省、自治区、直辖市以及计划单列市开始实行分税制，"分税制"是"分税分级财政体制"的简称，其体制内容包括：在各级政府间合理划分事权（支出责任）与财权（广义税基配置）；按税种划分收入，建立分级筹集资金与管理支出的财政预算；进而合乎逻辑地引出分级的产权、举债权管理及转移支付体系。内洽于市场经济的分税制始于 1994 年，公共财政制度的探索始于 1998 年。政府职能主要是维护社会公平正义和弥补市场失灵，提供公共产品（服务）是其主要目标。同时在中央与地方政府间关系上，公平与效率仍是主要遵循的原则，各级政府间的财政职能须进行合理划分，并继续完善转移支付制度。

1994 年至今的分税制有待进一步深化改革，相应财政规则与政策需要不断完善，尤其是税收相关法律、条例、规章不断出台，因此对在此期间的税收规则与政策进行分别归纳。具体财政（不包括税收）规则与政策和税收规则与政策见表 2 - 5。

表 2－5　1994～2018 年的主要财税规则与政策

年份	财政	税收
1994 ～ 1997	1994 年《中华人民共和国预算法》 1994 年《支援欠发达地区财政周转金管理办法》 1994 年《社会保障事业周转金管理暂行办法》 1994 年《中央教育事业费补助专款项目管理办法》 1995 年实施过渡性转移支付 1997 年《支援经济不发达地区发展资金管理办法》 1997 年《关于中央预算资金拨付管理的有关规定》	1994 年《中华人民共和国企业所得税暂行条例实施细则》 1994 年《关于对农业特产收入征收农业税的规定》 1994 年国务院《矿产资源补偿费征收管理规定》 1994 年国家税务总局《关于外商投资兼营生产性和非生产性业务如何享受税收优惠问题的通知》 1994～1997 年为保证新税制的顺利推行，采取了一些过渡性措施，同时对税收政策进行补充调整，包括调整和完善增值税、消费税、进口税收、出口货物退（免）税制度，加快税收立法进程
1998 ～ 2003	2000 年《财政扶贫资金管理办法》（试行）及《财政扶贫项目管理费用管理办法》（试行） 2001 年《对村务劳务合作备用金管理暂行办法》（试行） 2001 年国家税务总局《关于退耕还林还草补助粮食增值税问题的通知》 2003 年《中华人民共和国政府采购法》	1998 年国务院《关于加强依法治税严格税收管理权限的通知》 1999 年国务院《关于扩大外商投资企业从事能源交通基础设施项目税收优惠规定适用范围的通知》 1999 年国家税务总局《关于实施对设在中西部地区的外商投资企业和外国企业给予三年减按 15% 税率征收企业所得税的优惠的通知》 2000 年财政部、国家税务总局《关于外商投资企业和外国企业购买国产设备投资抵免企业所得税有关问题的通知》 2001 年主席令《中华人民共和国税收征收管理法》 2001 年财政部、国家税务总局、海关总署《关于西部大开发税收优惠政策问题的通知》 2001 年国家税务总局《关于退耕还林还草补助粮食征免增值税问题的通知》 2002 年国家税务总局令《中华人民共和国税收征收管理法实施细则》 2002 年财政部、国家税务总局、外经贸部《关于外国政府和国际组织无偿援助项目在华采购物资免征增值税问题的通知》 2002 年国家税务总局《关于落实西部大开发有关税收政策具体实施意见的通知》 2002 年国家税务总局《关于执行新〈外商投资产业指导目录〉有关税收问题的通知》 2002 年财政部、国家税务总局《关于进一步鼓励软件产业和集成电路产业发展税收政策的通知》

续表

年份	财政	税收
1998～2003		2002年财政部、国家税务总局《关于外商投资企业追加投资享受企业所得税优惠政策的通知》及2003年的补充通知 及《国务院关于全面推进农村税费改革试点工作的意见》2003年
2004	财政部《关于切实做好教育经费预算安排，确保实现法定增长等有关问题的通知》 财政部等部门《关于实施国家西部地区"两基"①攻坚计划（2004—2007年）的通知》 财政部《关于加强国家非税收入管理的通知》	财政部、国家税务总局《关于教育税收政策的通知》
2005	财政部、工商总局《工商行政管理专项补助经费管理办法》 财政部、农业部《农村劳动力转移培训财政补助资金管理办法》	财政部、海关总署、国家税务总局《关于文化体制改革中经营性文化事业单位转制为企业的若干税收政策问题》 财政部、海关总署、国家税务总局《关于文化体制改革试点中支持文化产业发展若干税收政策问题》 国家税务总局《关于印发〈税收减免管理办法（试行）〉的通知》
2006	国务院《关于征收石油特别收益金的决定》及财政部《石油特别收益金征收管理办法》 财政部《天然林保护工程财政资金管理规定》 国务院关于《完善大中型水库移民后期扶持政策的意见》	财政部、国家税务总局《关于宣传文化增值税和营业税优惠政策的通知》 财政部、国家税务总局《关于西部大开发税收优惠政策适用目录变更问题的通知》 国家税务总局和国家发改委《关于印发〈外商投资项目采购国产设备退税管理试行办法〉的通知》
2007	财政部《边境地区专项转移支付资金管理办法》	主席令《中华人民共和国企业所得税法》 国务院《中华人民共和国企业所得税法实施条例》 国务院《关于实施企业所得税过渡优惠政策的通知》 继续执行西部大开发政策 财政部、国家税务总局《关于宣传文化所得税优惠政策的通知》 财政部、国家税务总局《关于将西部地区旅游景点和景区经营纳入西部大开发税收优惠政策范围的通知》

续表

年份	财政	税收
2008	财政部、海关总署、国家税务总局《关于促进边境贸易发展有关财税政策的通知》	财政部、国家税务总局《关于企业所得税若干优惠政策的通知》，其中西部地区优惠比例更大 财政部、国家税务总局《关于贯彻落实国务院实施企业所得税过渡优惠政策有关问题的通知》 财政部、国家税务总局、国家发改委《关于公布资源综合利用企业所得税优惠目录（2008年版）的通知》 国务院《中华人民共和国增值税暂行条例》 财政部、国家税务总局《关于企业所得税减免税管理问题的通知》 国家税务总局《关于执行公共基础设施项目企业所得税优惠政策的通知》 财政部、国家税务总局《关于资源综合利用及其他产品增值税政策的补充通知》 财政部、国家税务总局《关于加大监督检查力度切实维护企业所得税收秩序的通知》
2009	财政部《国家重点生态功能区转移支付（试点）办法》 财政部《边境地区专项转移支付资金管理办法》	财政部、国家税务总局《关于坚决制止越权减免税加强依法治税工作的通知》 国家发改委《关于实施国家重点扶持的公共基础设施项目企业所得税优惠的通知》 财政部、国家税务总局《关于企业所得税若干优惠政策的补充通知》 财政部、国家税务总局《关于农村电网维护费征免增值税问题的通知》 财政部、国家税务总局《关于资源综合利用及其他产品增值税政策的补充通知》
2010	财政部、发改委、国家林业局《退耕还林财政资金预算管理办法》	国家税务总局《关于环境保护节能节水安全生产专用设备投资抵免企业所得税有关问题的通知》 资源税改点试点改革（在新疆）
2011	财政部、国家发改委、国务院扶贫办《财政专项扶贫资金管理办法》 财政部、水利部《特大防汛抗旱补助费管理办法》 财政部《国家重点生态功能区转移支付办法》	财政部、国家税务总局《关于继续征收国产抗艾滋病毒药品增值税的通知》 财政部、海关总署、国家税务总局《关于深入实施西部大开发战略有关税收政策的通知》 财政部、国家税务总局《关于调整完善资源综合利用及劳务增值税政策的通知》

续表

年份	财政	税收
2012	财政部《中央对地方均衡性转移支付办法》 财政部《边境地区转移支付资金管理办法》 财政部《中央补助廉租房保障专项资金管理办法》 财政部印发《民航发展基金征收使用管理暂行办法》的通知	财政部、国家税务总局《关于支持农村饮水安全工程建设运营税收政策的公告》 财政部、国家税务总局《关于深入实施西部大开发战略有关企业所得税政策问题的公告》 财政部、国家税务总局《关于出口货物劳务增值税和消费税政策的通知》 财政部、国家税务总局《关于公共基础设施项目和环境保护节能节水项目企业所得税优惠政策问题的通知》 正式启动营业税改征增值税改革
2013	财政部、民政部《城乡医疗救助基金管理制度》 财政部《部门预算管理办法》 财政部《农业保险大灾风险准备金管理办法》 财政部、环境保护部《江河湖泊生态环境保护项目资金管理办法》 财政部《西部地区基层政权建设资金管理办法》 财政部《边境地区转移支付资金管理办法》 财政部、国家文物局《国家重点文物保护专项补助资金管理办法》 财政部《地方特色产业中小企业发展专项资金管理办法》 财政部、国土资源部《矿产资源节约与综合利用专项资金管理办法》与《矿山地质环境恢复治理专项资金管理办法》	财政部、国家税务总局《关于暂免征收部分小微企业增值税和营业税的通知》 财政部、国家税务总局《关于延续宣传文化增值税和营业税优惠政策的通知》 财政部、国家税务总局《关于将铁路运输和邮政业纳入营业税改征增值税试点的通知》 财政部、国家税务总局《关于享受资源综合利用增值税优惠政策的纳税人执行有关污染物排放标准有关问题的通知》（峨边彝族自治县） 财政部、海关总署、国家税务总局《关于支持芦山地震灾后恢复重建有关税收政策问题的公告》 国家税务总局《关于电网企业电网新建项目享所得税优惠政策有关问题的公告》 财政部、国家税务总局《总分机构试点纳税人增值税计算缴纳暂行办法》
2014	农业部、财政部《关于深入推进草原生态保护补助奖励机制政策落实工作的通知》 国家林业局《关于印发〈中央财政林业补助资金管理办法〉的通知》 财政部《关于城乡建设用地增减挂钩试点有关财税政策问题的通知》	财政部、国家税务总局《关于调整原油、天然气资源税有关政策的通知》 财政部、国家税务总局《关于实施煤炭资源税改革的通知》 财政部、国家税务总局《关于小型微利企业所得税优惠政策有关问题的通知》

续表

年份	财政	税收
2015	财政部《中央对地方专项转移支付绩效目标管理暂行办法》与《中央对地方专项转移支付管理办法》 财政部、国家发改委等六部门《关于扩大新一轮退耕还林还草规模的通知》 国务院《关于支持沿边重点地区开发开放若干政策措施的意见》 财政部《关于印发〈中央补助地方公共文化服务体系建设专项资金管理暂行办法〉的通知》 财政部《关于印发〈革命老区转移支付资金管理办法〉的通知》 国务院令《中华人民共和国政府采购法实施条例》	财政部、国家税务总局《关于印发〈资源综合利用产品和劳务增值税优惠目录〉的通知》 财政部关于资源税的改革与调整
2016	国务院《关于实施农业转移人口市民化若干财政政策的通知》 财政部《关于印发〈中央财政农业保险保费补贴管理办法〉的通知》 财政部、教育部《关于印发〈农村义务教育薄弱学校改造补助资金管理办法〉的通知》 财政部《关于印发〈政府非税收入管理办法〉的通知》 财政部《关于印发〈中央国有资本经营预算管理暂行办法〉的通知》	《中华人民共和国环境保护税法》 国务院《关于实行中央对地方增值税定额返还的通知》 国务院《关于印发全面推开营改增试点后调整中央与地方增值税收入划分过渡方案的通知》 财政部、国家税务总局、海关总署《关于继续实行农村饮水安全工程建设运营税收优惠政策的通知》 财政部、国家税务总局《关于调整受灾地区开采石油（天然气）进口物资税收优惠政策的通知》《关于"十三五"期间在我国陆上特定地区开采石油（天然气）进口物资税收免征进口税收的通知》《关于"十三五"期间在我国海洋开采石油（天然气）进口物资免征进口税收的通知》；财政部、国家税务总局、水利部《关于全面推进资源税改革的通知》 国家税务总局《关于河北省水资源税改革试点有关政策的通知》

续表

年份	财政	税收
2017	国务院《关于印发〈矿产资源权益金改革方案〉的通知》 农业部、财政部《关于做好2017年中央财政农业发展生产等项目实施工作的通知》 财政部《关于印发财政扶贫专项资金绩效评价办法的通知》 财政部《关于印发〈中央对地方重点生态功能区转移支付办法〉的通知》 财政部《关于印发〈中央财政县级基本财力保障机制奖补资金管理办法〉的通知》	财政部、税务总局《关于扩大小型微利企业所得税优惠政策范围的通知》 财政部《关于印发节能节水和环境保护专用设备企业所得税优惠目录的通知》 财政部、税务总局《关于印发〈扩大水资源税改革试点实施办法〉的通知》 财政部、水利部《关于调整天然气进口税收优惠政策有关问题》的通知》 财政部、税务总局、生态环境部《关于环境保护税有关问题的通知》
2018	财政部、国家林业和草原局《林业生态保护恢复资金管理办法》	财政部、税务总局《关于延续宣传文化增值税优惠政策的通知》

注：① "两基"指基本普及九年义务教育和基本扫除青壮年文盲。
②表2-5主要列举对民族地区更有影响的财税规则与政策。
资料来源：作者归纳。

自 1994 年以来，我国财政体制在分税制框架下不断调整与补充，在财税规则不断规范与完善过程中，对民族地区经济发展促进作用较大的财税规则与政策完善主要包括三方面：一是基于政府预算制度的转移支付制度的完善；二是西部大开发区域发展战略中优惠财税政策的完善；三是流转税优惠政策及资源税改革。诚然，1998 年以来我国不断进行公共财政目标定位与探索，在民族地区提供基本公共服务方面，[1] 中央支持民族地区财政政策发挥了重要作用。

二　1994～2018 年中央支持民族地区的财政政策

自分税制改革以来，中央增加了对民族地区的财政转移支付。在 1999 年国家推进西部大开发战略及 2004 年《关于进一步推进西部大开发的若干意见》发布的背景下，伴随 2001 年第九届全国人民代表大会常务委员会第二十次会议通过的《关于修改〈中华人民共和国民族区域自治法〉修正》及 2005 年《国务院实施〈中华人民共和国民族区域自治法〉若干规定》的实施，中央财政政策对民族地区发展的支持力度不断加大且支持方式不断细化，具体政策详见表 2 - 6。

表 2 - 6　1994～2018 年支持民族地区各项事业发展的中央财政政策

年份	专门或主要惠及民族地区的财政政策内容
1994	国家民委、国家体改委《关于同意呼伦贝尔盟等（乌海市、吉林省延边朝鲜族自治州、贵州省黔东南苗族侗族自治州、新疆维吾尔自治区伊犁哈萨克自治州为第一批"民族地区改革开放试验区"。）列为民族地区改革开放试验区的批复》；1994 年至今，国家推出的民族地区改革开放试验点、农村改革试验区和高新技术开发区，均有中央财政政策支持 国务院《关于印发国家八七扶贫攻坚计划的通知》。国务院决定从 1994 年至 2000 年，集中人力、物力、财力，动员社会各界力量，力争在 7 年左右的时间里，基本解决目前全国农村 8000 万人口的温饱问题；对国家确定的"老、少、边、穷"地区新办的企业，其所得税可在 3 年内予以征后返还或部分返还；把解决少数民族贫困地区温饱问题作为进一步脱贫致富的工作重点，协调和配合有关部门做好少数民族贫困地区的科技扶贫、智力支边、普及教育和干部交流等工作
1995	国家实行了过渡性转移支付办法，对民族地区实行两项特殊照顾政策。一是在计算标准财政收支时，充分考虑民族地区各种特殊因素，其转移支付的补助系数和数额高于一般地区；二是民族地区除享受一般性财政转移支付外，还享受专门针对民族省区和非民族省区民族自治州的"政策性转移支付" 国家民委关于进一步做好扶贫工作的通知，强调抓好定点扶贫和对口支援工作

---

[1]　1999 年的《西部大开发政策》、2003 年的《国务院关于进一步加强农村教育工作的决定》、2006 年的《中华人民共和国义务教育法》及 2009 年的《中共中央国务院关于深化医药卫生体制改革的意见》等均为民族地区基本教育、医疗等公共服务提供了规则与政策基础。

续表

年份	专门或主要惠及民族地区的财政政策内容
1996	1996 年 7 月，国务院办公厅转发国务院扶贫开发领导小组《关于组织经济较发达地区与经济欠发达地区开展扶贫协作的报告》确定：北京与内蒙古，天津与甘肃，上海与云南，广东与广西，山东与新疆，辽宁与青海，福建与宁夏，大连、青岛、深圳、宁波与贵州开展扶贫协作 1996 年 11 月，国家民委《关于进一步做好定点扶贫工作的通知》规定，实行国家、自治区、地（市）、县（旗、市）四级民委负责制 1996 年国务院制定边贸政策
1997	国务院《关于"九五"期间关于民族贸易和民族用品生产有关问题的批复》主要涉及对定点生产企业的贷款利率、财政贴息及税收优惠政策等经济政策的落实
1998	中央财政设立的"少数民族发展资金"是一种支持民族地区经济发展的专项资金，根据财政体制改革的要求改为无偿使用，资金规模为 3 亿元。每年由国家民委和财政部共同提出资金规模分配方案，报国务院扶贫开发领导小组审定后，由财政部直接将资金下拨到各省区。各省区民委与财政厅负责资金分配、项目确定和项目管理 财政部、国家税务总局《关于民贸企业有关税收问题的通知》就增值税、企业所得税及其减免与返还做了规定 国家民委、财政部、中国人民银行、国家国内贸易局、中华全国供销合作总社确定了"九五"期间民族贸易县的相关财税优惠 国家民委确定第一批承担民族贸易地区商品供应任务的省州级民族贸易公司；并确定了全国民族用品定点生产企业，外经贸部、海关总署等部门下发《关于进一步发展边境贸易的补充规定的通知》规定了延续和扩大对边境贸易的税收优惠等
1999	国家民委《关于进一步推进"兴边富民行动"的意见》，中央民族工作会议强调，要继续推进兴边富民行动，涉及 135 个陆地边境县（旗、市、市辖区）和新疆生产建设兵团的 56 个边境团场，2100 多万人口
2000	在财政专项中增加对民族地区政策性转移支付，同时还将民族地区每年增值税量的 80% 由中央专项转移支付给民族地区 开展边境县试点工作，国家民委和财政部在全国确定了 17 个试点，中央财政每年安排 5100 万元专项资金。2001~2010 年，国家实施"兴边富民"行动计划
2001	中央财政取消了"边境建设事业补助费"专项，把边境建设事业作为一项因素，将其统一纳入中央对地方的转移支付 《扶持人口较少民族发展规划 2001—2005 年》，国务院办公厅发出《关于扶持人口较少民族发展问题的复函》（国办函〔2001〕44 号），要求有关地区和部门对人口较少民族实行特殊扶持政策，改善人口较少民族乡村生产生活、基础设施、文化教育卫生条件等，帮助人口较少民族实现较快发展；国务院办公厅《关于建议把二十二个人口较少民族发展问题列入国家"十五"计划的意见》
2002	中央财政从少数民族发展资金中安排人口较少民族发展补助资金 国务院《关于深化改革加快发展民族教育的决定》明确了民族教育改革和发展的政策措施，其主要由中央财政支持①
2003	西部大开发战略实施第四年，中央财政在公共投资、税收政策和转移支付等方面加大对西部地区的支持力度。如对青藏铁路建设及西气东输项目实施税收优惠政策，加大对西部地区基础设施及生态环境建设、社会保障事业建设的中央财政支持力度

续表

年份	专门或主要惠及民族地区的财政政策内容
2004	国家民委《民族工作经费管理暂行规定》 国家民委和财政部又在全国范围内确定了 37 个兴边富民行动重点县，中央财政为此增加 5000 万元少数民族发展资金
2005	国务院常务会议通过《扶持人口较少民族发展规划（2005—2010 年）》，国家发改委会同国家民委联合编制《扶持人口较少民族发展专项建设规划（2006—2010 年）》 中央财政设立少数民族发展资金民族工作经费 国务院《关于进一步加强防沙治沙工作的决定》，全国现有沙化土地 174 万平方千米，占国土面积的 18.1%，主要分布在民族地区和边疆地区
2006	国家发改委、农业部先后两批下达天然草原退牧还草工程投资计划，对新疆共投入 5.07 亿元国债资金，安排了 2960 万亩的天然草原退牧还草任务，这是自国家对西部实施退牧还草工程以来投资力度最大的一年。 财政部、国家民委《关于印发〈少数民族发展资金管理办法〉的通知》 中央财政设立边远地区、少数民族地区基础测绘专项补助经费项目 国务院同意《国家民委等七部门关于"十一五"期间继续坚持和完善对民族贸易和民族特需商品定点生产企业优惠政策的请示》，国家民委《关于继续执行民族贸易和民族特需商品生产有关优惠政策的通知》；财政部、国家民委印发了《民族贸易企业网点改造和民族特需商品定点生产企业技术改造贷款财政贴息资金管理暂行办法》。批准"十一五"期间对民贸网点和民族特需商品定点生产企业继续实行流动资金贷款优惠利率、技改贷款贴息和税收优惠等政策。包括对定点生产企业的正常流动资金贷款利率实行月息低 2.4 厘的优惠政策；继续对民贸网点建设和民族特需商品定点生产企业技术改造予以支持，贴息贷款规模由"十五"期间的每年 1 亿元增加到每年 5 亿元，利息补贴由中央财政和省级财政各负担一半 财政部、国家税务总局《关于继续对民族贸易企业销售的货物及国家定点企业生产和经销单位经销的边销茶实行增值税优惠政策的通知》，自 2006 年 1 月 1 日起至 2008 年 12 月 31 日，对民族贸易县内的县级和县级以下的民族贸易企业和供销社企业销售的货物（除石油、烟草外）免征增值税，对国家定点企业生产的边销茶及经销单位销售的边销茶免征增值税
2007	《国务院 2007 年工作重点》加大国家对欠发达地区的支持力度，鼓励发达地区对欠发达地区对口援助，促进革命老区、民族地区、边疆地区、贫困地区经济社会加快发展
2008	《国务院 2008 年工作重点》强调促进区域协调发展，深入推进西部大开发，开工建设一批重点工程，支持重点地区优先发展；进一步加大对革命老区、民族地区、边疆地区、贫困地区的扶持力度；制定并实施主体功能区规划和政策
2009	国务院《关于进一步繁荣发展少数民族文化事业的若干意见》 国家民委与财政部开始实施《少数民族特色村寨保护与发展项目》，财政部会同国家民委开展了少数民族特色村寨保护与发展试点（以下简称"特色村寨保护试点"）工作，中央财政投入试点资金 5000 万元
2010	《少数民族特色村寨保护与发展项目》安排试点资金 6000 万元 资源税改革试点在新疆及其他西部地区实施 《全国主体功能区规划（2010—2020 年）》正式出台，中央财政将生态类限制开发区、三江源和南水北调中线水源地等涉及的 451 个县全部纳入补助范围

续表

年份	专门或主要惠及民族地区的财政政策内容
2011	财政部、国家税务总局发出《关于新疆困难地区新办企业所得税优惠政策的通知》，规定自 2010 年至 2020 年，对在新疆困难地区新办的属于《新疆困难地区重点鼓励发展产业企业所得税优惠目录》范围以内的企业实行所得税优惠 国家民委《民族工作经费管理暂行办法》 国务院《关于支持喀什霍尔果斯经济开发区建设的若干意见》中的财政税收相关政策 财政部、国家税务总局《关于继续执行边销茶增值税政策的通知》中关于自 2011 年至 2015 年边销茶免征增值税的规定
2012	国务院办公厅印发《少数民族事业"十二五"规划》，其中规定"加大中央财政对民族地区一般性转移支付和专项转移支付力度，建立对民族地区转移支付稳定增长机制，提高民族地区基本公共服务保障水平" 国家民委《少数民族特色村寨保护与发展规划纲要（2011—2015 年）》 国家民委继续推进与实行的财政政策包括《关于民贸企业有关税收问题的通知》、《民族贸易和民族用品生产有关优惠政策》、《民族贸易网点和民族用品生产企业技改贷款给予贴息》、《兴边富民行动》、《少数民族发展资金管理办法》、《民族贸易企业销售的货物及国家定点企业生产和经销单位经销的边销茶实行增值税优惠政策》和《民族贸易企业网点改造和民族特需商品定点生产企业技术改造贷款财政贴息资金管理暂行办法》等
2013	中央财政预算安排专项扶贫资金 390.43 亿元，其中少数民族发展资金 36.9 亿元，专项扶贫资金新增部分主要用于集中连片特殊困难地区，进一步提高兴边富民行动补助标准，大力推进少数民族特色村寨保护与发展试点等
2014	中央对民族地区转移支付达 520 亿元
2015	财政部、国家税务总局《关于进入中哈霍尔果斯国际边境合作中心的货物适用增值税退（免）税政策的通知》
2016	财政部、国家税务总局《关于延长边销茶增值税政策执行期限的通知》 财政部、国家税务总局、国家发展改革委、工业和信息化部《关于完善新疆困难地区重点鼓励发展产业企业所得税优惠目录的通知》
2017	中央财政向民族地区转移支付 704 亿元 财政部、国家税务总局《关于继续执行新疆国际大巴扎项目增值税政策》的通知 财政部《关于下达 2017 边远贫困地区、边疆民族地区和革命老区人才支持计划科技人员专项计划预算》的通知
2018	财政部《关于下达 2018 年中央对地方民族地区转移支付的通知》

注：①2002 年《关于深化改革加快发展民族教育的决定》决定，启动实施支援新疆汉语教师工作方案，通过"西部农村教师远程培训计划"、"援助西藏教师培训计划"、"援助新疆教师培训计划"、"中西部农村义务教育学校教师远程培训计划"、"援助边疆民族地区中小学骨干教师培训项目"、"中小学教师国家级培训计划"及"中国移动西部农村中小学校长培训项目"加强对民族地区教师与校长的培训；后续年份相关教育政策同样没有列入表格中，依次如下：2006 年启动实施"少数民族高层次骨干人才培养计划"；2007 年《国家教育发展"十一五"规划纲要》再次强调民族教育的重要性，提出公共教育资源向民族地区倾斜；2010 年国家启动实施农村贫困边远地区教师周转宿舍试点项目，国家组织实施学前教育三年行动计划、农村学前教育推进工程，民族地区学前双语教育受到重视；建立健全家庭经济困难学生资助政策体系；2011 年国家启动实施农村义务教育学生营养改善计划，惠及了大部分民族地区；2011 年教育部印发了《关于做好少数民族双语教师培训工作的意见》；2015 年国务院印发《关于加快发展民族教育的决定》。

资料来源：作者归纳。

通过对 20 余年的中央支持民族地区财政政策进行总结，得出如下结论。其一，专门针对民族地区的中央财政政策着力点落在"扶贫"、"民族贸易"与"民族教育"方面，"扶贫"主要包括扶持人口较少民族发展、对口支援及兴边富民等需要中央财政支持的各种资金项目；与"民族贸易"相关的中央支持民族地区财政政策主要包括民族贸易与民族用品生产企业优惠税收政策、贷款财政贴息政策及边境贸易（口岸开放）相关财税政策；"民族教育"财政政策主要涉及义务教育学校基础设施改善、学生补贴与教师培训等。其二，主要惠及民族地区的中央财政政策着力点是"生态环境补偿"、"矿产资源税费改革"及"企业所得税优惠"。其三，对民族地区其他社会性事业的支持，如文化、医疗、社会保障等。事实上，在国家西部大开发战略及同步小康战略目标下，中央财政政策对民族地区经济发展支持力度持续加大，包括基础设施投资、各种产业政策的财税支持，甚至产业集群打造等。民族地区发展有目共睹，但是中央支持民族地区发展的财政政策还具有很大的空间。2016 年《国务院关于印发"十三五"促进民族地区和人口较少民族发展规划的通知》表明了，中央发展民族地区的细心、诚心与决心，致力于进一步把中央支持民族地区财政政策内在激励作用发挥得更好。2018 年中央民族工作会议指出，支持民族地区加快经济社会发展，发挥民族地区特殊优势，发展社会事业，加强生态环境保护，更加注重改善民生，促进公平正义；大力传承和弘扬民族文化，提高民族地区持续发展能力与自我发展能力，释放发展潜力；当前较为紧迫的是紧紧围绕民族地区全面建成小康社会目标，深化改革开放，调动民族地区广大干部群众的积极性，激发市场活力和创新创造热情。这是各族群众的期盼，也是学者追求的永恒主题。

第三章　中央支持民族地区财政政策的科学基础

　　自新中国成立以来，我国财政制度的理论与实践是沿着"计划财政""包干财政""科室财政""公共财政""民生财政"的制度模式演进的，"民主财政"思想已经成为财政制度研究的核心。无论是在财政制度发展的各阶段中，还是与其发展阶段相契合的财政制度研究思想中，都能体现出中央财政对民族地区发展的关注与扶持。随着经济社会不断发展与理论研究的不断深入，新政治经济学理论不知不觉地成为财政制度创新的理论依据，成为中央支持民族地区财政政策的科学基础。提升民族地区整体福利的福利经济学理论与提升民族地区自我发展能力的机制设计理论，最终都以权利配置为研究对象，明晰以下新政治经济学问题：政府与市场的关系即政府的边界；中央与地方财政关系，即中央与民族地区的财政关系；各地方政府利益关系，即民族地区与其他地区间的横向财政竞争；等等。以国家治理现代化为重要基础、贯穿政经体制的财政制度创新，是解决系统、综合、复杂的民族地区发展问题的金钥匙，是解决问题的核心与基础。

第一节　中央财政支持民族地区发展的新政治经济学思考

　　民族地区发展不仅限于区域内民众就业、消费、经济增长等经济福利，还拓展到区域内群体生活的公平、正义、秩序等社会福祉。在开放竞争的社会环境中，更应该理性思考民族地区发展的目标、手段及因果关系。

一　基于区域差异的权利分配正义制度设计

（一）民族地区与其他地区存在经济发展差异的客观基础

　　只要有区域划分，就会有区域差异的存在。根据不同的划分标准，我国的区域划分类别不同。众所周知的行政区域划分法将全国划分为 31 个省、直辖市和自治区以及两个特别行政区，这是中央下辖的省级行政单元；根据经济技术水平和地理位置条件，将全国划分为东部、中部、西部和东北地区四大板块，民族地区绝大部分位于我国西部地区；根据少数民族地理分布和聚居特点的相似性划分为民族自治区域（地方）与非民族自治区域，此种划分方法还有政治内涵，即民族区域自治制度是我国基本政治制度。由于不同区域资源禀赋差异客观存在并长期不断累积，加上集聚经济效应与转移成本的约束，区域经济发展方式与程度已存在很大差异。胡佛在《区域经济学导论》中总结使经济发展差异显著的三个因素是："生产要素的不完全流动性、经济活动的不完全可分性、产品与服务的不完全流动性"。区域经济发展的这"三块基石"在民族地区均具有明显体现。

1. 生产要素的不完全流动性使民族地区比较优势差异显著

区域资源禀赋差异主要在于区域生产要素的不完全流动性，西方经济学一般把生产要素分为劳动、资本、土地和企业家才能，显然不是所有的生产要素都具有完全流动性。民族地区稀缺的生产要素如人力资本、高效率的劳动力、资金、原料、先进技术等能够流动；而民族地区丰富的自然资源如土地、矿山、水文和气候条件等是固定的不能流动。然而，不仅自然环境能够引起流动性生产要素转移，而且市场发育程度、管理体制、政府公共政策等社会环境差异更易使流动性生产要素转移至发展水平相对较高和公共服务相对较好的区域。"要素资源禀赋稀缺的地区其要素价格应该高并诱发相应的生产要素流入，直至要素价格、成本和受益区域均等化"的经济学理论是有假定前提的。我国区域经济发展并不满足假定前提条件，发展实践证明民族地区更多优质流动性生产要素（如人才）被发达地区诱发而流出。因此，相比发达的东部地区，民族地区发展的比较优势易依托在不具流动性生产要素的产业上，如资源业、旅游业等。

2. 产品与服务的不完全流动性使民族地区发展模式差异显著

现代物流与新智能的发展，已经使更多产品与服务能够迅速、便捷地从地理空间的一端移到另一端，付出的转移成本也更为复杂，包括在经济、社会和心理等方面所花费的全部成本。随着民族地区经济的发展，物化的成本如运输成本（不但与运输方式、货物种类有关，还与保险费用有关）、时间成本（与地区经济发展水平有关，还与交通运输发展水平有关）乃至信息成本（新媒体时代的信息成本似乎较低，但是在偏远的民族地区，网络信息的硬件设施更新及软件操作水平构成信息成本约束）均在降低。具有流动性的产品与服务产生的收益要惠及民族地区，应真正实现共享式发展模式，如民族医药业等。不具流动性的产品与服务，只有满足本区域民众的需求，并吸引区域外民众来此消费，才能促进本区域发展。除上述各种成本外，最重要、最关键的是"人"之一因素的心理成本。由于民族地区社会传统、风俗习惯、语言文化、宗教信仰等方面的差异，少数民族的语言、文化、价值观与汉族群众存在差异，民族关系处理不好容易产生"心理距离"，所以要创新发展模式，使不完全流动的产品与服务既满足少数民族生产生活需要，又能满足区域外民众的高端需求，如广西龙脊梯田促进当地发展的模式就是如此。

3. 经济活动的不完全可分性使民族地区区域竞争力差异显著

一般而言，集聚经济是提升区域竞争力主要抓手，其具有经济活动的不完全可分性，大多数集聚经济是依托或基于区域特定产业的规模经济。企业内部规模经济取决于自身企业水平；企业外部规模经济是通过其布局在其他企业的附近而受益的外部效应、外部性或集聚经济。产业关联中的多数企业在区位选择时聚集在一起，由此产生节约交易成本及提高生产力的效果；同时在企业集聚过程中，知识外部性、中间产品共享、风险共担，甚至基础设施共享等，皆会促进企业在产业层面形成规模报酬递增，从而提高企业乃至产业的竞争力。[1] 亨德森指出："集聚经济是指地理接近的企业之间存在正的溢出结果，即使企业生产技术的规模报酬不变，所有企业的生产率也会因为集聚产生的外部性而获得普遍提高。"[2] 如果在没有政府政策支持与诱导的情况下，集聚经济无疑将倾向非民族地区的发达地区；因此，民族地区区域竞争力提升的重要支柱是国家区域协调发展战略与中央政府大力度的政策支持。

4. 国家发展战略下民族地区经济发展相对稳中向好

自新中国建立至改革开放，国家区域发展战略和区域政策主要侧重对国家投资和重点项目的布局，以平衡发展、平衡布局、缩小差距为基本特征。改革开放至 20 世纪 90 年代初期，国家区域发展战略从平衡发展转向

---

① 魏后凯:《现代区域经济学》，经济管理出版社，2006，第 31 页。

② J. V. Henderson, "Where Does an Industry Locate?", *Journal of Urban Economics*, Vol. 35, No. 1, 1994, pp. 83 – 104; J. V. Henderson, "Externalities and Industrial Development", *Journal of Urban Economics*, Vol. 42, No. 3, 1997, pp. 449 – 470.

不平衡发展，区域发展政策的着力点在"效率"上，具有区位与资源优势的沿海地区获得了国家更多投资与政策倾斜，同时贫困地区和民族地区获得了一定补偿。自20世纪90年代初以来，面对区域经济发展差距不断扩大，我国把促进地区经济协调发展提到了重要的战略高度。在西部大开发战略实施以前，我国各种扶贫政策多数面向民族地区。1999年6月，西部大开发战略正式出台，西部大开发的地域范围除当时原有的10个省区市外，还包括广西和内蒙古、吉林的延吉、湖北的恩施自治州、湖南的湘西自治州。直至今日，民族地区与东部地区差距仍较大，但是与全国平均水平相比，民族地区保持了有质量、可持续的良好发展态势。

（二）民族地区与其他地区经济发展趋同趋异的经济学学理分析

经济增长理论对区域经济增长影响因素的研究一直没有停止，在新古典经济增长理论与新增长理论中，影响因素包括生产要素投入、区位条件、区域投资环境与区域外部环境等。在开放竞争的社会大背景下，任何特定区域并不能独善其身，必须融入社会发展整体，不同区域发展趋同与趋异成为缩小区域发展差距的热点，国外区域经济研究主要围绕资本（包括物质资本与人力资本）的边际报酬、技术外生内生变化、经济结构变动与经济一体化四个方面进行分析。

1. 人力资本边际报酬"递增"启示民族地区重视人才战略

一般而言，不同区域经济增长趋同存在的首要条件是资本的边际报酬"递减"，这一古典经济增长理论假定意味着资本要素的边际生产率将随资本要素的积累而递减，降低给定投资量对增长的贡献，并且在一段时间内增长速度减慢；即我国相对贫困的民族地区将因资本量相对稀缺而比相对较发达地区经济增长得更快。在开放经济条件下，由于生产要素的流动以及国际和区际贸易对要素价格和劳动者人均国内产品产生均等化作用，趋同结论得到加强。但是，"人力资本"边际报酬"递增"使不同区域经济发展趋异。因此，为避免民族地区与其他较发达地区的差距被拉大，重视人才、吸引人才、留住人才成为发展的重要策略。

2. 技术外生内生变化启示民族地区重视技术创新

科学技术进步历来是一把双刃剑，会加速区域间发展的趋同或趋异。如果各区域在产生和吸收新技术能力和努力程度上有差异，那么不同区域的长期增长率一定会有差异；如果存在技术投资报酬递减，那么不同区域间技术效率水平将趋于均等化。就不发达的民族地区而言，如果其有能力吸收和采纳发达地区或国际上的先进技术，满足自身发展需要，那么技术的公共产品属性通常会使不发达地区受益，使其在技术赶超过程中出现后发优势，有利于缩小民族地区与其他地区间的发展差距，即趋同。但是，科技创新引发更高的新经济增长点，科技创新能力在发达地区比不发达地区表现得更强劲，这又将加剧区域间经济发展的不平衡，导致趋异。在民族地区重视、发展技术创新，是促进趋同、避免趋异的必然选择。

3. 依据区域内经济结构水平科学规划民族地区公共投资结构

库兹涅茨曲线表明了经济增长与收入不平等的关系，并推断"按部门划分的个体数的比率""部门间的收入差别""部门内部各方收入分配不平等的程度"三要素将随经济发展而变化且部门间收入差距也将缩小。[1] 但经济发展的资料表明：库兹涅茨曲线不符合发展中国家的实际情况，事实是随着经济发展程度越来越悬殊，部门间收入并没有向平等方向转变。就我国民族地区而言，由资源禀赋决定优势产业的民族地区其农业占比较高，但是在国家政策引导与大力支持下，民族地区的现代农业、特色农业前景越来越好。为避免区域间劳动生产率差异显著，政府公共投资应在短期收益数量增加的硬环境与长期收益质量提升的软环境间做好权衡，涉及农业、公共教育、医疗保健、节能环保、科技研发、人员培训等。受时代约束的国外理论很难解释我国民族地区的发展实践。

4. 经济一体化促进民族地区市场化进程

经济一体化主要是指区域间形成一个整体、统一市场的过程，这一过程将增强资本和劳动力的流动。根据赫克歇尔－俄林贸易模型，区域间收入差异是由要素禀赋与要素价格的差异所致；[2] 根据萨缪尔森（Paul A. Samuelson）

① Simon Kuznets, "Economic Growth and Income Inequality", *The American Economic Review*, Vol. 45, No. 1 (Mar., 1955), pp. 1 – 28; Simon Kuznets, "Problems in Comparing Recent Growth Rates for Developed and Less Developed Countries", *Economic Development and Cultural Change*, Vol. 20, No. 2 (Jan., 1972), pp. 185 – 209; Simon Kuznets, "Rural – Urban Differences in Fertility: An International Comparison", *Proceedings of the American Philosophical Society*, Vol. 118, No. 1 (Feb., 1974), pp. 1 – 29.

② Franklin D. Scott, "An Economic History of Sweden by Eli F. Heckscher, Göran Ohlin", in *Review*, *The Annals of the American Academy of Political and Social Science*, Vol. 301, Higher Education under Stress (Sep., 1955), pp. 249 – 250; Kurt Samuelsson, "An Economic History of Sweden by E. F. Heckscher, G. Ohlin", *The American Economic Review*, Vol. 46, No. 1 (Mar., 1956), pp. 178 – 180.

的"要素价格均等化定理"，经济一体化区域内的自由贸易同时会促进商品价格与要素价格均等化。[①] 加速民族地区市场化进程并不意味着可流动要素的完全流出，但意味着对要素流入壁垒的打破；在开放市场条件下，民族地区不可流动生产要素的比较优势必然吸引与竞争得到相应人力资本；只要资源开发更多地惠及民族地区，增强民族地区经济发展实力，在民族地区形成经济增长极，那么这一发展模式就是有益的。

经济理论与市场化的经济机制并不能自动实现区域趋同，国内外区域发展实践表明，其反而加速了趋异，这是经济发展内在规律及市场力量的结果。因此，缩小我国区域差距需要政府干预，而且这是一个十分漫长的过程。增长与均衡是中央区域政策实现效率与公平目标的体现。市场力量只能扩大区域差距，而不能缩小。中央政策应弥补市场失灵，更加关注公平目标，使居住在全国各区域的居民享受均等化的基本公共服务，保障全体公民的基本权利。

（三）各区域居民享有均等化基本公共服务的平等权利

2013 年，中共中央办公厅印发《关于培育和践行社会主义核心价值观的意见》，其中社会层面的价值取向就是"自由、平等、公正、法治"。居住在不同区域的我国公民，法律保障其享有平等的权益，即保障人人平等参与、平等发展的权利，其中人人享有均等化基本公共服务是最基础的平等，只有这样才能体现社会的公平、正义，保障每一个人的"幸福"感受。我国区域差异显著，尤其部分民族地区仍存在贫困、相对落后的现状，短期乃至相对长期内都无法通过自身努力使区域内居民（绝大多数为少数民族）享有与发达地区相同的基本公共服务。为保障民族地区所有民众的宪法性权益，中央财政亟须加大对民族地区的支持力度，这些决策要

---

① Paul A. Samuelson, "Stochastic Speculative Price", *Proceedings of the National Academy of Sciences of the United States of America*, Vol. 68, No. 2 (Feb., 1971), pp. 335 – 337; Paul A. Samuelson, "The Consumer Does Benefit from Feasible Price Stability", *The Quarterly Journal of Economics*, Vol. 86, No. 3 (Aug., 1972), pp. 476 – 493; Paul A. Samuelson, "Proof that Properly Discounted Present Values of Assets Vibrate Randomly", *The Bell Journal of Economics and Management Science*, Vol. 4, No. 2 (Autumn, 1973), pp. 369 – 374; Rudiger Dornbusch, Stanley Fischer and Paul A. Samuelson, "Heckscher – Ohlin Trade Theory with a Continuum of Goods", *The Quarterly Journal of Economics*, Vol. 95, No. 2 (Sep., 1980), pp. 203 – 224.

根据我国政治经济制度以民主集中方式做出，从而激励在政治过程与市场机制相结合情况下分配资源，提升民族地区公共服务的数量与质量。

1. 基于罗尔斯的公平正义

约翰·罗尔斯在《正义论》中指出："正义是社会制度的首要价值，正像真理是思想体系的首要价值一样。一种理论，无论它多么精致与简洁，只要它不真实，就必须加以拒绝和修正；同样，某些法律和制度，不管它们如何有效率和有条理，只要它们不正义，就必须加以改造或废除。"[①] 从罗尔斯的表述中，可以得出判断社会制度优劣的首要标准是正义与否，首要价值是指"个人偏好"的"阿罗表达"，即一个人在一个可选方案集合上的偏好向量，即可选方案集合里的全部元素按对这个人的重要性排列具有最高序位的元素。柏拉图也认为在他的重要性排序里位置最高的应该是正义；在经济学家尤其是福利经济学家个人偏好排序里最高的应当是幸福；其实这并不矛盾，因为正义是个人追求幸福不可或缺的要素。

罗尔斯用社会制度的合理设计和安排说明社会资源分配的公平性，他本人将其倡导的正义称为"公平正义"（justice as fairness）。[②] 罗尔斯的正义理论源于西方社会的契约思想，这一理论假设普遍有效的分配正义原则是进入社会状态的所有社会成员通过订立社会契约的方式选择和确立的，且这一原则是有理性和理智并具有自我利益意识的人，在不知道自己和他人所有具体情况和相关社会背景的"原始状态"[③] 下选择和确立的原则。或言，罗尔斯赞同"在不同的正义原则之间进行选择时，当事人应当选择在初始位置不确定条件下所选择的原则"；这也是被多数政治经济理论研究专家及人们普遍接受的公平原则。罗尔斯著名的两个正义原则[④]恰与社会基本结构对应，一个是确定和保障公民基本自由权原则；另一是收入和

①　约翰·罗尔斯：《正义论》，何怀宏等译，中国社会科学出版社，1988，第1页。

②　John Rawls, *Collected Papers* (Cambridge, Massachusetts: Harvard University Press, 1999), p. 47.

③　罗尔斯所说的这种原始状态或假设状态、初始位置（original position）指一种初始的平等状态，每个人都不知道在变化后的社会状态中自己所处的位置以及自己的个人特征。

④　体现罗尔斯正义观的两个正义原则中，原则一为：每个人都有平等地享有不与他人冲突的最广泛的基本自由的权利。原则二为：存在社会和经济不平等的原因在于（1）它们被合理地认为有利于每一个人；（2）它们被合理地认为依附于对所有人开放的职位和岗位。John Rawls, *A Theory of Justice* (Cambridge, Massachusetts: The Belknap Press of Harvard University Press, 1971), p. 60.

财富的分配原则。就财富收入分配不平等问题，罗尔斯认为：所有的社会基本善——自由和机会、收入和财富，以及自尊的基础——都应被平等地分配，除非某种或所有这些基本所需品的不平等分配是有助于最不利者的。①罗尔斯主义者认为，社会福利仅仅取决于境况最差的个人的福利状况，只有境况最差的个人的状况得到了改善，社会福利才得到改进。总之，罗尔斯的正义的主旨是社会体制分配基本权利与义务和相应的利益分配方式，即社会基本结构。

借鉴罗尔斯正义原则思考我国不同区域居民间的利益分配关系，首先，要用"平等"来解释社会资源分配的公正性，其体现了社会制度"正义"的核心价值导向。其次，要把政治权利的平等分配置于经济利益、发展机会等其他社会资源的平等分配之前，体现社会制度的设计和安排应该优先保证政治性社会资源得到公正分配的合理思路。最后，启示我们，借助公正社会制度实现的分配正义应该侧重保障和增进社会弱势群体的分配利益。②罗尔斯提出了"差别原则"的分配准则，实际上罗尔斯的正义天平是倾向社会弱势群体的。按照罗尔斯的正义逻辑，中央支持民族地区和少数民族发展是天经地义的，是正义的制度安排。

2. 基于诺齐克的权利正义

罗伯特·诺齐克（R. Nozick）在罗尔斯差别原则基础上提出了应得权利论。与其不同，诺齐克认为，只要个人的基本权利得到尊重，任何分配就都是公平的，基本权利主要包括生存权、劳动收益利、自由选举权。除非有义务尊重他人的基本权利，否则权利是不可剥夺的、绝对的、不受约束的。诺齐克的正义理论主要是从财富的获得途径来看的，其独到之处在于专注于拥有财产的手段和过程，而不是指定分配所必须服从的模式。诺齐克反对一切形式的模式化分配和综合性的分配机制，认为自由和权利应高于平等；分配结果的不正义是由模式化的分配导致的，正是它在实际生活中损害了人们的基本权利；认为正义意味着个人权利不受侵犯，国家权力仅用于维护过程（或程序）的公正。

诺齐克认为分配正义体现在持有物品或利益的全过程中是否具有正当

---

① 约翰·罗尔斯：《正义论》，序言。
② 向玉乔：《分配正义》，中国社会科学出版社，2014，第 141 页。

性，可称之为"持有正义"，其由获取正义、转让正义与矫正正义①组成。即"正义三原则"指定正当持有财产所必须遵循的一个或一系列步骤，满足什么条件才是正义的，诺齐克专门定义了给予权利的条件，即当且仅当每个人对其持有物都是有权利的。诺齐克的政治哲学与国家学说的核心始于个人权利和自由。同样依据社会契约论思想，既然国家是由人格平等的个人构成的，那么国家就要保障人人平等的权利，代理国家的政府同样要尊重与保护公民的基本权利。哈耶克、弗里德曼等经济学家也根据不同情况和事实支持了诺齐克的思想，并表达了相同的观点。

诺齐克权利正义的启示是，国家要重视弱势群体的权利公平，弱势群体首先是在社会体系中权利难以保障，甚至在法律制度上无法主张这些权利的。中央政策从制定、实施，到效果评价的全过程应保障民族地区民众（少数民族）的基本权利，不仅是生活保障、医疗保障、养老保障的经济方面，还有政治上的话语权，尤其是矿产资源开发、生态环境补偿等涉及公共资源配置与公共利益的公共选择权。

3. 基于阿玛蒂亚·森的自由正义

阿玛蒂亚·森对"发展"问题提出一个以"自由"来概括的新视角，即"发展就是拓展自由"。联合国在自己的发展工作中极大地获益于阿玛蒂亚·森的观点，其突破狭隘发展观，借鉴阿玛蒂亚·森的发展目标，认为判定标准是社会上所有人的福利状态，并且最高的价值标准就是"自由"。阿玛蒂亚·森的"自由"是指"享受人们有理由珍视的那种生活的可行能力"，② 一个人的"可行能力"就是对此人是可行的，列入清单的包括吃、穿、住、行、读书、社会参与（投票选举等）等在内的所有活动的各种组合。在此意义上，能力就是自由；自由还包括各种"政治权益"，主要是基本社会保障等；基本的可行能力包括享受基础教育与享受政治参与等的自由。③

经济收入仅是福利的物质基础，自由与可行能力才是福利的全面体

---

① 获取正义解决的是对无主物的占有问题，诺齐克赞成洛克的"劳动获取理论"；转让正义，也称交易正义，用来解决利益从一个人持有到另一个人持有的转让，如果个人之间的转让是通过合法的自愿交换、馈赠等方式完成的，那么这种转让就是正义的；矫正正义是对非正义持有进行矫正。

② Amartya Kumar Sen、任赜、于真：《以自由看待发展》，中国人民大学出版社，2002，第9～12页。

③ Amartya Kumar Sen、任赜、于真：《以自由看待发展》，第3页。

现，这一点体现在阿玛蒂亚·森自由与正义的基础内容中，明确自由福利观与收入福利观之间差异显著的五个来源是：个人异质性、环境多样性、社会氛围差异、人际关系差别、家庭内部分配。① 我国民族地区与其他地区间的经济福利无法进行简单比较。民族地区少数民族的异质性偏好，区位偏远、地貌与气候复杂的自然环境，少数民族社群关系引发的公共安全，少数民族风俗习惯、宗教信仰带来的社会资本差异与人际关系差别都不同程度印证了无法仅用经济收入来简单衡量民族地区整体社会福利。而且，人类社会发展的实践也足以证明，以追求传统经济增长为导向的发展，尽管提高了全社会总体的物质水平，但是此种发展并没有惠及社会上绝大多数的贫困人群，并没有真正解决贫困问题，更无法从根源上解决广泛的公平正义问题。因此，福利或发展更应该是个人自由选择的可行能力问题，阿玛蒂亚·森的理论框架相当于从"（基本）可行能力"视角来考察或评判社会制度正义。

阿玛蒂亚·森将构成实质自由的功能性活动作为评价标准，并反复强调对自由权和基本政治权利的保障应该具有程序优先性，社会分配中的要素价值权重赋值要通过公共讨论和民主的公共选择过程确定。根据阿玛蒂亚·森的理论，中央支持民族地区发展与保障民族地区权益，就是要提升民族地区民众个人可行能力及对其起到加强和保障作用，可分别从五方面（发展的重要手段）努力，依次为民主政治、市场经济、公共政策安排、信息公开管理体制、社会保障制度，② 这已经上升到国家治理体系与治理能力现代化的高度。

4. 民族地区民众享有均等化的基本公共服务体现实质性分配正义

人类分配正义的可能性基础，从古至今主要体现为自然秩序、人生幸福与平等观念。与自由、幸福一样，平等也是分配正义的核心价值表现。

---

① Amartya Kumar Sen、任赜、于真：《以自由看待发展》，第59页。
② 《以自由看待发展》中的五个工具性自由分别是政治自由、经济条件、社会机会、透明性担保、防护性保障。其中，政治自由指经济发展与民主的关系，当人民有机会选择时，他们坚持民主；经济条件是指市场与自由之间存在一种更基础的关系，森强调要以公共行动来创造条件，使市场得以良好地发挥作用，市场的整体绩效深深地依赖政治和社会安排；社会机会是指在教育和保健方面的社会安排；透明性担保是指人们在社会交往中需要的信用，它取决于交往过程的公开性、对信息发布及信息准确性的保证，这与健全的市场机制紧密相连，也与政治民主有关；防护性保障是指为弱势群体提供社会安全网，主要是指对受灾人群、贫困线以下的收入人群、年老者、残疾人等提供基本社会福利保障。

一个平等的社会在一个人出生时就可以通过平等社会制度的设计和安排赋予其"人之为人"的平等性，具体包括人格平等、权利平等、权力平等、机会平等多种形式。平等被普遍认为是分配正义的一个重要标志，追求平等也被普遍认为是分配正义德性。然而，一个人是否与其他人平等，从根本上说是由他所处的社会背景决定的，换言之，人们主观上追求的平等往往是社会给予的。社会能够给予个人平等，说明"平等"也是一种可以被分配资源。它不仅指经济地位平等，即人与人之间经济利益或物质财富得到平等分配，还包括政治地位平等，即政治权利和政治权力能够在人与人之间得到平等分配。经济平等似乎是正义分配的起点，但是没有政治平等便无法保障经济平等的实现，在阿玛蒂亚·森的自由发展观、沃尔泽的分配正义观中均有类似的论断。

我国自1992年以来实施区域发展战略，其重点是加快落后地区发展，逐步缩小地区差距，实现共同富裕目标；自1994年开始实施"分税制"改革以来，中央财政转移支付是促进区域间基本公共服务均等化的主要财力保障。1996年后，中共中央、国务院相继出台国家扶贫政策和民族地区政策，如实施国家开发扶贫计划、增加扶贫资金投入、开展扶贫协作和对口支援及中央财政设立各种少数民族发展专项等，它们主要体现了"区别对待、分类指导"原则，竭力缩小贫困民族地区民众与其他地区民众享有的基本公共服务水平的差距，保障各区域民众的权利公平。

在现实生活中，分配正义面临种种困难，使社会实现正义分配，是学界和政界孜孜不倦的追求。

（四）政府间财政转移支付制度保障不同区域基本公共服务均等化

在现代国家中，政府间财政转移支付是指一个国家的各级政府在既定的事权、支出责任和税收划分框架下，以实现各区域基本公共服务均等化为根本目标而实行的一种财政资金的相互转移或财政平衡制度。自1994年实施分税制以来，中央与地方政府财力收入的划分依据发生了变化，中央财政收入占全国财政收入的比重持续上升且稳定在较高水平，地方政府特别是市级以下政府的财政收入占比持续下降。民族地区财政能力与其他地区尤其存有差距，提供公共服务的能力亦存在差距，因此建立并完善科学、规范、透明的财政转移支付制度极为重要。

1. 基本公共服务均等化内涵的发展与拓展

财政部原部长楼继伟提出："（基本）公共服务均等化本身就是缓解因发展不平衡所引起的地区间矛盾，实现地区间和谐均衡发展的重要途径，更为重要的是，均等化体现的是一种公平正义的发展理念，与社会主义的本质规定以及和谐社会的发展目标完全一致。"① 我国各区域间发展差距较大，不平衡较为严重，实现公共服务均等化具有长期性；近期目标是各区域间基本公共服务均等化，这是保障人们生存和发展的最基本的条件均等，体现了社会公平正义。基本公共服务均等化是指政府为全社会成员提供基本的与经济社会发展水平相适应的大致均等的公共产品和服务。一般而言，基本公共服务的内容会随社会发展而变化，主要包括基本民生性服务、公共事业性服务、公益基础性服务、公共安全性服务等。

公共服务均等并不意味着"平均"，而是指政府提供的公共服务具有公益性、平等性与非营利性，学术界对公共服务均等化具有不同的解释，但绝不限于不同区域政府提供相同数量和质量的公共服务这一浅层含义，所达成的基本共识是"政府对公共服务决策与公共服务具体供给要分开，在公共服务具体供给过程中引入市场竞争机制，享用公共服务的公众有选择的权力与机会"。政府通过公共选择的政治过程确定公共服务供给数量和质量标准，把市场竞争机制引入公共服务供给领域，充分发挥市场优化配置资源的作用，从而有效提高公共服务质量，提高公众满意度。从本质上看，公共服务均等化的实质是政府部分职能的均等化。②

2. 地方政府公共服务财政能力均等化

各区域公共服务的差异无异于所提供的地方性公共产品的差异。根据财政分权理论，地方政府因信息优势而可更有效率地提供地方性公共产品。因此，区域间（基本）公共服务均等化问题就转化为各区域地方政府财政能力均等化问题，主要表现在公共服务理念与财力两方面。

就公共服务理念而言，促进地方政府财政能力均等化的（中央）转移支付的重心是"公共服务"，即消除区域间财力差异，为全体公民提供均等化的（基本）公共服务。新公共服务理论描述道：政府总会有"掌舵"

① 楼继伟：《完善转移支付制度、推进基本公共服务均等化》，《中国财政》2006 年第 3 期，第 6～8 页。
② 谢京华：《政府间财政转移支付制度研究》，浙江大学出版社，2011，第 10 页。

的行为倾向，政府执行公共政策的中心是为公民服务。具体到财政转移支付制度的设计上，其要注重向公众提供公平发展机会和基本权利保障，而不是命令与管制地方政府的财政行为。政府的公共服务对象是公众，政府应回应公众的公共需求与利益诉求，在提供公共服务的全过程中尊重人的价值、确保公共利益占主导、体现公平正义与民主法治。

就各区域财力而言，没有一个绝对的数量化的均等化标准，应依据本区域公众偏好，采用民主参与的公共预算模式，对财政转移支付进行科学、规范、透明的测算，尽可能在转移支付的基础上使各区域具有提供本辖区公众较为合意的（基本）公共服务的财力，这也是发挥公共服务提供能力的基础。

3. 地方政府（基本）公共服务供给结果均等化

地方政府财力均等化不等于财政能力均等化，更距离（基本）公共服务供给结果均等化较远，其还需要相应的法律和制度保障。国际上，发达国家的做法是使政府间转移支付分配方案公式化、法制化、制度化，同时分权化的管理机构设置基本保障了政府间转移支付决策的公允性。要完善我国政府转移支付制度，应进一步完善财政制度，这也是我国政治经济体制改革较为集中的领域。

二　基于民族文化差异的集体选择逻辑

对民族地区集体选择的一个简单解释就是归属于民族地区的所有民众都聚集在一起决定他们共同关心的事情。增进民族地区整体福利，尤其是最直接、最基础的经济福利在经济欠发达地区基本被人们列为目标序列中的首位，即最紧急最重要的事情。民族文化差异决定民族偏好差异，进而决定民族地区民众对公共产品的需求存在差异，且行为伦理同样存在差异；民族地区政府行为趋向是在完成上级政府任务目标与辖区民众服务目标间实现均衡。

（一）多元民族文化偏好使地方公共产品需求差异显著

属于"硬件"基础设施的公共产品，在民族地区与其他地区基本没有差异。然而，属于"软件"的公共服务，其对象是民族地区民众，绝大多数是少数民族，所以其一般都伴有民族文化的烙印。因此，民族地区公共服务供给绝不能简单复制其他地区的供给模式，要多一个民族文化维度，其中语言文字、习俗宗教、价值观的影响较为深远。

1. 以语言文字为特征的公共产品

我国55个少数民族中，绝大多数少数民族都有自己本民族的语言，其中蒙古族、藏族、维吾尔族、哈萨克族、朝鲜族这5个民族的语言文字常常在公共媒体甚至在国际外交中使用。《中华人民共和国宪法》第四条规定："各族人民都有使用和发展自己的语言文字的自由。"还有一些少数民族如傣族、景颇族、壮族、布依族、苗族、彝族、黎族、纳西族、傈僳族、哈尼族、佤族、侗族等有自己本民族的文字。这就决定了在民族地区对广播、出版、教育等方面的公共需求进行满足时除使用汉语外，还要考虑使用少数民族语言文字。

2. 以习俗宗教为特征的公共产品

少数民族的风俗习惯，是经过千百年历史发展而形成的，有悠久的历史根源。异质性公共产品一方面在节庆时表现显著，如藏族与彝族的新年、彝族的火把节、蒙古族的那达慕大会、回族与维吾尔族的开斋节、傣族的泼水节等，节日庆祝几乎是本民族公共的活动，需要公共场所和公共物品。另一方面与宗教信仰相关的公共产品差异显著，如藏族、蒙古族、土族、裕固族、门巴族等信仰藏传佛教；傣族、德昂族、阿昌族、布朗族等信仰小乘佛教；回族、维吾尔族、哈萨克族、柯尔克孜族、塔吉克族、塔塔尔族、乌孜别克族、东乡族、撒拉族、保安族等信仰伊斯兰教；俄罗斯族信仰东正教；傈僳族多信仰基督教等。若该少数民族中只有部分民众信教，则与宗教相关的公共产品的使用范围便相对较小；但是对于全民信教的少数民族来说，如藏族、维吾尔族、回族等，与宗教相关的公共产品不仅与其生活方式有关，还与其生产方式有关，如民族地区的寺庙经济等。甚至还有部分少数民族其婚丧嫁娶习俗也基本成为当地一定范围内的公共活动，相关共用物品具有公共产品属性。

3. 以价值观为特征的具体公共服务方式

国内许多学者提出，价值观是文化的核心要素，价值观是判断好坏的标准。少数民族在价值观上具有民族特征，在提供基础教育服务、公共医疗卫生服务、脱贫致富服务等过程中，要考虑少数民族对同一事物的认识与评价是不同的，因而所提供公共服务的内容与方式也不同。诚然，民族价值观也会随着经济社会发展而发生变化，如藏族、蒙古族、土家族、回族、维吾尔族、撒拉族等的价值观都发生了深刻变化，[①] 进而他们的行为与思维方式也受到了深刻影响。相应的，公共服务的内容与方式也将发生相应变化。

（二）多元民族文化价值观基础性影响民族经济行为

民族文化决定民族偏好，民族偏好决定了价值判断，价值判断的累积形成了民族文化价值观，价值观基础性影响甚至决定了民族经济行为。人们的价值观是有别于事实判断和科学知识的另一类知识形式，是指人们在处理普遍性价值问题上，所持有的立场、观点和态度的总和，因而人们在价值目标追求上抱有怎样的信念、信仰、理想便构成了价值观的内容。少数民族也是理性的经济人，其经济行为是基于价值观引导、在谋求自身经济利益最大化基础上做出理性选择。

1. 民族文化从内在与外在双重方面影响民族行为

民族文化传统对少数民族经济行为的约束既是外在的，又是内在的，即任何一种经济结构都是在特定的文化传统中演进的，民族地区经济结构中呈现的少数民族行为蕴含着民族文化传统。这一经济结构的功效最终取决于少数民族人力资本存量，具体表现为知识、能力及社会资本（包括价值观与信誉）等。其中社会经济环境中的人力资本构成要与民族地区经济发展相适应，即必须是民族地区经济发展实际所能接受的，必须在充分认识民族地区生产力结构的历史基础、社会发育状况的基础上，探寻"欲速而可达"的适用方法与路径。

民族地区经济发展不应表现为消极迎合民族文化传统，而应积极地化解约束经济发展的文化惰性，加速民族地区经济结构对文化的积极适应。诚然，这必须建立在民族自决的基础上，只有建立在民族自觉基础上的观念和生活方式才能恰当地反映民族文化资源的价值并使之适应现代经济的发展趋势，使经济结构在适应文化传统的同时成为有利于提高经济结构活力和效率的因素。实际上，只有真正把民族文化资源转化为现实经济发展要素，包括适应现代市场需求的文化资源开发产业、凭借民族本土知识建立起来并适应现实需要的产业与制度结构，才能充分体现民族地区经济结构特色，民族经济行为才能有效地把文化传统约束转变为寻求发展的实用

---

① 赵德兴等：《社会转型期西北少数民族居民价值观嬗变》，人民出版社，2007，第 142 页。

途径。

2. 民族文化价值观内在指引民族经济行为

价值观是指导人们行动的指南，[①] 是决定人的行为的心理基础，[②] 在一个人的生活或其他社会存在中起指导原则的作用。费孝通先生曾指出，"人类需要在很大程度上来自文化价值观"。民族文化价值观联系着少数民族的直觉，影响其信念和选择的合理性，决定着少数民族的生活方式和投身其中的事业。

价值观来源于社会环境、文化传统、个人修养及社会联系等，它是由复杂的历史、地理、心理、文化和社会经济因素决定的超理性的现成的东西，而不是某种合乎理性的决策结果。民族文化价值观决定民族经济行为伦理，是民族地区经济生活中的评价标准，所反映的是在经济利益驱动下做出经济行为的心理动机、价值取向、社会经济心态。民族经济行为的道德标准核心仍然是经济利益问题，即利益的获取方式是否符合民族地区民众生存的整体利益。具体的少数民族经济行为伦理，是由该民族的具体生存环境、经济生活中的关系所引发的对"善"的理解和评价，并作为判断经济生活中行为方式的价值依据和理性目标，来规范个人在经济生活中的行动。既然伦理的来源在根本上与经济利益相关，那么经济利益实现方式的差异也必然导致民族经济行为伦理的差异。民族地区经济利益的实现程度及正当与否，自然影响民族地区经济行为伦理。这种伦理在民族内部是一致的，实际上也是在民族内部自发形成的一套评价标准，具有达成共识的准则和规范约束；但对外则因各自的内在一致性和客观存在的外部关系，而出现利益实现程度不一致，民族地区与其他地区之间存在利益差别等现象。经济体制改革、区域经济关系调整，必然引发伦理分歧和不断的调适。[③]

3. 民族经济行为的制度经济学分析

我国各少数民族已经历史性地营造了各自的制度环境，制度环境是形

① S. H Schwartz and W. Bilsky, "Toward a Psychological Structure of Human Values", *Journal of Personality and Social Psychology*, Vol. 53, No. 3, 1987, pp. 550 – 562.

② S. H. Schwartz, "Universals in the Content and Structure of Values: Theoretical Advance and Empirical Tests in 20 Countries", *Advances in Experimental Social Psychology*, Vol. 25, No. 2, 1992, pp. 1 – 65.

③ 王文长：《民族视角的经济研究》，中国经济出版社，2008，第 130 ~ 139 页。

成行为规范约束机制的社会基础和氛围。各少数民族的制度环境作为中国经济环境的一部分，既受中国总体经济制度的约束，又受本民族独特的历史、文化、现实等方面的影响。制度环境的变迁必然导致制度变迁。民族地区经济制度环境变迁呈现出的重要特点是，外部环境的变化及外部力量的推动起决定性作用。制度环境变迁应该是渐进式的过程，社会发展总体上是自然演进并逐渐积累的过程，社会状态遵循新陈代谢的自然规律，人们的观念及行为方式在不知不觉中逐渐发生变化。相对而言，民族地区制度变迁具有突变式的特点，其在自身内在机制积累不足的情况下发生转折，这主要是由外部环境及外部力量推动所致。这种新体制带有外部性安排的特点，漫长的渐进过程为瞬间的剧烈变革所代替，但瞬间的急促行为根本不可能更替积淀的历史基础。民族地区制度结构呈现双重性或二元状态，即统一民族社区的制度结构包含两套规范机制，这两套机制包括政治、经济、法律的规范约束机制，也包括民间风俗、习惯、伦理的规范约束机制。前者为体制强制型制度，如民族区域自治制度、法律体系、管理制度等，体制强制型的制度是由国家制度的性质、特征、内容决定的，其建设在总体上与全国的制度性质保持一致；后者为族群经验传统型制度，如习惯、风俗、伦理等民间规范约束机制，这是在民族地区社会发育、文化演进过程中自发形成的，带有内部性延续的特点。

民族地区呈现的任何经济行为方式，是在少数民族生存发展过程中，不断调整的结果，目的在于与当时各种环境约束相协调，在根本上是自然选择的结果，而不是先知先觉的有计划的安排。[1] 对民族经济行为的分析与评价必须放在特定的环境约束下进行，必须尊重各种约束条件、理解当时的民族经济行为。在特定环境约束条件下的民族经济行为本质是对生存本能的反映，他们长期积累了丰富的经验并加以稳定化。从经济学角度分析，就是节约成本、节约重新探索与积累的时间，任何民族经济行为都是理性选择的结果。

（三）基于民族文化价值观的民族地区政府策略性行为选择

1. 中央与民族地区在具体政策目标及实施上存在差异

我国实行多层级的政府管理体制，如果没有特殊说明，本节界定民族

---

① 王文长：《民族视角的经济研究》，第 149～152 页。

地区政府为 5 个自治区政府，① 民族地区政府具有双重身份，既是中央政策的执行者，又是地方利益的维护者。② 作为中央政策的执行者，民族地区政府需要遵守中央的方针政策，推动实现全国经济社会协调发展的目标，服从全国范围内的整体利益；作为地方利益的维护者，民族地区政府要维护本辖区民众差异性民族文化偏好的利益诉求，为本辖区积极谋取利益。民族地区政府双重身份的利益立场往往是矛盾的，但就中央支持民族地区发展政策而言，宏观目标是促进民族地区又好又快地发展，在方向上中央与民族地区的利益是一致的。然而，在具体政策目标与实施上，中央与民族地区存在差异是必然的，这是因为：中央政府明确地是在全国整体基础上进行制度规范约束；民族地区除面临全国统一制度规范外，还要面临自身内在的规范约束机制。③

2. 中央与民族地区之间存在博弈与委托代理双重关系

民族地区政府与其他地区政府一样，民族地区利益与民族地区政府利益是有区别的，前者是指民族地区行政区中的各个主体（具体包括个人、各部门、各单位、各级政府）的共同利益；后者指地方政府自身的利益，即政府人员的利益和政府机构的利益，这些利益的实现程度和实现方式对民族地区利益的影响是客观存在的。在中央支持民族地区政策安排中，民族地区政府作为利益主体接受中央政策，又作为调控主体在自己辖区范围内落实中央政策，这就存在民族地区政府为追求自身利益最大化与中央政府进行博弈的问题。实际上，中央支持政策从制定到实施的全过程是中央政府与地方政府的委托代理过程，也是双方的博弈过程，这种博弈行为反映在事前、事中与事后；委托代理关系中"激励"机制设计是永恒的主题，这也恰是机制设计理论在中国的实践应用。

3. 基于博弈关系的民族地区政府策略性与选择性行为

民族地区政府为追求自身利益最大化，存在地方保护与行政垄断；民族地区执行中央政策时策略性与选择性行为也常有发生，其行为主要特征表现为三个方面。民族地区政府对中央政策目标的理解与定位发生偏差。当中央政策目标对民族地区吸引力不大时，民族地区政府将以宣传为主、

---

① 视同民族地区的青海省、贵州省、云南省，如考虑在内，文中会就此特殊说明。

② 自治区政府以下的各级政府的财政体制大多受到中央和自治区财政体制的指导和影响，有一定的规律可循。

③ 王文长：《民族视角的经济研究》，第 171 页。

实操为辅，政策执行力不强。民族地区政府用对自己有利的方式执行中央政策，导致政策效果不确定性增强，如政策执行局部化、扩大化甚至停滞；或根据自身利益需求对中央政策内容进行取舍，国外有学者把这种政策执行阻滞形式称为"选择性执行"；[1] 或者对所执行的政策附加了不恰当内容，使其超出原政策范围要求；或者因某些利益冲突而停止执行中央政策等。行为关联性，如民族地区政府为自身利益从事一些与中央政策具有相关性的某些（隐蔽性）活动，其执行行为与既定政策具有一定相关性，同样会导致中央政策目标不能得到充分实现。

4. 中央基于委托代理关系对民族地区政府的激励机制设计

机制设计理论[2]启示人们，在制度或规则的设计者不了解所有个人信息的情况下，设计者所要掌握的一个基本原则，就是所制定的机制能够给每个参与者一个激励，使参与者在个人利益最大化的同时也达到了所制定的目标。在中央支持民族地区政策的具体应用中，应考虑激励相容的目标设计，即在民族地区特定资源环境中，研究如何设计一个政策机制，使民族地区政府在自利行为驱动下所采取的行动可使中央政策预定目标得以实现。如果每个参与者真实报告其私人信息是占优策略，那么这个机制就是激励相容的。[3] 显然，只有民族地区政府选择中央政府所希望的行动后，其得到的期望效用不小于选择其他行动得到的期望效用时，民族地区政府才会积极选择中央政府所期望的行动。为提升中央支持民族地区政策的实施效果及实现中央政策资源的有效配置，要在信息分散和信息不对称的条件下设计激励相容的中央支持政策。显示原理表明：一个社会选择规则如果能够通过一个特定机制的博弈均衡而实现，那么它就是激励相容的。[4] 中央支持政策的最优设计依赖民族地区政府对称地显示真实信息，形成中

---

① Kevin J. O'Brien and Liangjiang Li, "Selective Policy Implementation in Rural China", *Comparative Politics*, Vol. 31, No. 2 (Jan., 1999), pp. 167 – 185.

② 2007 年获得诺贝尔经济学奖的美国经济学家利奥尼德·赫维茨、埃里克·马斯金和罗杰·迈尔森创立和发展的"机制设计理论"的定义为：对于任意给定的一个目标，在自由选择、自愿交换的分散化决策条件下，能够设计一个合理机制（制定什么样的方式、法则、政策条令、资源配置规则等），使经济活动参与者的个人利益与设计者既定的目标相一致。

③ L. Hurwicz, "On Informationally Decentralized System", in C. B. Mc Guire and Roy Radner, eds., *Decision and Organization* (North – Holland, 1972), pp. 297 – 336.

④ Allan Gibbard, "Manipulation of Voting Schemes: A General Result", *Econometrica*, Vol. 41, No. 4, 1973, pp. 587 – 601.

央政府与民族地区政府间的良性互动；按照中央构造的博弈形式，使这个博弈"均衡"的解就是民族地区政府正向努力提供更好的公共服务。民族地区政府的信息传递主要用来证明其具有的能力、特征等，所以它们自然会选择对自己有利的信息传递，如信任、努力等正向积极的信号显示，也会竭力通过有利于自己的信息传递方式降低信任的不完全程度，竭力显示诚实倾向、合作偏好及努力程度等。

机制的运行总是伴随信息的传递，信息传递就成为影响机制运行成本的一个重要因素，要使机制有效运行，最好的方式就是信息都是真实的，没有被扭曲，这既可以减少成本，又可以促使机制优质地运行。中央支持民族地区财政政策系统设计要关注信息和激励两个重要特征，这是中央政府与民族地区政府长期动态的博弈过程，只有地方政府的信息得到对称的显示与传递，中央政府才能建立激励相容的政策安排。同时，只有中央政府建立激励相容的政策安排，才能使地方政府的信息对称地显示与传递。总之，包括显示原理、信息传递与执行理论在内的机制设计理论强调中央政府与民族地区政府要形成良性互动。

三　民主与法治联动共进，包容与尊重差异

（一）民主财政有利于差异性民族文化间的激励相容与信息对称

在我国，民主财政思想已经越来越璀璨夺目，国内学者的基本共识是："在公共财政体系中民众掌握财政资源的话语权，民众可以利用民主投票方式确定公共财政收支规模和类型，并对公共财政活动进行民主监督和民主管理。"[①] 民主财政体现了"主权在民"的思想，可以追溯到法国卢梭的《社会契约论》。依据社会契约的本质，国家和每个成员之间的合法约定，不是上级和下级之间的协约，而是对所有人一视同仁的公平约定。基于社会契约理论的税收实质是公民与国家之间的契约安排，是公民让渡个人私有财产权进而形成国家公共财政权的桥梁和纽带，也是公民个人权利与国家公共权力公平交易的社会契约；公民承担纳税义务，与之相应，具有享受公共产品的权利。[②] 正如公共选择学派代表人詹姆斯·布坎南等

① 田志刚、廖强：《我国财政制度研究的思想脉络、演进及选择：1994—2010》，《当代经济研究》2011 年第 12 期。

② 张冬梅：《纳税人权利与义务的再认识》，《光明日报》2016 年 11 月 30 日，第 15 版。

在《规则的理由》中指出的："作为契约理想的一致同意规则"才是征税权力的正当性与合法性所在。就税收契约而言，纳税人和政府之间的关系，本质上是权利义务关系，即政府征税的"权力—责任"要与纳税人缴税的"权利—义务"相对应，体现税收征纳双方主体的地位平等，只有纳税人权利与政府征税权力能够被平等对待，才能体现自由平等的契约精神。依据社会契约理论，征税权力与财政支出决策都自然来源于公民的授权与委托，并通过宪法授权，委托政府实施。社会契约同时意味着，公民个人权利要得到国家公共权力的保护，政府不能倚借国家公共权力侵犯公民个人权利，否则就违背了社会契约的初衷。

首先，民主财政有利于完善民众偏好表达机制。[①] 区域差异与民族文化差异天然决定了不同辖区内地方性公共产品的异质性需求，在民主的社会环境中，价值观不同的民众选择对称地表达自己的真实偏好。地方政府应在权限内的财政收入决策尤其是公共产品供给财政支出决策中，让本辖区民众或民众代表参与公共决策过程，增强民众表达意愿。其次，民主财政有利于政府间下级财政自主性的发挥。民主财政更强调各级政府独立的财政地位，更有利于体现各级政府提供公共产品的自主性程度，即预算体系的独立程度，并激励民族地区政府有效发挥自治权。最后，民主财政有利于监督政府官员的公共权力，即更强调民众对政府官员的监督，在民众对公共产品满意度评价等的基础上建立对政府官员政绩考核、任免等的激励机制。民族地区官员由此必然重视体现多元民族文化价值观的民众意见与建议。

（二）法治财政有利于差异性民族文化价值观的权利保障与公平正义

"法"象征公平正义，同时保护自由与秩序。在国家社会经济秩序中，法律是保障各方利益实现的一种最有力的工具。这是因为法律是在各种利益、价值观相互权衡、协调的过程中被制定出来的，可以明确各类主体的权利、权力及义务、职责，从而形成一系列的利益分配制度，不同利益主体在分配结构中的位置是对他们权利、权力及义务、职责的最直接体现。[②]

---

① 张冬梅：《民生财政的福利经济学诠释》，《光明日报》2015 年 9 月 2 日，第 15 版。
② 刘中建：《民生财政与当代中国财政法治化的路径选择》，《法学论坛》2014 年第 3 期。

国家与公民之间法律位阶最高的社会契约就是宪法，其基础性地界定了国家公共权力与公民个人权利，为政府权力运行规定了道德基础，即权力的运行是为了保障公民权利与公共利益，并规定了行政权力运行的界限就是公民权利。哈耶克明确指出："法治"就是指政府在一切行动中均受到事前规定并宣布的规则的约束——这种规则使一切个人有可能确定地预见到当局在给定情况下会如何使用其强制权力，并据此知识来规划自己的个人事务。① 法治是现代社会最理想的利益平衡机制。财政法治对规范收入分配具有重要功效，收入分配公平合理、基本公共服务均等化是保障公民生存权与发展权的重要内容。

财政收入方面的法治化，即公民在税收方面的权利保障，要求税收法定与公平税制。有学者界定了具有中国特色的税收法定是税收法律制度的创设合法与内容合理，这与起源于中世纪英国的税收法定内涵基本一致。税收法定形式上要求相关税收法律文件由国家最高权力机关制定通过；实质上要求相关税收法律文件内容是基于法治国家的基本理念制定的；这就必然要求在税收立法层面保证税收与税法的实质正当性。而基于税制结构与税率设计的税制改革，就是要处理好纳税人权利与政府征税权力的关系，根源上也归于税法立法与修订。《中华人民共和国宪法》第六十二条明确规定"全国人大行使制定和修改基本法律的权力"，这表明只有税收立法权回归全国人大，才能保障多样化、个性化的多元主体民主参与及利益诉求表达，这在根本上要求税法在立法上实行"无代表则无税"，要求在税法立法程序——草案起草、公布、意见征集、修改、听证中为纳税人提供足够的时间和渠道来表达自己对税法草案的意见与建议，同时在税收立法全过程中接受纳税人的民主监督。②

财政支出方面的法治化，即公民在公共产品受益方面的权利保障，目标是全国范围内实现基本公共服务均等化、重视财政民生保障、确立公开透明的公共财政预算。公共财政预算制度是公民和政府间就财政收支问题达成一致的契约安排，作为公共选择的一项重要内容，须经过国家代议立法机关批准才能生效。我国政府公共财政预算要经过同级人民代表大会审查才能通过，以财政民主决策程序实行政府财政收支活动（主要是税收）

---

① 韦森：《重读哈耶克》，第 29 页。
② 张冬梅：《纳税人权利与义务的再认识》，《光明日报》2016 年 11 月 30 日，第 15 版。

的预算控制，体现了人民主权的宪法精神。2014 年 8 月 31 日修订的《中华人民共和国预算法》初步建立了一套较为完整的预算编制、执行、监督体系。当前，全国从中央到地方乃至基层政府均以不同形式开展参与式公共财政预算改革，公民（纳税人）参与程度与深度不断提升，表现为参与者专业化水平不断提高、参与过程不断深入、对公共财政预算决策的影响不断加大。为实现《中华人民共和国宪法》赋予公民（纳税人）对公共财政预算的监督权，全国与地方人民代表大会在公共财政预算草案形成、审批和执行全过程中应确实承担监督责任与起到监督作用。这必然要求政府公共财政预算公开透明，即实现阳光财政。①

唯有财政民主能从政治经济高度监督政府权力遵守法律，保障不同区域、不同文化的公民的权利，唯有财政法治能约束政府依据《中华人民共和国宪法》和法律，规范收入分配秩序、明确中央及地方政府事权财权、确保均等化公共服务。民主是法治的程序和手段，法治是国家建设的总目标。

第二节 中央支持民族地区财政政策的制度创新性供给构架

2014 年中央民族工作会议指出，支持民族地区加快经济社会发展是中央的一项基本方针；2018 年中央民族工作会议上，李克强再次强调要加快民族地区发展，促进全面建成小康社会。提高民族地区生产力水平，增进民族地区民众福祉，全面建成小康社会目标工作的重点在于中央支持民族地区发展的制度创新性供给，其有利于激励民族地区政府有效发挥自治权，调动广大干部群众的积极性，激发市场活力，利用民族地区比较优势，加大财政政策支持力度，提高民族地区自我发展能力，促进公平正义。

一 激励少数民族民主参与财政预算的公共选择

中央政府决策者要考虑到少数民族价值观的特殊性，民族地区政府在公共决策具体事项方面，也要考虑到因信息不对称，自身与辖区内少数民

---

① 张冬梅：《民生财政的福利经济学诠释》，《光明日报》2015 年 9 月 2 日，第 15 版。

族在具体事项的价值判断上存在差异。政府要想在民族地区提供合意的公共产品，就要满足当地少数民族偏好的公共需求，即尊重民族文化价值观，建立完善的偏好表达机制，鼓励少数民族积极参与公共选择。

（一）包容多样的公共决策文化环境制度构建

少数民族的文化价值观表现为多元化，呈现较为复杂的状态，文化价值观间的冲突也容易发生。因此，构建包容多元文化价值观的制度环境，提升社会信任，逐渐使少数民族群众从"强调人际关系信任转向强调监督、预防和惩罚机制的制度信任"，[①] 增强少数民族自信，确保少数民族积极参与公共选择就极为重要。价值观差异的影响渗透中央支持政策制定过程的各个环节之中，在政策实践中必然反映人们内心不同的主观愿望及他们对过去、现在和未来的不同看法。包容多元文化价值观的社会环境，更易促进少数民族自信与社会信任的良性互动，社会良性互动是激发少数民族内在积极性与潜能的关键，有利于民众积极参与、加入、收益，并有归属感，在族际文化间的相互吸收、相互影响、相互渗透过程中领悟到文化的相通性、相融性与另变性。包容的制度环境更有利于从民族文化价值观角度提升全社会的信任水平。社会信任作为社会资本最主要的度量维度，[②]与文化资本的核心要素——文化价值观有密切的联系，文化价值观对国家创新绩效的部分影响是通过社会信任因素起作用的，[③] 社会资本与文化资本已是继物质资本与人力资本之后的对社会创新绩效产生巨大影响的资本形式。包容的制度环境对不同民族、宗教及文化背景的少数民族开放，是建立在所有人之间观念、需求、价值观等多样性基础上的，这并不威胁社会的稳定，相反其正是社会灵活与开放的一面。开放的社会不再仅有一元文化的社会秩序，社会的凝聚力并不要求不同的团体融合为一个缺乏差异的实体，反而能够通过不同团体的互动在具有多样性的社会中得到加强，通过由平等原则指导互动，多维观念的认同、归属的多重感觉经常能够增

---

① 郭晓凌、张银龙：《文化与信任：国家与个人双层面的实证研究》，《首都师范大学学报》（社会科学版）2013 年第 5 期，第 136 页。

② K. Stephen and P. Keefer, "Does Social Capital Have an Economic Payoff? A Cross–country Investigation", *Quarterly Journal of Economics*, Vol. 112, No. 4, 1997, pp. 1251–1288.

③ 李晓梅：《社会信任与文化价值观对于国家创新绩效的作用研究》，《科学学与科学技术管理》2013 年第 8 期。

强自信，使社会网络更稳定，从而更有利于提升国家创新绩效。

1. 重视少数民族权利主体地位与责任意识

塑造基于社会契约论的"天赋人权"与"主权在民"思想文化环境。要在尊重民族文化价值观的基础上，在民族地区积极引导与培育代表社会发展方向的科学价值观念，从而使少数民族多维不同的价值观念得以有效协调。依据社会契约思想影响少数民族以权利主体地位进行感知、感觉、行动和思考，并以无意识与内在化的激励方式使少数民族积极表达利益诉求，使其深度理解与明确自身与国家之间的不是上级和下级之间的协约，而是对所有人一视同仁的公平约定，"合法的国家必须依据普遍意志来进行管理"。① 财政税收是公民让渡个人私有财产权进而形成国家公共财政权的桥梁和纽带，也是公民个人权利与国家公共权力公平交易的社会契约。在财政税收法律关系中，只有契约双方都是独立、自由、平等的主体，且他们各自享有的权利（权力）都一样神圣，才能保证产生一个公平公正的契约，并保障契约双方权益不受侵害。代理国家的政府实施征税权力取得财政收入，并履行实现资源有效配置、收入分配公平及宏观经济稳定的财政职能。在税收立法、税款征收、税务管理方面的权力，包括税收立法权、税收行政权、税收司法权等，政府的征税权力与保障纳税人权利的责任要对等。

2. 激励少数民族参与投票的理论模型

一般而言，参与集体选择是自愿的，在任何的投票选举集体决策制度下，当理性个人意识到表达自己偏好的选票无足轻重且没有决定意义时，尤其在多数投票规则下其选票对集体决策可能没有多大影响，且存在参与投票成本（时间、精力等）时，理性个人倾向于放弃投票权，除非存在社会压力、公民荣誉或获利前景。安托尼·唐斯（Anthony Downs）认为，投票是最普遍的参与形式，为了预测选民（或公民）对政府行为的需求，安托尼·唐斯坚持必须规定和判断这些行为的动力和阻力。② 对少数民族而言，最大的阻力同样是"搭便车"机会，这源于集体行动问题或公共产品

---

① 让-雅克·卢梭：《社会契约论》，黄小彦译，译林出版社，2014，序。

② Anthony Downs, "An Economic Theory of Political Action in a Democracy", *Journal of Political Economy*, Vol. 65, No. 2 (Apr. , 1957), pp. 135 – 150; Anthony Downs, "Why the Government Budget is Too Small in a Democracy", *World Politics*, Vol. 12, No. 4 (Jul. , 1960), pp. 541 – 563.

问题，因为很多政治结果都属于公共产品，个人无需什么活动就能获得同样结果，不管这些结果是好是坏，它们都在非排他性的基础上存在。这里拓展了唐斯的理性选择模型，少数民族按照自己的方式评估政治行动的边际成本和边际收益，然后选择适当的行动。激励少数民族参与投票、表达偏好与利益诉求的还有"文化激励"要素，即少数民族对政府政策是否信任及信任程度，基于民族文化价值观的激励能够在一定程度上解决少数民族参与投票问题，但总体上是由投票者的成本收益经济分析决定的。基本的自利投票模型是理性投票假说，一位少数民族选民只会在下述条件①下投票。

$$(P \times B + D)\delta > C \tag{3.1}$$

其中，P 是个人投票选择情况下不同政策结果的主观概率，B 是来自不同政策结果的净效用增量，D 是投票行为的私人利益，δ 是少数民族选民对政府是否信任的虚拟变量（信任时取 1，采取是否投票的成本收益分析；不信任时 0，直接放弃投票，根本不进行成本收益计算），C 是投票成本。个人投票有决定作用的概率 P，本身是人们投票数量 N 和投票者偏好的候选人赢得选举机会 f 的函数②。

$$\frac{3e^{-2(N-1)(f-0.5)^2}}{2\sqrt{2\pi(N-1)}} = P \tag{3.2}$$

事实上，个人选票会随着选票数量的增加而对整个结果变得微不足道，为使少数民族重视选举权的行使，应激发少数民族内在的公民荣誉感与责任感，及节约信息获取成本与承诺获利前景等，避免理性放弃投票与"搭便车"行为，使少数民族积极主动参与投票。

（二）利益前景可置信的公共决策权力均衡配置

政治学相关理论指出，公共权力的产生和存在是为了协调社会中的利益关系与解决利益冲突。决策权力角逐的中心问题是利益，公共决策权力的科学配置有利于区域协调与利益均衡。区域间及同一区域内部利益的维

---

① 在鄢军博士论文中的投票模型基础上进行拓展，增加少数民族个人对政府信任的虚拟变量。参见鄢军《中国农村组织的经济分析》，博士学位论文，华中科技大学，2005，第 76 页。
② 引自乔·B. 史蒂文斯《集体选择经济学》，上海三联书店、上海人民出版社，2014，第 124 页。

护和发展需要借助公共决策权力的权威性来实现，而公共决策权力的权威性又来自社会公众的认可，必须通过增进公众利益、为公众利益服务来巩固和增强权力的合法性。[①] 决策权力运行的过程就是各种利益相关主体之间的动态博弈过程，最终以正式规则形式出现的决策是均衡各方利益诉求的合意决策。

民族地区与中央或其他地区进行长期博弈时要想保护自身利益，就要在我国各层级公共决策机构中保证有代表民族地区利益的公共决策权力拥有者，确保公共决策权力配置合理。就《中华人民共和国宪法》层面而言，中国公共决策的决策机构是各级人大及其常委会，执行结构是各级人民政府。公民、大众传媒、利益团体等非正式的公共决策权力（非权威的决策权力）的拥有者在《中华人民共和国宪法》层面不拥有合法的公共决策权力，少数民族能够通过选举代表自身利益的民族地区代表组成人大代表，参与公共政策活动，这已是一个重要的甚至是决定性的对公共决策起重要作用的因素。我国公共政策决策与执行过程中，核心结构是中国共产党的各级党委，因此要保障民族地区权益仅仅诉诸《中华人民共和国宪法》层面是远远不够的，还要诉诸党委领导层面，应在公共决策组织机构的职位设置中做系统、合理的安排，一定要有合宜的少数民族比例或数额预留安排。

1. 保障民众权利的民族地区村级直接民主选举

目前，我国村级选举基本采取直接民主选举，民族地区也不例外。村级组织基本属于熟人社会，因为民族文化主要是民族地区民众的宗教信仰，所以集体性决策的直接民主选举程序更易有效运行，原因如下。其一，在民族地区的村庄，尤其是在社会关系网络成为社会保障网络的民族村，村民更能精准甄别代表自己利益的候选人并投票选举，并由此很重视自己的投票选举权。众多研究者的共识是：直接民主选举与村级组织的自治管理同样复杂，其涉及村里居民间、各村间及政府间的各种内部结构与利益分配。其二，在做出涉及少数民族基本权利的公共选择时，要考虑采用一致同意规则，为达成一致同意需要反复磋商和谈判；因此当直接民主选举组织者与本村民众具有相同文化价值观时，决策成本会更低。其三，现实中的村级直接民主选举往往采用多数投票规则，直接民主选举中的孔

---

① 陈振明：《政策科学——公共政策分析导论》，中国人民大学出版社，2011，第136页。

多塞悖论、互投赞成票、博尔达效应①等均可能发生。为使公共选择规则有效，采取多数投票规则时应附加对少数人②（文化偏好差异）进行利益补偿的规则设计，无论是希克斯标准③的补偿，还是斯拉茨基标准④的补偿，都要做到现实的利益补偿，而不是虚拟的补偿，避免多数投票规则导致多数人福利增进而少数人福利损失的再分配，尽力做到不损害少数人的利益。

2. 约束利益代表行为的民族地区县乡及以上代议制民主选举

在县级及以上，公共财政预算方案是辖区内民众选出的代表为他们间接做出的选择。在我国目前的政治体制下，对公共决策有影响力的民众意志的代理人主要包括两种。其一是具有公共政策决策权的同级人民代表大会的代表（主要是常务委员会成员），这里称为决策者，他们相当于公共选择理论中的政治家或集体选择理论中的立法者。其二是政府行政官员，他们是在公共政策制定全过程中影响决策制定并在政府层面执行决策的官员。而在我国监督制度不完善与公民社会尚未形成的背景下，监督机构及反映民众意愿的新闻媒体等发挥的作用较为有限。代议制民主选举中重要的问题不再是选举代表（直接民主选举已经解决），而是何种类型的激励机制才能让代表（决策者和行政人员）对民众的需要和愿望负责。公共选择理论提示人们，遵循"经济人"行为准则的选民和政治家必然根据个人的成本收益分析进行公共决策，也可称之为政治活动参与中无意识的利己经济行为。选民总是积极为那些预计能给他们带来较大利益的政治家投票；政治家也必然会选择能给他带来最大政治利益（如当选）的公共选择

① 孔多塞悖论又称"循环大多数理论"，最早由 18 世纪法国思想家孔多塞在 1785 年提出，内容是当三个以上投票者对三个以上方案进行投票时，有可能产生循环而无结果，导致少数服从多数规则的失灵。互投赞成票又称"选票交易"，每项提案给每个人带来的收益存在差别，这决定了人们对各提案的期望相去甚远，因此对某一提案偏好最强的投票者具有与他人交换选票的动机，结果是原本期望低的提案被通过。博尔达效应是 18 世纪法国人博尔达对投票问题研究的结果，指在特定的情况下，人们甚至会投票选择大多数人不喜欢的方案，少数服从多数规则难以实现。参见刘怡《财政学》，北京大学出版社，2016，第 51～59 页。

② 在民族地区，"少数人"有时与较少少数民族一致，较少少数民族的"少数人"利益更容易被剥夺。

③ 根据希克斯标准，在多数投票规则下，应至少使少数人在具体某项公共决策前后其效用水平保持不变。

④ 根据斯拉茨基标准，在多数投票规则下，应至少使少数人在具体某项公共决策前后其消费商品组合保持不变。

方案。[1] 同样，民族地区民众被看作具有差异性偏好的选民，通过投票选举代表，参与、做出有利于自身利益的集体决策；被选举出来的代表自然会最大化自己的利益；任命的政府行政官员通常会最大化公共财政预算规模。集体选择分析家已经不再假设被选举出来的公共决策者会追求公众利益，但是民主政治过程中的竞争也许会让自利的公共政策决策者倾听民众的声音。

（1）设民众对公共产品的满意度为考核决策者绩效的重要指标

决策者的效用函数[2]是：

$$U_p = U_p(\pi, a_m) \tag{3.3}$$

其中 U_p 是决策者的效用，π 代表获得最大政治利益的主观概率，a_m 是决定代表效用的具体变量，包括个人金钱收入、个人权势、自己的历史形象、对崇高的个人理想的追求、对公共产品的个人看法及政治家持有的其他东西等。当决策者更偏好某些政策，而不只是将其作为满足选民需求的简单工具时，他们就有了政策偏好。

某区域（选区）内决策者的政治支持函数[3]是：

[1] Robert A. Dahl, "The Behavioral Approach in Political Science: Epitaph for a Monument to a Successful Protest", *The American Political Science Review*, Vol. 55, No. 4 (Dec., 1961), pp. 763 – 772; Robert A. Dahl, "Who Participates in Local Politics and Why", *Science*, Vol. 134, No. 3487 (Oct., 1961), pp. 1340 – 1348; Thomas R. Dye and Harmon Zeigler, "Socialism and Militarism: Confronting Ideology with Evidence", *Political Science and Politics*, Vol. 23, No. 4 (Dec., 1990), pp. 583 – 584. 在国外研究中，罗伯特·戴尔（Robert Dahl）发现，大多数重要的共同体中都是由少数地方领袖做出决策，他们中的很多人都是商人和专业人士，而不是被选举的官员。德和泽格勒相信，精英在国家历史上支配着集体选择，但在选择时他们往往怀着对民主价值的极大同情心。参见乔·B. 史蒂文斯《集体选择经济学》，第 3 页。

[2] 布雷顿提出的布雷顿模型；见 Albert Breton, "The Economic Theory of Representative Government: A Reply", *Public Choice*, Vol. 20, No. 1 (Winter, 1974), pp. 117 – 128。

[3] 此处展示的模型是借鉴赛普斯尔和温格斯特观点构造的。Kenneth A. Shepsle and Barry R. Weingast, "When Do Rules of Procedure Matter?", *The Journal of Politics*, Vol. 46, No. 1 (Feb., 1984), pp. 206 – 221; Kenneth A. Shepsle and Barry R. Weingast, "Uncovered Sets and Sophisticated Voting Outcomes with Implications for Agenda Institutions", *American Journal of Political Science*, Vol. 28, No. 1 (Feb., 1984), pp. 49 – 74. 该模型主要来自迈休菲奥琳娜及其他人的早期成果；参见 David R. Mayhew, "Congressional Elections: The Case of the Vanishing Marginals", *Polity*, Vol. 6, No. 3 (Spring, 1974), pp. 295 – 317; Morris P. Fiorina and Kenneth A. Shepsle, "Is Negative Voting an Artifact?", *American Journal of Political Science*, Vol. 33, No. 2 (May, 1989), pp. 423 – 439; John R. Johannes, "Review: Constituent Service and the 'Incumbency Effect'", Reviewed Work: *The Personal Vote: Constituency Service and Electoral Independence* by Bruce Cain and John Ferejohn, *The Review of Politics*, Vol. 51, No. 3 (Summer, 1989), pp. 456 – 459。

$$N_j(x) = b_j(x) + f[c_{1j}(x)] - c_{2j}(x) - t_j T(x) \tag{3.4}$$

公式（3.4）是第 j 选区代表的政治支持函数，它将决定他会如何评价一个拟议的公共政策或公共项目 x。其中，$N_j(x)$ 表示在第 j 选区内，根据代表对拟议的公共政策或公共项目 x 的立场和行为选民对其的政治支持，$b_j(x)$ 表示第 j 选区内选民的社会和经济利益，$f[c_{1j}(x)]$ 表示第 j 选区内财政支出的经济影响，c_{2j} 表示施加于第 j 选区内选民的负外部性，$t_j T(x)$ 表示该公共政策或公共项目课征的税赋总量 $T(x)$ 中第 j 选区所占的份额。

围绕按地理区域拥有政治代表往往被视为区域利益均衡制度的内涵，进一步完善立法规则。投本选区票的基本观点是一个立法者只有在其法定地理区域内的选民感受到政策影响时，他才会考虑可以产生这些政策效应的法律规则。实际上，有时某项公共政策从全国意义上讲可能是失败的，但会在本选区内产生较大影响，追求最大政治利益的立法者就会投票偏向本选区利益。投本选区票从很多方面看都是非常偏狭的思维方式，但在某些方面，它又被视为民主过程中应该运作的方式。对代表的政治支持会因本选区（辖区）较高的选民受益和财政支出而提高；当然也会因为负外部性和赋税而下降。只要预期外部成本不是太高，或对选民的课税不是太重，决策者总是争取在本选区内拥有公共工程项目，并且决策者可以通过争取公共工程项目赢得政治声誉，这也是我国发展实践证明了的。但是，根据赛普斯尔、温格斯特、菲利约及其他很多人的看法，投本选区票的狭隘激励结构不大可能产生经济结果。

公共政策决策者的私人目标不仅是保留原有官方职位，还包括获得政治晋升。由此必须满足预期的晋升条件，路径依赖决定的公共产品供给约束必然成为晋升条件之一，并且民众对公共产品的满意度是评价政绩的重要指标。为满足公共需求，一般会避免采取需求平均化（改变需求函数）的公共产品供给方案，因为缩小需求差异一般会改变需求者的偏好，除非决策者有影响力令民众相信未来他们将获得更大更合意的公共产品供给量，当然有些公共项目和产出可能比他们原来想象的还要令人满意。决策者一般会区别对待不同需求者的公共产品供给方案，区别对待高、低需求者，是迎合民众偏好，而不是试图改变其偏好。一方面，可以采取公共产品差别定价，即税收差别，这里暗含着减少税收就将减少对某些人的公共服务；另一方面，可以采取收入转移，可让低收入者得到更多的私人物品，收入转移可以通过减轻他们的税收负担而免除对他们的部分强制，例如对低需求者免税。决策者策略性地提供对其政绩具有决定性影响的可让民众获益的其他公共服务，该选择通过提供另一种公共产品，让那些因供给不足或供给过度而被强制的人得到消费者剩余，这也是博弈均衡。

（2）打破政府行政官员提供公共产品过程中的信息双边垄断

威廉·尼斯坎南等人发现，政府官僚实际上经常并不能高效地满足社会对公共产品的需求。[①] 尼斯坎南在《官僚制与代议制政府》中指出，官僚对个人私利的追求会转化为对政府公共预算最大化的追求。相比立法部门的立法者，官僚机构的官僚更具有自主权、掌握更多的信息，有差别的信息限制了立法者或投票人决策、监督政府机构工作的能力。因此，官僚机构在公共产品的双边垄断关系中具有显著的信息优势，也因此能够获得他们所希望的最大预算。

民族地区政府行政官员追求政府公共预算规模最大化的重要手段之一就是寻求公共产品产量的最大化，为尽可能减少行政官员利用信息双边垄断扭曲有关公共产品的成本与利润水平的行为，避免公共产品供给水平不合理及供给扭曲与财政结余使用浪费，激励民族地区政府行政官员进行对称的信息传递与信号显示就极为重要，重要措施之一是政府行政办公信息化、透明化、公开化，即"在阳光下办公"。为便于监督机构与反映民众意愿的新闻媒体的监督，信息对称传递与透明公开显然必不可少，只有这

① W. C. Mitchell and W. A. Niskanen, "Bureaucracy and Representative Government", *American Political Science Association*, Vol. 68, No. 4, 1971, p. 1775; Gordon Tullock, "Review", Reviewed Work: *Bureaucracy and Representative Government* by William A. Niskanen, *Public Choice*, Vol. 12, No. 1 (Spring, 1972), pp. 119 – 124; William C. Mitchell, "Review", Reviewed Work: *Bureaucracy and Representative Government* by William A. Niskanen, Jr. , *The American Political Science Review*, Vol. 68, No. 4 (Dec. , 1974), pp. 1775 – 1777; Sally Coleman, Jeffrey L. Brudney and J. Edward Kellough, "Bureaucracy as a Representative Institution: Toward a Reconciliation of Bureaucratic Government and Democratic Theory", *American Journal of Political Science*, Vol. 42, No. 3 (Jul. , 1998), pp. 717 – 744; Rhys Andrews, George A. Boyne, Kenneth J. Meier, Laurence J. O'Toole, Jr. and Richard M. Walker, "Representative Bureaucracy, Organizational Strategy, and Public Service Performance: An Empirical Analysis of English Local Government", *Journal of Public Administration Research and Theory*: *J – PART*, Vol. 15, No. 4 (Oct. , 2005), pp. 489 – 504; Mark D. Bradbury and J. Edward Kellough, "Representative Bureaucracy: Exploring the Potential for Active Representation in Local Government", *Journal of Public Administration Research and Theory*: *J – PART*, Vol. 18, No. 4 (Oct. , 2008), pp. 697 – 714.

样，才能打破公共产品供给全过程中的信息双边垄断。

（三）规范透明的少数民族参与式公共财政预算治理改革

几乎所有的公共选择都牵涉公共财政支出问题，同时也涉及税收问题①。安托尼·唐斯在现代政治经济学最具影响力的著作之一《民主政治的经济理论》中基本假定："政党制定政策是为了赢得选举，而不是为了制定政策而赢得选举。"② 之后大多数立法政府的理性选择模型都继承了安托尼·唐斯的理论。因为大多数法律、条例和基金一旦被提供，它们就成了公共产品，所以要通过政治晋升考核指标设计迫使公共政策决策者考虑民众偏好，尤其是公共政策供给方面，要考虑政策决策者与民众对公共政策的需求之间可能存在差异及调整。其中最重要的内容之一就是决策者需要考虑税收归属及公共财政支出的受益程度，这是公共财政预算的内容。居财政制度创新之首的就应当是政府对公共财政预算管理方式的创新，要建立规范透明的少数民族参与式预算，让公共权力在阳光下运行，这是推进国家治理体系和治理能力现代化的重要内容，有利于加速民族地区发展及促进其与其他地区的和谐。

1. 确保少数民族参与公共财政预算

参与能让少数民族感到更满意。少数民族参与公共财政预算所反映的协商民主有效地克服了代议制的不足。民主协商更能包容少数民族多元文化及多元价值观差异，加强了少数民族与政府的沟通，改善了对政府的信任，有助于提供更能契合少数民族差异性需求的公共产品。值得关注的是，要实现少数民族实质性参与公共预算，就要创新吸引少数民族参与机制。

2. 确保少数民族便于获取真实的公共财政预算信息

政府在最大限度上向公众公开公共财政政策意图与财政收支账目，少数民族及时了解公开可靠、及时综合、通俗易懂的政府活动信息是实质性参与的基础。公共财政预算是多种收入与多项支出的复杂系统，要对少数民族进行公共财政预算方面的教育与培训，相关教育与培训会使少数民族具有更多专业知识，更有效地参与讨论，对称理解公共预算各方面信息，这也是更好地权衡各方权益资源配置与公平分配的重要方式。

---

① 这里主要研究财政税收问题，货币供给印发问题省略。
② 转引自乔·B. 史蒂文斯《集体选择经济学》，第120页。

3. 及时公开公共财政预算程序

政府与少数民族在公共财政预算全过程的长期互动中，进行公共预算模拟、调整、修正与完善。公共财政预算的编制按照确定的时间表进行，以明确的宏观经济和财政政策目标为指导。与少数民族互动可以同时采用多种形式，如听证会、少数民族论坛、少数民族问卷调查、公共财政预算咨询等，这有助于做出满足少数民族差异性公共需求的公共财政预算决策。

4. 加强公共财政预算监督与问责

政府要对公共财政预算信息披露的真实性与有效性做出承诺，接受审计机构、立法机关、社会团体、新闻媒体和少数民族等来自政府行政主体之外的监督；同时政府公共财政部门要对来自各监督方的各种质疑给予及时、主动的回应。逐步构建以国家各级审计机关为中心，兼具人大、上级政府、司法部门等多个部门的"同体问责"与社会组织、媒体和公民的"异体问责"的多元问责体系。规范透明的少数民族参与式公共财政预算治理改革需要制度化与法制化，需要少数民族以公民身份积极主动参与及政府的包容。

二 包容性财政体制提升民族地区财政自主性

著名经济学家吴敬琏在 2013 年指出"现在的体制是一个从旧体制转向新体制的过渡性体制"，他认为："只有坚持市场化、法治化、民主化的改革道路，进一步完善社会主义市场经济体制，建立包容性的经济和政治制度，这样中国才有光明的未来。"[①] 美国麻省理工学院德隆·阿西莫格鲁（Daron Acemoglu）教授和哈佛大学的詹姆斯·A. 罗宾逊（James A. Robinson）在《国家为什么会失败》中把决定国家经济绩效的重要因素——制度分为包容性[②]制度与汲取性制度，[③] 历史和实践证明世界上大多数发达的民主国家

---

① 吴敬琏：《建立包容性制度才有光明未来》，《新华日报》2013 年 11 月 13 日。

② 所谓包容性，从政治上讲，强调人民或者说广大群众具有政治权利，能够参与政治活动，选举领导人或当权者、政策制定者，领导人或当权者是人民或者选民的代理人而不是统治者，任何人都有成为领导人、当权者或政策制定者的机会或可能；从经济上讲，强调自由进入和竞争，任何人都没有通过垄断、专卖或者市场控制获得超额利润的机会，人们都可以获得生产性收益的绝大部分或者全部，人们具有很高的生产性激励。

③ 德隆·阿西莫格鲁、詹姆斯·A. 罗宾逊：《国家为什么会失败》，李增刚译，湖南科学技术出版社，2015，序。作者认为国家所采取的政治制度和经济制度决定了这个国家的经济绩效，进而决定了与其他国家在经济绩效上的差异，并将不同国家的政治制度和经济制度用包容性（inclusive）和汲取性（extractive）来刻画。

采取的是包容性政治制度和包容性经济制度，如美国、英国、法国、日本、韩国、澳大利亚等。我国前国家主席胡锦涛在 2010 年、① 楼继伟在 2013 年分别提出"实现包容性增长"，② 根本目的是让经济全球化和经济发展成果惠及所有国家和地区、惠及所有人群，在可持续发展中实现经济社会协调发展。包容性财政体制是包容性政治体制与包容性经济体制的结合，是国家对中央与地方各级政权机关财政收支范围及财政管理职责和权限进行划分的包容性制度，反映了中央政府与地方政府在事权和财权划分基础上对政府职能与财政政策的侧重。

（一）基于民族区域自治制度的央地政府财政契约优化设计

《中华人民共和国宪法》第四条明确规定"国家保障各少数民族的权利和利益"与"各少数民族聚居的地方实行区域自治"。民族区域自治制度是我国基本政治制度之一，是我国"自治"与"统一"相结合及"民族因素"与"区域因素"相结合的"中国经验"和"中国模式"。在中央与地方政府财政关系的一系列契约设计中，在坚持"统一"的前提下，还要考虑"自治"；如果民族地区政府与非民族地区政府（处于相同财政级次）在中央财政以下各方面权限完全相同，就只是体现了"统一"，而没有实现"自治"。为实现两个结合，政治与经济体制激励相容目标设计是确保民族地区政府行为遵从中央政府目标的制度保障。

1. 中央财政政策目标与民族地区政府行为的激励相容

就执行一般性中央财政政策的省级及以下政府而言，自治区及以下③（包括自治州、自治县等）政府与一般地方政府没有分别。就自治区政府在国家政治经济中的地位而言，自治区政府在执行中央政府统一财政政策及相关法律法规方面，与其他省级政府基本一致，都与中央保持高度统一。自治区政府在中国五级政府体系的纵向隶属关系中，位于地方政府体系最高级，处于"承上启下"的"中观"地位。中央政府将自治区级政府

---

① 2010 年 9 月，国家主席胡锦涛在出席第五届亚太经合组织人力资源开发部长级会议开幕式时，发表了题为《深化交流合作实现包容性增长》的致辞。

② 2013 年中国发展高层论坛在北京举行，时任财政部部长楼继伟出席论坛并解读包容式增长，他表示应该创造公平的发展机会。

③ 省、自治区、直辖市以下的财政一般统称为"省以下财政"，此处为突显民族地区自治的差异性，尽管有的民族自治地方如自治州或自治县不在自治区地理边界范围内，但仍旧简称"自治区及以下"，这也是因为中央财政政策直接由省级执行与负责实施。

作为直接管理的行政对象，中央将各项政策指示下达到自治区级政府。绝大多数情况下，自治区政府并不直接执行中央各项政策，而是将中央各项政策依据本辖区实际情况下达到自治区以下政府执行，自治区以下政府也需要通过自治区政府与中央政府建立联系。与五级政府体制相对应，财政体制包括中央财政、自治区财政、市（自治州）财政、县（自治县）财政与乡镇财政，随着"省直管县"与"乡财县管"财政体制改革及管理模式的推广，乡镇财政已经不是严格意义上的一级财政（预算），县级财政成为真正意义上的基层财政。"扁平化"三级财政并不改变地方政府是中央政策的执行主体地位，因此，自治区政府成为执行中央政策的重要节点，并且中央与自治区财政关系对自治区以下财政关系具有重要的指导和影响作用。

在中央财政政策的运行体系中，无论五级政府体系还是三级财政体系，其存在相同的委托代理链，上级政府（财政）相当于委托人，（逐级）下级政府（财政）相当于代理人。一般而言，中央支持民族地区发展的财政政策目标与不同级民族地区政府财政政策目标应该是一致的，然而公共选择理论告诫我们，作为"理性经济人"的地方政府必然存在"自身"的私利目标，由此必然存在上下级政府间的利益博弈。为不失一般性，这里采用中央政府与自治区政府间的委托代理模型诠释上下级政府间的利益博弈。[1]

---

[1] J. A. Mirrlees and N. H. Stern, "Models of Economic Growth", *Economic Journal*, Vol. 84, No. 334, 1971, p. 404; D. M. G. Newbery, "Review", Reviewed Work: *Models of Economic Growth*. by J. A. Mirrlees and N. H. Stern, *The Economic Journal*, Vol. 84, No. 334 (Jun., 1974), pp. 404–405; Peter A. Diamond and James A. Mirrlees, "On the Assignment of Liability: The Uniform Case", *The Bell Journal of Economics*, Vol. 6, No. 2 (Autumn, 1975), pp. 487–516; P. Diamond and J. Mirrlees, "Private Constant Returns and Public Shadow Prices", *The Review of Economic Studies*, Vol. 43, No. 1 (Feb., 1976), pp. 41–47; James A. Mirrlees, "The Optimal Structure of Incentives and Authority within an Organization", *The Bell Journal of Economics*, Vol. 7, No. 1 (Spring, 1976), pp. 105–131; Bengt Holmström, "Groves' Scheme on Restricted Domains", *Econometrica*, Vol. 47, No. 5 (Sep., 1979), pp. 1137–1144; Bengt Holmstrom, "The Cost of Capital in Nonmarketed Firms", *The Quarterly Journal of Economics*, Vol. 95, No. 4 (Dec., 1980), pp. 765–773; Bengt Holmstrom, "Contractual Models of the Labor Market", *The American Economic Review*, Vol. 71, No. 2, Papers and Proceedings of the Ninety-Third Annual Meeting of the American Economic Association (May, 1981), pp. 308–313; Bengt Holmström and Roger B. Myerson, "Efficient and Durable Decision Rules with Incomplete Information", *Econometrica*, Vol. 51, No. 6 (Nov., 1983), pp. 1799–1819; Milton Harris and Bengt Holmstrom, "On the Duration of Agreements", *International Economic Review*, Vol. 28, No. 2 (Jun., 1987), pp. 389–406.

中央政府目标是财政政策（正）效益最大化，希望自治区政府按照中央政策目标选择行动，由于不能直接观测到自治区政府选择的行为模式，能观测到的只是另一些由自治区政府行动和其他外生的随机因素共同决定的变量，所以中央政府观测到的只是自治区政府行动的不完全信息。中央政府的问题是根据这些观测到的信息与自治区政府签订契约，以激励其选择最有利于实现中央政策目标的行动。

（1）中央政府政策期望效益函数[①]的标准化方法模型

$$(\text{P}) \int v\{[\pi(a,\theta) - sx(a,\theta)]\} g(\theta) \mathrm{d}\theta$$

$$(\text{IR}) \int u\{s[x(a,\theta)]\} g(\theta) \mathrm{d}\theta - c(a) \geq \bar{u} \qquad (3.5)$$

$$(\text{IC}) \int u\{s[x(a,\theta)]\} g(\theta) \mathrm{d}\theta - c(a) \geq \int u\{s[x(a',\theta)]\} g(\theta) \mathrm{d}\theta - c(a'), \forall a' \in A,$$

其中，A 表示地方政府所有可选择的行动的组合，a 表示民族地区政府的一个特定行动，行动 a 可以是任何维度的决策向量。为方便，假定 a 是代表努力水平的一维变量，令 θ 是不受此博弈参与人控制的外生随机变量，称为"自然状态"。Θ 是 θ 的取值范围，θ 在 Θ 上的分布函数和密度函数分别为 $G(\theta)$ 和 $g(\theta)$，一般假定 θ 是连续变量，如果 θ 只有有限个可能值，则 $g(\theta)$ 为概率分布。在民族地区政府选择行动 a 后，外生变量 θ 实现。a 和 θ 共同决定一个可观测的结果 $x(a, \theta)$ 和一个政策收益 $\pi(a, \theta)$，其中 $\pi(a, \theta)$ 是中央政府在宏观目标规划中预期的财政政策效果。假定 π 和 a 是严格递增的凹函数，即给定 θ，民族地区政府执行中央政策越努力，则政策收益越高，但努力的边际产出率递减，π 是 θ 的严格增函数（较高的 θ 代表更有利的自然状态）。中央政府的问题是设计一个激励契约 $s(x)$，$c(a)$ 表示努力的成本，其中 a 和 θ 都是不可观测的，根据观测到的 x 对民族地区

---

① 中央政府政策期望效益函数可由斯宾塞、泽克豪森和罗斯最初使用的模型表述；Michael Spence and Richard Zeckhauser, "Insurance, Information, and Individual Action", *The American Economic Review*, Vol. 61, No. 2, Papers and Proceedings of the Eighty - third Annual Meeting of the American Economic Association (May, 1971), pp. 380 - 387; Stephen A. Ross, "The Economic Theory of Agency: The Principal's Problem", *The American Economic Review*, Vol. 63, No. 2, Papers and Proceedings of the Eighty - fifth Annual Meeting of the American Economic Association (May, 1973), pp. 134 - 139。

政府进行奖惩。[①]

（2）中央政府关于民族地区政府努力的最优规划

为论述简单，经典的逆向选择模型[②]假定高效率与低效率两类型民族地区政府，其成本参数有两个可能的值。按照契约的时序，中央政府必须在获知民族地区政府的类型前向民族地区政府提供一组契约，契约是在中间阶段提供的，即中央政府设计契约时已经存在不对称信息。

中央政府将用期望效益的形式计算其收益，中央政府的规划问题为：

$$\max_{\{(t^L, q^L), (t^H, q^H)\}} v \left[S\left(q^H\right) - t^H \right] + (1-v) \left[S\left(q^L\right) - t^L \right]$$

$s.t.$

$$t^H - \theta^H q^H \geq t^L - \theta^H q^L$$

$$t^L - \theta^L q^L \geq t^H - \theta^L q^H \qquad\qquad (3.6)$$

$$t^H - \theta^H q^H \geq 0$$

$$t^L - \theta^L q^L \geq 0$$

民族地区政府受中央委托提供 q 单位的公共产品，中央政府从 q 单位公共产品中得到的效益函数是 $S(q)$，其中 $S' > 0$，$S'' < 0$，$S(0) = 0$。公共产品的提供成本 $\theta \in [\theta^H, \theta^L]$，民族地区政府可能是高效率的（$\theta^H$），也可能是低效率的（$\theta^L$），其概率分别为 v 和 $1 - v$；最优提供满足 $q^{H*} > q^{L*}$，即一个高效率的民族地区政府的最优公共产品要超过低效率的民族地区政府；中央政府的转移支付为 t^{H*}（t^{L*}），对应的公共提供水平为 q^{H*}（q^{L*}），即 $t^{H*} = \theta^H q^{H*}$，或 $t^{L*} = \theta^L q^{L*}$[③]。在完全信息下的最优契约为 (t^{H*}, q^{H*})，若 $\theta = \theta^H$，(t^{L*}, q^{L*})，则 $\theta = \theta^L$。

假设公共提供成本 θ 是民族地区政府的私人信息，考虑中央政府通过提供一组契约 $\{(t^{H*}, q^{H*}); (t^{L*}, q^{L*})\}$，期待 θ^H 类型的民族地区政府选择 (t^{H*}, q^{H*})，而 θ^L 类型的地方政府选择 (t^{L*}, q^{L*})。若约束条件中

---

① 第一个约束是参与约束（participation constraint），即民族地区政府接受契约得到的期望收益不能小于不接受契约时能得到的最大期望收益。其可以被称为保留收益，参与约束又称个人理性约束（individual rationality constraint）。第二个约束是激励相容约束（incentive compatibility constraint）。参见张维迎《博弈论与信息经济学》，上海三联书店、上海人民出版社，1996，第 405～407 页。

② 事实上这个离散类型值模型对于说明逆向选择问题已经足够了，并且避免采用复杂的连续类型的计算。

③ 此处为不完全信息的静态博弈，中央政府提供的是不允许地方政府对契约进行谈判的命令式契约。

的四条件即激励相容约束和参与约束同时满足，则说明这一组契约是激励可行的。

使用信息租金的定义 $U^H = t^H - \theta^H q^H$ 及 $U^L = t^L - \theta^L q^L$，可以将中央政府的目标函数变换为信息租金和公共提供水平的函数，故而，新的最优化变量为 $\{(U^H, q^H); (U^L, q^L)\}$。在完全信息情形下，中央政府可以设法使所有类型的民族地区政府获得零效用水平；但在不完全信息下，中央政府无法做到这一点。事实上，对于一组契约 $\{(U^H, q^H); (U^L, q^L)\}$，如果它是激励可行的，则考虑到一个 θ^L 类型民族地区政府模仿 θ^L 类型民族地区政府时可能获得的收益水平，它应当满足：

$$t^L - \theta^H q^L = t^L - \theta^L q^L + \Delta\theta q^L = U^L + \Delta\theta q^L \qquad (3.7)$$

即使是中央政府令 θ^L 类型民族地区政府的保留收益 U^L 为零，θ^H 类型民族地区政府也能够从模仿低效率民族地区政府中获得效用 $\Delta\theta q^L$，这种收益称为信息租金。所以，如果中央政府坚持让低效率的民族地区政府进行公共产品提供，那么中央政府就必须给高效率的民族地区政府信息租金。[1] 于是与中央政府决策对应的就是公共产品提供量和契约双方在公共提供中所获收益的分配。通过变量代换，中央政府的目标函数变为：

$$v[S(q^H) - \theta^H q^H] + (1-v)[S(q^L) - \theta^L q^L] - [vU^H + (1-v)U^L] \qquad (3.8)$$

其中前两项表示期望的配置效率，后一项表示期望信息租金。

（3.8）式表明，中央政府希望的最大化的效益是公共产品提供中所得的社会价值（总剩余）减去民族地区政府的期望租金。为了减少民族地区政府的信息租金，中央政府必须接受配置效率的损失。将前面的约束式分别改写为：

$$\begin{aligned} U^H &\geq U^L + \Delta\theta q^L \\ U^L &\geq U^H - \Delta\theta q^H \\ U^H &\geq 0 \\ U^L &\geq 0 \end{aligned} \qquad (3.9)$$

---

① 这个信息租金的存在是由于民族地区政府相对于中央政府而言具有信息上的优势，而中央政府面临的问题就是设计一个契约（机制），使得它既是激励可行的，又可以付出尽可能少的信息租金；对信息租金的讨论能够评价不对称信息的分布效应，对公共提供水平的讨论能进一步认识不对称信息对于资源配置效率和公共产品受益的影响。

于是，中央政府的最优规划问题变为：

$$\max_{\{(U^H, q^H), (U^L, q^L)\}} v\left[S(q^H) - \theta^H q^H\right] + (1 - v)\left[S(q^L) - \theta^L q^L\right] - \left[vU^H + (1 - v)U^L\right]$$

$$s.\,t.$$

$$U^H \geqslant U^L + \Delta\theta q^L \tag{3.10}$$

$$U^L \geqslant U^H - \Delta\theta q^H$$

$$U^H \geqslant 0$$

$$U^L \geqslant 0$$

对于上述中央政府关于两类型民族地区政府的最优规划问题可以推广到关于三种类型的民族地区政府的最优规划问题，三种类型分别为高效率类型、中等效率类型和低效率类型。对于多类型同样可以据此推广，同理，央地政府委托代理模型可以推广到自治区及以下上下级政府间的博弈模型。

2. 民族地区政府在治理激励相容目标设计中夯实财政民主基础

我国宪法和地方组织法均有关于上下级政府间关系的相关规定，下级政府应当接受上级政府的指导，下级政府"执行上级国家行政机关的决定和命令"。① 一般而言，在我国政府系统内，上级政府基本具有组织、指导、协调和监督下级政府行为的职责，同时上级政府还有罢免和提名下级政府领导成员的权力。为实现国家治理体系和治理能力现代化目标，需完善"自下而上"的"以人为本"的民主治理。完善政府人事组织制度与政府政绩考核体系，这是影响下级政府官员行为的"内在"政治晋升激励，同样也是影响民族地区财政自主性的最重要因素之一。为促进民族地区政府民主治理，纠偏官员的"自治权"，上级政府在下级政府人事任免制度与政绩考核体系设计中，应充分重视少数民族差异文化偏好的民意诉求，全面倾听民族地区民众声音，提高公共服务民众满意度的权重。这样就可以在多级政府代理链的委托人目标函数中，凸显民意指标，有利于促进政府遵从公民权利原则并向多元主体治理结构转型，有利于完善辖区居民的监督机制，避免导致民族地区政府领导偏好上级政府的行政指令、忽视辖区内居民差异性偏好的扭曲行为，这也是对民族地区政府"自治权"的有效制衡措施，有利于深化自治区及以下财政管理体制改革。

---

① 《中华人民共和国地方各级人民代表大会和地方各级人民政府组织法》第五十九条。

（二）识别民族地区差异性政府职能的央地政府事权明晰界定

与其他地区相比，在区域特征差异性显著的民族地区内中央政府职责范围更大，因此在民族地区内中央事权与央地共担事权更多，在此基础上，更要明确好中央政府与民族地区政府职责范围及相应的财政支出责任，只有这样才能让民族地区政府更好地发挥作用，才能让市场充分发挥资源配置作用，实现公平与效率的双重目标。

1. 民族地区内中央事权范围须厘清

中央政府提供全国性公共产品。首先，由地理区位特征决定，相比其他地区，在民族地区范围内要提供更多的国防、国家安全、边境边防、反恐等公共产品，并且诸如此类的公共产品往往与地方政府维护公共安全职责混合在一起，所以应明确中央的事权范围。其次是全国性生态环保事权，三江源保护、三北防护林建设、荒漠化治理等跨区域环境保护项目等绝大多数在民族地区，民族地区是全国的生态屏障区。最后，中央政府承担国家经济和社会发展规划的重大职责，其规划如"一路一带"倡议中的跨境基础设施投资、大型公共工程、跨国公共事务等，均应由中央政府提供。因此在民族地区辖区内属于中央政府责任范围内的事权要界定清楚，由此才能避免政治晋升激励引发的中央政府事权下移问题。

中央委托民族地区代理提供共担性公共产品。由于长期历史欠账的累积，民族地区部分基本的民生保障在中央政府责任范围内，如义务教育、基本文化传媒、基本公共卫生、基本医疗等。但由于地方政府具有信息优势，所以一般中央政府委托地方政府代理提供这部分产品将更有效率。

2. 民族地区内央地共担事权各自支出责任需量化

相比一般地区，民族地区内央地共担事权更多，这与民族地区自然、历史、社会发展分不开。其一是，同一民族地区内的资源型国有资产的保护、开发及修复，民族地区有丰富的自然资源，绝大多数属于资源型国有资产，包括土地、矿产、水源、森林、草原、滩涂等，资源开发后的环境保护与生态恢复是央地共担事权。其二是，跨区域资源保护与开发，这也属于中央政府和不同区域省级政府共担事权。其三，同步建成小康社会战略目标下的央地政府消除贫困职责等，其也要求必须明确各自的事权责任。中央与民族地区政府在共担事权中，中央应该承担更多，并且一定要明确量化各自责任，只有这样才能使央地政府各司其责、通力合作。

3. 民族地区内由中央引导地方事权的度需把握

自 2005 年以来，中共中央、国务院支持民族地区的政策和方案①等，指明了很多中央政府鼓励、引导民族地区政府承担的责任，如对典型战略性新兴产业和地方特色产业进行规划与布局等。中央政府引导性责任基本属于间接责任，而不是直接干预，"干预度"要把握好。

（三）促进民族地区地方税体系建设的央地财权合理划分

完整的财政分权不仅要明确界定政府间的事权，还要合理划分政府间的财权。为完善民族地区财力与地方税体系构建，在遵循全国统一财政分权基础上，民族地区要充分发挥财政自治权，积极组织财政收入，主要是税收收入②，因此财权的核心与关键是税权。

目前，税权是我国税收领域的研究热点，其中税权中的"权"是仅指"权力"还是包含"权利"？其主体是"国家""权力机关""纳税人"还是兼而有之？布伦南和布坎南的《征税权》对在宪法层面如何对政府征税的权力加以限制进行论述。③我国学者对税权的认识不断深入，由早期的"国家享有的课征与使用税的权力"到"国家主权在税收领域的具体体现"，再到"税收的权力与权利构成税权关系的主要内容"，④基本较为全面地理解和认识了税权的含义。就国家而言，税权体现为税收的征收和使用权力；就纳税人而言，税权体现为纳税人在税收征收与使用过程中的参

---

① 中央下发《中共中央、国务院关于进一步做好西藏发展稳定工作的意见》（中发〔2005〕12 号）；国务院正式印发《关于进一步促进新疆经济社会发展的若干意见》（国发〔2007〕32 号）；国务院正式下发《关于进一步促进宁夏经济社会发展的若干意见》（国发〔2008〕29 号）；国务院常务会议审议并原则通过《国务院关于进一步促进青海等省藏区经济社会发展的若干意见》（国发〔2008〕34 号）；国务院正式批准实施《国务院关于进一步促进广西经济社会发展的若干意见》（国发〔2009〕42 号）；党中央、国务院制定《中共中央 国务院关于推进新疆跨越式发展和长治久安的意见》（中发〔2010〕9 号）；国务院发布《国务院关于支持云南省加快建设面向西南开放重要桥头堡的意见》（国发〔2011〕11 号）；国务院发布《关于进一步促进内蒙古经济社会又好又快发展的若干意见》（国发〔2011〕21 号）；国务院颁布《关于进一步促进贵州经济社会又好又快发展的若干意见》（国发〔2012〕2 号）。

② 广义的税收收入包括政府所征收的税、基金、费或者集资款和摊派款；更广义的税收收入还包括负债。这里指狭义的税收收入概念。

③ 杰佛瑞·布伦南、詹姆斯 M. 布坎南：《宪政经济学》，第 9 页。

④ 陈刚：《税的法律思考与纳税者基本权的保障》，《现代法学》1995 年第 5 期；赵治新：《税权的宪政逻辑》，《法律与政治》2007 年第 2 期；刘剑文：《走向财税法治——信念与追求》，法律出版社，2009，第 23 ~ 78 页。

与权、知情权及监督权。① 而政府征税的权力是由构成国家的人民委托，由征税机构代理执行的。中央与民族地区政府间税权问题的焦点在，上下级政府财税机构部门间的税权划分问题上。在法律领域，税权划分为税收立法权、税收执法权与税收司法权；在经济领域，税权划分为税收立法权、税收收益权（税收收入归属权、税收收入支配使用权）、税收管理权。基于民族区域自治制度与民族地区地方税体系构建，这里主要从经济视角重点论述有助于保障少数民族权利与实现民族地区利益的税权划分。

1. 民意吸纳机制的税收立法权制衡

"根据法治原则，各项财政权的划分最终表现为立法权的划分。"② 税收立法权配置是"从根本上影响中央与地方关系的第二种基本方法"。③ 国际上，税收立法权大体有三种模式。第一种是以英国、法国为代表的全部或主要税种的立法权归属中央，部分税率调整权及税收减免权归属地方。第二种是以美国为典型代表的地方分权型，即中央和地方政府拥有各自独立的税收立法权，中央一般不干涉地方制定税法和执行税收制度，但地方政府的税权受到上位法律的监督和制约。第三种以日本为典型代表，中央集中主要税权，确定地方税法的原则和大纲；地方规定具体征收规程，地方还拥有开征法定外普通税、确定税率等权限。④

为均衡社会结构的多元利益诉求，税收立法是建立在民主财政基础之上的。为保障民族地区利益，税收立法权的科学安排要全方位引进民意吸纳机制，且中央政府在组织税收法律提案时就要充分吸纳民族地区民众的建议。就政府与民众的关系而言，宪法和税收法定均要求税收立法权归属全国人民代表大会和地方人民代表大会，以便反映民意；但由于税法的技术性、专业性和复杂性，《中华人民共和国立法法》赋予中央政府在法律（基本法律和一般法律）立法上的提案权，⑤ 由此对税收法律制度产生极为重要的影响和推动力。国际上的其他国家也在一定程度上授予行政机关立

---

① 张冬梅：《纳税人权利与义务的再认识》，《光明日报》2016 年 11 月 30 日，第 15 版。
② 刘剑文：《税法专题研究》，北京大学出版社，2002，第 163 页。
③ 伊芙·梅尼、文森·赖勿特：《西欧国家中央与地方关系》，朱建军译，春秋出版社，1989，第 27 页。
④ 楼继伟、张少春、王保安：《深化财税体制改革》，第 220 页。
⑤ 《中华人民共和国立法法》第十二条。

法和制定税收法的权力，① 税收相关的法律提案和立法准备处于非常重要的税收立法始点阶段，因此在这一阶段就要建立健全民意吸纳机制，倾听少数民族心声及尊重代表少数民族与民族地区利益的税收专家的建议；同时规范税收法律立法程序，规范授权立法，严格依法办事，在税收立法全过程接受民众及利益代表专家的监督。

2. 均衡区域税负的税收收益权权衡

税收收益权，或称税收收入归属权，是指税收收入在中央与地方以及地方各级政府之间的分配机制。一般而言，税收收入在中央与地方政府之间的划分可以通过税额、税种、税源以及几种办法兼而有之等多种方式实现，设置中央税、地方税以及确定中央地方共享税是确定税收收入归属权的主要方式。目前，我国的税制运行情况是：中央财政因集中大部分税收收入而掌握了相应税收收入的初次收益权，即宏观调控权；经过税收返还与转移支付，地方财政获得了相应税收收入的最终收益权。

为均衡区域税收负担，不仅应考虑纵向的央地政府税收分享，还要考虑税源贡献、税负归宿及"成本—收益"等原则下横向不同区域间政府税收收益权划分。例如，资源型产业仍旧是民族地区经济结构占比较重的产业，资源型初级产品开采场所，即资源产品输出地绝大多数位于民族地区，资源开发时的环境污染治理任务与生态修复成本自然落到民族地区政府身上。然而，依据税法，流转税与企业所得税的征收管理规程使相关税收利益流入资源产品输入地。税收收益权的全面权衡使民族地区不再是典型的税源贡献地、税赋归属地及税收成本远小于税收收益地，而成为与其成本相称的税收收益地。

3. 程序公平正义的税收征管权规范

税收征管权也称税收行政权，是税务、海关等机关行使的执行税收法律、进行税收征收和税务管理的权力，包括税收征收权与税收管理权。税收征收权主要包括征税权、税款核定权、采取税收保全措施权、采取税收强制执行措施权、追征权、稽查权、处罚权、税收行政复议裁决权等；税收管理权主要有税务机构的设置、征收管理范围的划分、征管模式的选择、源泉征收权和核定征收权等的确定、税务登记、税额核定账簿和凭证

① 北野弘久：《税法学原论》（第四版），陈刚、杨建广等译，中国检察出版社，2001，第117～126页。

管理、延期申报和延期纳税的核准、税务检查等方面的权力，一般在税收基本法和税收程序法中规定税收征收机关的税收管理权。通过完善的税法、税收征管法及相关行政程序性法律保障纳税人合法权益。

4. 民族地区政府税收政策制定权的适当赋予

税收立法权属于法律范畴，其职权属于国家立法机构，在我国属于人民代表大会，这项权力是最基本的、原创性的权力，是所有税权中最为关键的一种，直接决定政府是否具有设置新税种及相关税收要素的权力。税收征管权属于政府及其职能部门的职权范畴；税收收益权是税收立法权与税收征管权实现的目的。目前，我国实行 1994 年分税制改革，但分离的只是税收征收程序，并不是税收制度制定权。① 在具体实践中，我国当前的税收法规也基本上全部出自中央，② 具有"自治权"的民族地区政府没有税收立法权，并且我国《中华人民共和国立法法》第八条明确规定"税种的设立、税率的确定和税收征收管理等"只能由法律界定，即税收属于法律专项立法权。为充分发挥《中华人民共和国民族区域自治法》赋予民族自治地方的财政自治权，在民族地区自治范围内，针对我国税法空缺领域，应该赋予民族自治地方（至少在自治区级）关于"新"税种（广义税）的税收政策制定权，或称广义税的自治条例与单行条例制定权；并且赋予民族自治地方广义税收政策制定权，包括政策解释权、税目与税率决定权等。从而使民族自治地方政府积极成为广义税收制度的制定者与执行者，进而使中央有机会、有渠道通过对称信息的传递了解真实的地方财政收入概况。

税收政策制定权是连接税收立法权和税收征管权的桥梁和纽带，在中国现行的立法模式下，赋予民族地区政府及其相关职能部门必要的税收政策制定权，对于确保税收立法精准并得到有效贯彻、提高税收立法质量以及税收征管部门依法行政的水平具有重要的现实意义。

三　法治性财政规则制衡民族地区财政自治权

（一）《中华人民共和国宪法》和法律框架下财政自治权法律边界

《中华人民共和国宪法》第四条明确规定"各少数民族聚居地方实行

---

① 孙亚：《试论税收管理权限的划分》，《税务研究》1997 年第 2 期。
② 董辅礽：《集权与分权——中央与地方关系的构建》，经济科学出版社，1996，第 184～185 页。

区域自治，设立自治机关，行使自治权"；第一百一十五条明确规定"自治区、自治州、自治县的自治机关行使宪法第三章第五节规定的地方国家机关的职权，同时依照宪法、民族区域自治法和其他法律规定的权限行使自治权，根据本地方实际情况贯彻执行国家的法律、政策"。自治权是民族地区自治机关享有管理本地方、本民族内部事务自主权的主要标志和集中体现。① 财政自治权是民族地区自治机关的一项基本自治权，② 民族地区财政自治权的科学配置成为国家治理体系和治理能力建设的基础工程之一，是实现民族地区政府治理的重要前提。民族地区财政自治权配置的实质就是中央政府与民族地区政府的财政分权。丹尼斯·荣迪内利（Dennis Rondinelli）指出财政分权是中央政府将计划（规划）、管理、税收征管、资源分配的责任转移给中央政府的各专门部门、下属部门或地方政府、半自治的公共机构或团体、广大地区或功能性权力部门、非政府组织或非营利组织。③ 第二代财政联邦制理论从激励角度论证财政分权的合理性，认为法治权力的水平分割（如立法权、行政权和司法权分立）以及民主合理的政治制度可以促使地方官员的行为动机与当地居民的福利保持一致；④ 并且地方政府拥有自治权是地方政府为提高自身财政收入而促进经济增长目标实现的必备条件之一。⑤ 大多数转轨国家中基本是中央政府享有多种主要的财政权力，在经济性分权逐渐加深的情况下，地方政府拥有了一定的财政自治权。⑥ 本书中民族地区财政自治权的具体内容主要包括三部分。其一

---

① 戴小明、盛义龙：《自治机关自治权配置的科学化研究》，《中南民族大学学报》2016 年第 1 期。

② 《中华人民共和国宪法》第一百一十七条规定："民族自治地方的自治机关有管理地方财政的自治权。"

③ Dennis Rondinelli, "What is Decentralization?", in J. Litvack and J. Seddon, eds., *Decentralization Briefing Notes*, *WBI Working Papers*, No. 4, 1999: 4.

④ Y. Qian and B. R. Weingast, "Federalism as a Commitment to Perserving Market Incentives", *The Journal of Economic Perspectives*, Vol. 11, No. 4, 1997, pp. 83 – 92.

⑤ B. R. Weingast, "Second Generation Fiscal Federalism: Implications for Decentralized Democratic Governance and Economic Development", *Social Science Electronic Publishing* Vol. 65, No. 3., pp. 279 – 293. 其中五个条件包括：层级制政府、地方政府拥有自治权、中央政府提供并管理一个共同市场、预算硬约束、制度化的权力。

⑥ 理查德·M. 伯德、罗伯特·D. 埃贝尔、克里斯蒂·I. 沃里克：《财政分权：从命令经济到市场经济》载理查德·M. 伯德、罗伯特·D. 埃贝尔、克里斯蒂·I. 沃里克主编《社会主义国家的分权化：转轨经济的政府间财政转移支付》，"中国财税进一步改革"课题组成员译，中央编译出版社，2001，第 3～6 页。

是财政立法自治权，[①] 指民族地区自治机关依照《中华人民共和国宪法》和法律规定，结合辖区实际在财政领域内进行财政自治立法；同时《中华人民共和国立法法》在此基础上，为自主组织和使用财政收入提供了法律基础和制度保障；[②] 另外，财政自治立法是民族地区政府有效治理的关键。其二是财政预算自主权，《宪法》第二条和第三条赋予我国公民政治参与权、民主监督权等，[③] 在遵从《中华人民共和国预算法》的基础上，推进民族地区财政预算民主与法治化管理，通过参与式公共财政预算，引入社会多元监督主体，强化公共财政预算公开透明，构建以专家论证、社会听证、人大审查为核心的公共财政预算构架。其三是财政收支行政管理权，《中华人民共和国宪法》第二章明确规定了公民享有的基本权利，民族地区政府财政及相关部门在财政收支行政管理的全过程中，要在遵从《中华人民共和国宪法》、税法与《中华人民共和国税收征收管理法》的基础上，保障税收的缴纳与使用规范运行，尤其要确保《中华人民共和国宪法》第十三条"公民的合法的私有财产不受侵犯"。

（二）《中华人民共和国民族区域自治法》框架下财政自治权的差异性配置

《中华人民共和国民族区域自治法》是实施《中华人民共和国宪法》规定的民族区域自治制度的基本法律，在民族平等团结与和谐发展工作中发挥了"依法自治"的功效。在《中华人民共和国民族区域自治法》框架下，民族地区财政自治权的差异性配置主要体现在三个方面。

1. 体现民族地区财政自治立法权的财政自治条例与单行条例

《中华人民共和国民族区域自治法》第十九条："民族自治地方的人民代表大会有权依照当地民族的政治、经济和文化的特点，制定自治条例和单行条例。自治区的自治条例和单行条例，报全国人民代表大会常务委员

---

① 《中华人民共和国宪法》第一百一十六条规定："民族自治地方的人民代表大会有权依照当地民族的政治、经济和文化的特点，制定自治条例和单行条例。"

② 2015 年新修订的《中华人民共和国立法法》进一步充实了民族自治地方的立法权力。

③ 《中华人民共和国宪法》第二条规定："中华人民共和国的一切权力属于人民。人民行使国家权力的机关是全国人民代表大会和地方各级人民代表大会。人民依照法律规定，通过各种途径和形式，管理国家事务，管理经济和文化事业，管理社会事务。"第三条规定："中华人民共和国的国家机构实行民主集中制的原则。全国人民代表大会和地方各级人民代表大会都由民主选举产生，对人民负责，受人民监督。"

会批准后生效。自治州、自治县的自治条例和单行条例报省或者自治区的人民代表大会常务委员会批准后生效，并报全国人民代表大会常务委员会备案。"笔者认为财政立法权是财政自治权的核心，应该允许民族地区自治机关就国家财政税收法律领域的真空领域设立自治条例与单行条例；并且允许民族地区的人民代表大会依照当地特点，在国家财政税收法律法规真空领域制定民族地区财政税收领域的法律法规（在辖区范围内适用）；对财政立法权的适度下放，有利于民族地区财政收入能力的提升及财政可持续发展。

2. 规范转移支付制度基础上的公共财政预算自主权

民族地区财政自给率低，表现为财政收入与财政支出缺口大，要想真正体现民族地区公共财政预算自主权，必须完善政府转移支付制度。《中华人民共和国民族区域自治法》以法律形式保障民族地区财政体系正常运行。中央加大力度进行转移支付，保障民族地区基本公共服务均等化、保障少数民族与其他地区公民享受平等权利，完善一般性转移制度与专项转移支付实施办法。民族地区只有具有与其事权相应的财力，才有能力做到自主支配财政收入、安排合意的增加民族地区民众福利的财政支出。

3. 民族区域差异显著的财政行政管理变通执行权与停止执行权

《中华人民共和国民族区域自治法》第二十条规定了民族地区自治机关变通执行权等,[①] 即明确了民族地区差异性事权，或财政支出"特殊性"，由于民族地区财政支出结构与其他一般地区财政支出结构具有明显差异，因而民族地区对上级部门指令性财政支出安排应该具有变通执行权与停止执行权。另一方面，在税收征收管理及政策方面，民族地区自治机关有权力行使变通执行权与停止执行权。虽然《中华人民共和国民族区域自治法》第三十五条规定了税收方面的减免权,[②] 但是这样的税收减免权与其他一般地区地方政府就本级收入内的税收减免权几乎没有什么分别。要赋予民族地区充分的财政政策执行解释权，民族地区自治机关依据本地

---

① 《中华人民共和国民族区域自治法》第二十条："上级国家机关的决议、决定、命令和指示，如有不适合民族自治地方实际情况的，自治机关可以报经该上级国家机关批准，变通执行或者停止执行。"

② 《中华人民共和国民族区域自治法》第三十五条："民族自治地方的自治机关在执行国家税法的时候，除应由国家统一审批的减免税收项目以外，对属于地方财政收入的某些需要从税收上加以照顾和鼓励的，可以实行减税或者免税。自治州、自治县决定减税或者免税，须报省或自治区人民政府批准。"

区实际及差异情况，有对税收法律、行政法规执行及财政支出安排方面进行"变通"或"停止"执行的权力。

（三）财税法治化保障实现民族地区财政自治权

2016 年 5 月 27 日，财政部制定印发《法治财政建设实施方案》，按照《法治政府建设实施纲要（2015—2020 年）》要求，力争到 2020 年形成较为完备的财政法律制度规范体系。若全国实行统一的财税法律制度，则相当于《中华人民共和国民族区域自治法》虚置，要体现民族地区与其他一般地区的差异，就要深入学习并有效践行《中华人民共和国宪法》专门"章"、"节"或"条"对"民族自治地方"的差异性规定。

1. 《中华人民共和国民族区域自治法》与《中华人民共和国立法法》[①] 的法律位阶

《中华人民共和国民族区域自治法》已经成为中国特色社会主义法律体系的重要组成部分，且其作为基本法律在中国民族法规范中位阶最高，既承担了对《中华人民共和国宪法》相关条款进行细化的立法任务，又是其他法律规范的制定依据。[②] 中国已经初步建成由宪法统领，法律、行政法规、自治法规[③]以及地方立法共同构成的较为完整的纵向法律规范体系。就自治区级及以下的财政自治立法而言，《中华人民共和国立法法》第七十五条、第九十条及第九十二条的规定都有利于提升民族地区财政自治立法的适用性。[④] 民族地区财政自治立法权是指在《中华人民共和国宪法》

---

① 十二届全国人大三次会议 3 月 15 日表决通过了关于修改立法法的决定，国家主席习近平签署第 20 号主席令予以公布。关于修改立法法的决定自公布之日起施行，立法法根据该决定做出了相应修改，并重新公布。修改后的《中华人民共和国立法法》分为"总则"、"法律"、"行政法规"、"地方性法规、自治条例和单行条例、规章"、"适用与备案审查"和"附则"等 6 章，共计 105 条。

② 熊文钊、郑毅：《论〈民族区域自治法〉的地位、作用及其完善》，《中央民族大学学报》2014 年第 3 期。

③ 这里的自治法规为自治条例和单行条例两种法律规范的统称，参见沈宗灵《法理学》（第三版），北京大学出版社，2009，第 268 页。

④ 《中华人民共和国立法法》第七十五条明确规定"民族自治地方的人民代表大会有权依照当地民族的政治、经济和文化的特点，制定自治条例和单行条例。自治区的自治条例和单行条例，报全国人民代表大会常务委员会批准后生效。自治州、自治县的自治条例和单行条例，报省、自治区、直辖市的人民代表大会常务委员会批准后生效。自治条例和单行条例可以依照当地民族的特点，对法律和行政法规的规定作出变通规定，但不得违背法律或者行政法规的基本原则，不得对宪法和民族区域自治法的规定以及（转下页注）

框架下，依据《中华人民共和国民族区域自治法》，遵循《中华人民共和国立法法》，在财政领域进行自治立法的权力。

2. 兼容民族法的财税法律规则创新

法律规则是有效促进社会公平正义的主要措施和技术手段，就国家治理角度而言，现代财税法律规则制定要实现尊重差异、包容多样、共享利益的愿景。财税法治创新与发展主要包括四个方面：第一，公共预算方面，强化和完善公众（各少数民族）参与、民主监督、透明规范的公共预算法治；第二，明晰界定中央政府和不同地方政府间的差异性财政关系，基于民族地区政府差异性事权，建立中央政府与民族地区政府事权与支出责任相适应的财政法治，保障民族地区民众享有基本公共服务均等化的权利；第三，中央与地方政府财权分置，构建民族地区税收体系，均衡不同区域的税收负担，结合税制改革建立社会公平与保护纳税人权利的税收法律制度；第四，加强政府间财政转移支付立法，使财政转移支付规范、透明，确保民族地区基本公共服务均等化。

四　差异性财政政策激活民族地区经济发展动力

《中华人民共和国民族区域自治法》第六条与第二十二条明确了民族地区有权采取差异性政策与相应措施解决自身问题。[①]因此，在中央政府统一财政政策的实施过程中，允许民族地区政府依据本辖区实际情况，从激发民族地区经济主体活力出发，要重点考虑如下：一方面，中央要给予综合发展水平相对较低的民族地区对与其他一般地区差异性财政政策支持；另一方面，民族地区对中央统一财政政策可以差别化地执行，或曰变通执行；完善中央财政宏观调控与优化财政资源配置，这不仅是激活民族地区经济发展动力，也是推进财政决策科学化、民主化与法治化。

（接上页注④）其他有关法律、行政法规专门就民族自治地方所作的规定作出变通规定。"《中华人民共和国立法法》第九十条明确规定："自治条例和单行条例依法对法律、行政法规、地方性法规变通规定的，在本自治地方适用自治条例和单行条例的规定。"《中华人民共和国立法法》第九十二条明确规定："同一机关制定的法律、行政法规、地方性法规、自治条例和单行条例、规章，特别规定与一般规定不一致的，适用特别规定；新的规定与旧的规定不一致的，适用新的规定。"

① 《中华人民共和国民族区域自治法》第六条："民族自治地方的自治机关根据本地方的情况，在不违背宪法和法律的原则下，有权采取特殊政策和灵活措施，加速民族自治地方经济、文化建设事业的发展。"《中华人民共和国民族区域自治法》第二十二条："民族自治地方的自治机关可以采取特殊措施，优待、鼓励各种专业人员参加自治地方各项建设工作。"

第四章　中央支持民族地区税收政策效果评价与调整方向

自新中国成立以来，中央政府先后出台各种政策支持民族地区发展，其中税收优惠政策是重要的财税政策之一。伴随中国财政体制改革经历的统收统支、包干制与分税制三个阶段，中央支持民族地区发展的税收政策也相应演变。现阶段，中央支持民族地区税收政策可以归结为两方面：其一是主要采用税收减免政策降低税收负担，支持民族地区产业提升核心竞争力；其二是加快推进资源税改革，这主要有助于民族地区政府增加本级财政收入，提升公共服务能力。显然，中央财政转移支付是显著增加民族地区财政收入的直接有力政策，但是以基本公共服务均等化为目标的政策并不能满足少数民族基于差异性文化、价值观的区域性公共需求；而具有信息优势的民族地区政府提供差异性偏好的地方性公共产品更有效率，因此提升民族地区自身财政收入能力显得尤为重要，其同时也是增强民族地区财政自主性的有效手段。自2015年中国着力推进供给侧结构性改革以来，在"减税"更为瞩目的财税体制改革背景下，中央支持民族地区税收政策何去何从令人深思。已实施的税收政策效果如何？未来税收政策如何调整？回答这些问题不仅需要对支持民族地区发展的税收政策进行梳理总结，还要进行效果评价与根源剖析。区域发展的根本是提升自我发展能力，为充分发挥税收政策对民族地区自我发展能力框架下产业核心竞争力与政府公共服务能力的正向作用，亟须从民族地区税收负担、税收结构与税收制度方面进行深入研究。

第一节 中央支持民族地区税收政策综合效果评价[*]

伴随我国财政体制改革与国家区域发展战略转变，中央支持民族地区税收政策着力点在发生改变；相应的，民族地区宏观上的税收负担与税收结构也发生了明显变化，毋庸置疑这一政策在宏观上对支持民族地区经济社会发展具有正向作用。

一 阶段性税收政策下民族地区税收负担减轻效果分析

（一）现阶段民族地区小口径宏观税负水平度量及比较

这里专门就小口径宏观税负水平（税收收入占国内生产总值的比重）进行分析，由于数据可得性，采用 2000~2015 年的数据进行度量与比较，具体见图 4-1。

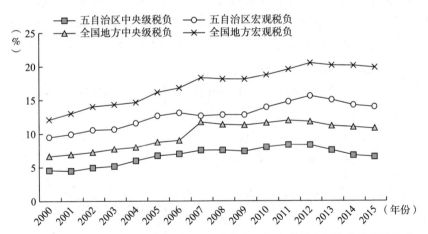

图 4-1 2000~2015 年民族地区与全国地方小口径宏观税负与中央级税负比较

资料来源：由 2001~2016 年《中国税务年鉴》与五自治区统计年鉴计算得出；具体数据见本章附表 4-1。

2000~2015 年就小口径宏观税负而言，民族地区数据指标一直低于全国地方平均水平，2000 年数据差距最小，为 2.60 个百分点，2014 年数据差距最大，为 5.86 个百分点；中央级税负（中央级税收收入/GDP）亦如

---

* 张冬梅、魏后凯：《中央支持民族地区税收政策效果评价与调整方向》，《新疆社会科学》2017 年第 6 期。

此。实际上，民族地区的中央级税收收入占本地区总税收收入的比重也低于全国地方平均水平，2007 年民族地区中央级税收收入占比最高是 59.51%，而 2007 年全国地方这一指标最高是 64.06%；2001 年民族地区占比最低是 44.92%，2002 年全国最低是 51.61%。[①] 总之，从小口径宏观税负数据指标分析，民族地区的税负水平相比全国地方平均水平更低，同样说明中央支持民族地区税收优惠政策（主要是减免税）具有减轻该地区税收负担的综合效果。

（二）阶段性税收政策总结与民族地区大口径宏观税负度量

国内外均有研究表明：经济发展水平越是相对较低的地方政府，为筹集财政总收入，其非税收入占财政收入比重越是相对较高，由于非税收入也构成本辖区企业和居民的"税收"负担，并且"费改税"一直伴随我国财税发展历程，因此本部分采用大口径[②]测算民族地区宏观税负，大口径宏观税负等于某地区全部财政收入占该地区生产总值的比重。通过 1952～2015 年民族地区与全国地方的大口径宏观税负数据的比较，说明中央对民族地区税收优惠政策在宏观上具有减轻税收负担的综合效果，具体见图 4－2。

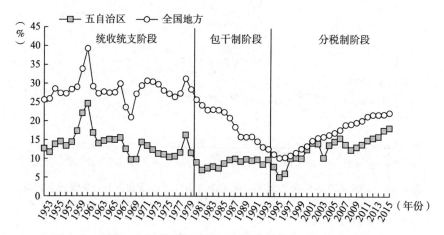

图 4－2 1952～2015 年民族地区与全国地方的大口径宏观税负比较

资料来源：由 1953～2016 年《中国税务年鉴》与五自治区统计年鉴计算得出；具体数据见本章附表 4－2。

---

① 《中国税务年鉴》。

② 国际货币基金组织（IMF）一般采用此种口径度量税收负担。

1. 1949～1979 年统收统支财政体制阶段

这一阶段我国实行高度集中的计划经济体制，相应的财政体制以集权为主要特征。1950 年，全国实行"统收统支"财政政策，而民族地区实行具有一定自治权的统收统支和部分地方税收自治管理；1952 年的《中华人民共和国民族区域自治实施纲要》与 1958 年的《民族自治地方财政管理暂行办法》为民族地区财政管理体制奠定了法律基础；1963 年的《关于改进民族自治地方财政管理体制的报告》和《关于改进民族自治地方财政管理体制的规定（草案）》明确提出了民族自治地方财政预算管理办法，其实际上赋予民族自治地方在一定权限范围内的税收自治管理权。该阶段支持民族地区发展的主要税收政策包括：一方面，对民族地区及少数民族生产生活用品的生产与贸易实行税收优惠政策，典型的有 1951 年边境贸易与 1963 年"三项照顾"税收减免、1953 年恢复农业生产的税收减免等；另一方面是，国家生产布局中民族地区工业建设税收优惠，典型政策有 1958～1962 年向西北、西南民族地区迁去重点骨干企业与大型工程项目等。

这一阶段民族地区大口径宏观税负一直低于全国地方平均水平且变化趋势基本相同，自 1952 年逐渐上升到 1960 年的最高点（全国地方为 39.28%、民族地区为 24.60%）后，逐渐下降到 1968 年的最低点（全国地方 20.97%、民族地区为 9.75%）；然后上升到另一个极点，即 1978 年全国地方的 31.24% 与民族地区的 16.28%。其中，1973 年民族地区（11.32%）与全国地方（29.76%）差距最大是 18.44 个百分点；1967 年差距最小是 11.08 个百分点；差距中位数是 14.15 个百分点；差距平均数是 14.33 个百分点。

2. 1980～1993 年的包干制财政体制阶段

这一阶段我国财政体制转为"包干制"，但中央保留原来对民族地区财政所做的特殊规定。该阶段主要税收政策：其一，延续上阶段保障民族地区生产、生活、脱贫、贸易与资源开发等方面的税收减免；其二，因国家区域发展战略包括补偿民族地区的财政收入政策，如 1980 年中央对五自治区与视同民族地区三省实行收入全部留用，支出大于收入部分由中央财政补贴；其三，开始出台惠及民族边境地区的对外开放税收优惠政策，如 1992 年对乌鲁木齐等 18 个边境地区实行涉外税收优惠政策等。我国 1984 年通过并实施的《中华人民共和国民族区域自治法》中的多项条款规定民族自治地方享有上级财政对其照顾、扶持、补助等优惠政策。在此期间，民族地区财政自主管理具备正式法律与制度基础。

这一阶段民族地区与全国地方的大口径宏观税负变动趋势有较大不同。民族地区大口径宏观税负由 1980 年的 9.00% 迅速降到最低点，即 1981 年的 6.96%，之后年份逐渐升到最高为 1987 年的 9.95%，自 1985 年（8.74%）至 1993 年（9.73%）基本上是在 9.00% 上下小幅度波动；而全国地方的大口径宏观税负呈相对稳步下降趋势，1979 年最高为 28.38% 逐步下降到 1993 年的 12.56%。其中，1981 年民族地区与全国地方数据差距最大是 17.22 个百分点（全国地方为 24.18%、民族地区为 6.96%）；1993 年差距最小是 2.83 个百分点；差距中位数是 9.77 个百分点；平均数是 10.26 个百分点。

3. 1994～2015 年的分税制财政体制阶段

1994 年的分税制改革在我国财政发展进程中具有里程碑意义，[①] 同时是税收制度的全面改革，基本按照"统一税法、公平税负、简化税制、合理分权"的原则规范税制。这一阶段对民族地区发展的财政政策显著表现为中央加大了对民族地区的转移支付力度，除继续保持在扶贫、民族用品与民族贸易等相关方面支持民族地区发展的税收政策外，相关税收政策更多表现在主要惠及民族地区。其一是，国家西部大开发战略中主要惠及民族地区的税收优惠政策（自 1999 年开始）；其二是，与资源税改革（自 2010 年新疆试点原油、天然气从量计征改为从价计征；2016 年河北试点水资源税改革等）相关的税法修正；其三是，在国家发展战略中继续推进民族地区对外开放的税收政策，如 1994 年民族地区改革开放试点、2015 年对中哈霍尔果斯国际边境合作中心的税收政策支持。

在这一阶段，民族地区与全国地方的大口径宏观税负自 1995 年至 2007 年的变动趋势大体相同而略有不同，自 2008 年至 2015 年两者变动趋势基本相同，且差距呈缩小趋势。民族地区由 1994 年的 7.83% 跳跃式上升到 2007 年的 13.78%，自 2008 年（12.38%）后基本上逐步升高到 2015 年的 18.06%；而全国地方除 1994 年（11.16%）到 1995 年（10.18%）下降近 1 个百分点外，自 1995 年起基本上是一直稳步上升到 2015 年的 22.21%；2008 年差距最大是 6.81 个百分点，2001 年差距最小是 0.57 个百分点，差

---

① 分税制同时着重建立税收返还制度，1995 年开始逐步完善财政转移支付制度；1998 年开始探索公共财政制度。

距中位数是 4.23 个百分点，差距平均数是 3.88 个百分点。总之，就三阶段 64 年的大口径宏观税负差距整体变动而言，两者差距在缩小，民族地区大口径宏观税负一直低于全国地方平均水平。

4. 中央支持民族地区发展的税收政策综合效果分析

这里就民族地区大口径宏观税负与经济增长率二者关系建立双变量线性回归模型，[①] 为能够说明中央支持民族地区税收政策的宏观综合效果，采用全国地方相同数据与民族地区数据实证结果进行比较。实证结果表明：民族地区的大口径宏观税负与经济增长率之间为负相关关系（-0.598），在 T 检验 0.1 显著性水平下及 0.1 概率水平下通过检验；而全国地方的相关系数（-0.605）在 0.001 显著性水平与 0.001 概率水平下通过检验。相比全国地方大口径宏观税负与经济增长率呈显著负相关，民族地区是微弱负相关；或言，大口径宏观税负对民族地区经济增长率的副作用基本不大；而全国地方大口径宏观税负对经济增长具有显著负效应。

综上比较，可以得出：民族地区宏观税负明显轻于全国地方平均水平，说明中央支持民族地区税收优惠政策确实具有综合减轻民族地区宏观税负的效果。

二　资源税改革下民族地区税收结构差异性效果分析

（一）税收结构差异说明资源税改革有增加民族地区地方级财政收入的效果

1. 资源税改革后民族地区资源税收入增长显著

2009 年，我国研究决定改革 1994 年以来的从量定额征收资源税，2010 年在新疆试点。2011 年 11 月 1 日，在全国范围内将原油、天然气的资源税改为从价计征；2014 年改革煤炭资源税；2015 年改革稀土、钨、钼的资源税；2016 年 7 月 1 日全面推进资源税改革，其主旨在于促进资源节约、集约利用和环境保护，推动转变经济发展方式，规范资源税费制度。另外，对于拥有资源禀赋的资源输出地，还有增加地方财政收入功能，典

---

① $y = bx + c + u$，其中 y 是以上年为 100 按当年不变价格计算的当年地区生产总值增长率，x 是大口径宏观税负，样本 $n = 63$（从 1953 年至 2015 年），实证数据结果由 Eviews 8.0 计算得出。

型的就是民族地区。现从地方级税收结构分析资源税对民族地区收入的增加效应，详见图 4－3。

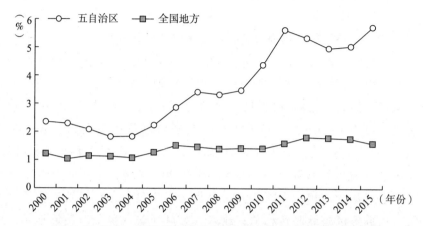

图 4－3　2000～2015 年资源税占地方级税收入比重变化趋势

资料来源：由 2001～2016 年《中国税务年鉴》计算得出；具体数据见本章附表 4－3。

从图 4－3 可知，民族地区资源税占比（资源税占地方级税收收入的比重）的上升趋势明显，由 2000 年的 2.36％ 波动式上升到 2015 年的 5.74％；而全国地方的资源税占比变化不到 1 个百分点，变化不大。具体到每一自治区，除西藏（资源税占比由 2000 年的 3.35％ 降低到 2015 年的 1.04％）外，2015 年内蒙古、宁夏、新疆三自治区的资源税占比分别为 8.02％、5.19％、7.70％；广西由 2000 年的 0.87％ 平缓上涨到 2015 年的 1.75％，随着我国资源税扩围（如 2016 年在河北省进行水资源税试点），广西资源税占比也将提高。所以，资源税改革对增加民族地区地方级财政收入的效果较为明显。

2. 资源税增收显著改变民族地区地方级税收结构

在以商品劳务税与所得税为双主体的地方级税收收入结构中，增值税与营业税占比在 2000 年、2012 年、2015 年一直稳居前三位，这一点上民族地区与全国地方的变化趋势基本相同。民族地区企业所得税占比排序为第 3 或第 4，个人所得税相对较低。2012 年民族地区地方级税收收入中资源税收入占比是 5.35％，首次超过个人所得税占比（4.84％）；2015 年民族地区资源税占比为 5.74％，前进一位，排序第五，具体见表 4－1。

表 4 - 1 民族地区重要税种占地方级税收收入比重及其序位

单位：%

	2000 年		2012 年		2015 年	
	五自治区	全国地方	五自治区	全国地方	五自治区	全国地方
营业税	1（28.47）	1（28.88）	1（33.40）	1（32.85）	1（29.37）	1（30.85）
增值税	2（19.62）	2（20.25）	2（14.06）	3（14.24）	2（14.04）	2（16.14）
企业所得税	3（12.97）	3（17.62）	3（13.37）	2（16.00）	4（9.54）	3（15.15）
个人所得税	4（8.94）	4（4.06）	7（4.84）	7（4.92）	8（4.28）	7（5.50）
资源税	9（2.23）	12（1.13）	6（5.35）	11（1.81）	5（5.74）	11（1.59）

注：括号外面的数字是各税种对地方级税收收入贡献率排序，括号内数据是该税种占地方级税收收入的比重。其中 2012 年民族地区排序第 4、第 5 的分别是耕地占用税（6.21%）、城市维护建设税（5.90%），2012 年全国地方排序第 4、第 5 的分别是城市维护建设税（6.20%）、契税（6.07%）；2015 年民族地区排序第 3 的是耕地占用税（13.27%），全国地方排序第 4 的是契税（6.22%）。

资料来源：由 2001 年、2013 年、2016 年《中国税务年鉴》中的数据计算得出。

根据数据统计，全国地方的资源税占比基本排第 11 或第 12 位；而在民族地区地方级税收结构中，资源税占比 2000 年位列第 9，2012 年位列第 6，2015 年位列第 5。由此可得资源税对民族地区地方级税收收入贡献率较为瞩目，已经与全国地方的税收结构形成显著差异。但是，民族地区主体税种仍旧是商品劳务税与所得税（主要是企业所得税），2000 年、2012 年、2015 年仅增值税、营业税、企业所得税与个人所得税 4 个税种在民族地区地方级税收收入中的占比就已在 57% 以上，[①] 与全国地方平均水平（65% 以上）趋势相同。其余 11 个税种占比不到一半。商品劳务税类和所得税类最能够反映民族地区的产业发展状况；而资源税类、财产税类与行为税类[②]要发展成为地方主体税种即便在民族地区，在我国目前的土地制度、财产制度及税收体制下还有很难、很远的一段路要走。

（二）民族地区主要税种经济增长效应的实证分析

诚然，资源环境禀赋与经济发展水平同时约束民族地区短期内仍更依赖资源型产业，在其产业结构中资源型产业贡献率相对较高，同时低技术含量、低附加值的资源型产业绝大多数处于产业链的低端，由此才突显资

---

① 从 2016 年起营业税改为增值税，中央地方各分享 50%。

② 地方税还有一个烟叶税。

源税贡献率，但是不可否认"资源税改革"确实在一定程度上增加了民族地区的本级财政收入。不可再生资源与资源耗竭性决定目前的资源税贡献率不可长期持续，通过资源税增收增加民族地区财政收入偏离资源税征税目标，且易导致民族地区政府鼓励资源型产业发展。除考虑资源税对民族地区地方级财政收入的贡献外，更为重要的是探寻资源税对民族地区经济增长的贡献与效应。

民族地区经济增长区别于全国地方的重要特点是：政府财政努力备受关注，进出口贸易贡献较为逊色，[①] 并且不能忽视中央对民族地区大力度财政转移支付的经济效应。为量化分析民族地区税收结构中主要税种的经济增长效应，这里将政府财政贡献（地方财政收入）分为"地方级税收收入"、"地方级非税收入"与"转移支付"；由于我国是以商品劳务税制和所得税制为重点的双主体复合税制体系，增值税、营业税（2016 年改增值税）、企业所得税、个人所得税仍属于民族地区主体税种，且资源税也是对地方级税收收入有主要贡献的税种之一，因此以上税种为模型变量重要选取对象。[②]

在改进索洛模型与内生经济增长模型的基础上，借鉴阿诺德的税种影响经济的广义矩阵估计方法，[③] 建立民族地区税收结构与经济增长模型为：

$$\ln y = A + \alpha \ln k + \sum_{j=1}^{7} \beta_j \ln t_j + \gamma \ln g + u(j = 1, 2, \cdots, 7)。$$

其中，因变量 y 是人均 GDP。自变量 k 是人均全社会固定资产投资，t_1 是人均增值税，t_2 是人均营业税，t_3 是人均企业所得税，t_4 是人均个人所得税，t_5 是人均资源税，t_6 是人均其他税收，t_7 是人均非税收入，g 是人均转移支付，且被解释变量与解释变量为同期（样本 $n = 16$）；实证数据结果由 Eviews 8.0 计算得出，详见表 4 - 2。

① 张冬梅：《中央支持民族地区经济政策体系研究》，社会科学文献出版社，2014，第38页。

② 近几年来，城镇土地使用税、耕地占用税和土地增值税对民族地区地方级财政收入贡献相比其他税种贡献更大，但是这三种税同时具有财产税类、行为税类与资源税类的特点，所以本书将这三种税放入其他税收；城市维护建设税一般归为行为税，但是根据增值税与消费税按一定比例征收又属于商品劳务税，因此本书也将其放入其他税收。

③ J. Arnold, "Do Tax Structures Affect Aggregate Economic Growth?: Empirical Evidence from a Panel of OECD Countries", *OECD Economics Department Working Papers*, No. 643.

表 4 - 2　民族地区地方级税收收入的经济增长效应模型变量参数估计与检验结果

变量	系数	标准误	T 统计量	T 显著性检验	p 概率值
A	4.988826	0.256453	19.45316	***** $(t_{0.01/2} = 3.707)$	0.0000
k	0.121418	0.075189	1.614843	** $(t_{0.2/2} = 1.440)$	0.1575
t_1	0.243125	0.058118	4.183268	***** $(t_{0.01/2} = 3.707)$	0.0058
t_2	0.212633	0.054376	3.910411	***** $(t_{0.01/2} = 3.707)$	0.0079
t_3	0.080795	0.047778	1.691073	** $(t_{0.2/2} = 1.440)$	0.1418
t_4	-0.127101	0.104429	-1.217095	* $(t_{0.3/2} = 1.134)$	0.2693
t_5	0.075048	0.053828	1.394218	* $(t_{0.3/2} = 1.134)$	0.2127
t_6	0.030175	0.035129	0.858965	——	0.4233
t_7	0.082867	0.022655	3.657736	**** $(t_{0.02/2} = 3.143)$	0.0106
g	0.045726	0.02066	2.213316	*** $(t_{0.10/2} = 1.943)$	0.0688

注：1. *****、****、***、**、* 分别表示模型回归系数双侧 T 检验结果显著性水平为 1%、2%、10%、20%、30%；人均其他税收变量没有通过检验。

2. $R^2 = 0.999867$，$F = 4996.887$，Prob（F）= 0.0000，模型方程拟合度高，显著性水平为 1%，通过检验。

资料来源：由《中国税务年鉴》（2001～2016 年）计算得出。

　　实证结果显示，民族地区经济增长与增值税、营业税均在 1% 显著性水平下正相关，p 概率值均在 0.01 以下，可以说明间接税商品劳务税（流转税）对民族地区地区生产总值增长具有显著正向作用；直接税的所得税类中，企业所得税与经济增长在 20% 显著性水平下具有较弱的正相关，个人所得税与经济增长在 30% 显著性水平下具有微弱的负相关；而资源税与经济增长在 30% 显著性水平下具有微弱的正相关；其他税收与经济增长相关性没有通过检验，不能确定两者相关性；非税收入与中央财政转移支付对民族地区发展具有较强的正向促进作用；回归模型的样本决定系数与回归方程的 F 检验结果均很好。

　　综上，资源税并没有显现出与民族地区经济增长有较强的正相关性；而与资源税类、财产税类及行为税类相比，商品劳务税类与民族地区经济发展关系更为密切，即（营改增后）增值税更能体现民族地区产业发展对经济增长的贡献；企业所得税贡献不小，但现阶段还不能与商品劳务税类相媲美。就地方税体系而言，商品劳务税与所得税同是地方税收的主要贡献税种；无论是在短期还是长期内，实现民族地区绿色共享式、有质量有效益的发展，提供民众满意的公共服务，要增强民族地区财政收入能力，大力发展辖区内比较优势产业是根本，这又回到支持民族地区税收政策调整方向上。

第二节　深化税制改革支持民族地区税收
政策调整与创新 *

自新中国成立以来，民族地区宏观税负水平一直相对较低及其主要税种经济增长效应模型实证结果说明：中央支持民族地区税收政策调整方向已经超越甄别税种税率减免的政策层面，亟须在供给侧财税体制改革基础上，进行税收权益合理配置的税制改革与政策创新，税收制度是税收政策的根本。中央支持民族地区税收政策的终极目标是提升民族地区自我发展能力，区域自我发展能力的构建是一项复杂的综合性系统工程。

一　税收权益合理配置的税制改革

（一）简政放权下中央地方税收权力合理划分

在我国实行统一税收基本制度和实行统一税法框架下，民族地区财税自治权在《中华人民共和国立法法》《中华人民共和国税收征收管理法》及各种相关税收管理规定下很难拓展发展空间；因此首先要合理划分中央与地方的税收权力，就地方政府的内在激励而言，"简政放权"无疑排在首位。税收权力简称"税权"，中央与地方政府间税权合理划分涉及激励相容的财税体制改革。其一，税收立法权①，适度下放地方税的税收立法权，对已有地方税的非涉及基本税收制度的（补充）立法权归属地方。其二，税收收益权，在地方财政支出责任重于中央支出责任的前提下，地方税收收益权相对更大较为合理，分税制税种与分享比例的划分要与央地政府间财政支出责任基本相称。如营改增的减税虽坚持不减少地方财政收入的原则，但是营业税这一地方主体税种被废除了，中央要考虑构建"给

＊　张冬梅、魏后凯：《中央支持民族地区税收政策效果评价与调整方向》，《新疆社会科学》2017 年第 6 期。

①　我国《中华人民共和国立法法》明确规定，税种的设立、税率的设定及征收管理的基本税收制度只能属于法律，由全国人民代表大会及其常务委员会行使税收制定与征管的权力。

权"的激励型分税制，如可以考虑消费税属于地方税或积极推进房产税改革。① 区域差异存在，则税源差异必然存在，为提升地方财政收入内生能力，激励地方发挥积极性与主动性就极为必要与迫切，在简政放权的供给侧财政改革背景下，一定能激励地方提升财政自主性，利用地方信息优势，用好地方税权，中央做好防止地方滥用税权的监管工作即可。

（二）税源与税入一致下区域税收利益合理分配

现行税法规定在民族地区更易导致税源与税入的背离。如跨省（自治区、直辖市）公司的源自民族地区的增值税与企业所得税因纳税地点的规定，其部分税收流入经济相对较发达的地区；不属于地方税的消费税因在零售环节征收亦如此，典型的有成品油消费税；同时我国中央对地方的税收返还进一步加重了税源与税入的背离。国内多位学者就区域税收背离与区域经济发展差距间的关系进行研究。② 因此，应修正现行税法对税种征收管理的规定，避免导致横向税收利益分配失衡，使不同地区税源与税收一致的初次税收利益分配公平，即强调源自民族地区的税收利益流入民族地区政府财政的正当性。其一，修正税法对纳税地点的规定，税收收入贡献最大的增值税（营改增）与消费税的纳税地点、注册地或居住地在经济较发达地区的企业上缴流转税的纳税地点要与税源地密切相连；其二，中央对地方税收返还相当于税收利益再分配，所以增值税与消费税返还、所得税基数返还同样要与税源地密切相关，如成品油税费改革返还一定要惠及具备资源禀赋的税源地。最为重要的是：权益合理配置的税制改革并不仅仅表现在税收初次分配与再分配所依据的公平准则上，还表现在税收法律制定全过程中保障作为各地区利益代表的税务专家、纳税人及政府官员代表得以公正、民主参与上。应坚持"税源"与"税入"一致原则，合理分配不同地方政府间税收收益，这也是对地方税收权益的尊重与保护。

---

① 构建房产税为地方税主体税种的任务更重更复杂，这涉及土地产权制度。

② 刘怡、聂海峰：《增值税和营业税对收入分配的不同影响研究》，《财贸经济》2009 年第 6 期；王蓓：《我国区域间税源背离问题及横向税收分配制度设计》，《税收经济研究》2013 年第 3 期；刘金山、何炜：《流转税税收税源背离与地区经济发展——基于消费原则的研究》，《税务与经济》2014 年第 4 期；檀怀玉：《税收区域转移与区域经济发展差距的研究》，《税收经济研究》2016 年第 5 期。

二 调整税收政策着力点在于提升民族地区自我发展能力

实际上，民族地区的发展主体依然是政府、企业与家庭，由于更多企业与家庭的发展依托竞争市场中产业的发展，并且具体税收政策要在产业发展中实施。所以，从市场角度，税收政策主要提升民族地区产业竞争能力；而从政府角度，税收政策主要提升民族地区政府公共服务能力。

（一）促进民族地区产业竞争力提升的税收政策创新

在开放市场经济中，税收竞争资本。相比中央财政转移支付，在民族地区通过减税与放权促进产业发展，资源配置更有效率。一方面，依据国家区域发展战略在民族地区布局享受中央税收优惠的增长极。我国实践证明：享受中央税收优惠的经济特区是区域乃至全国经济发展的重要力量。相比对东部发达地区如经济特区的"助强"，中央在民族地区设立经济特区的"扶弱"更具正义性；在国家"一带一路"倡议下，在区位独特的民族地区设立经济特区、新区乃至开发开放实验区，形成民族地区经济增长极，如2010年国务院批准的新疆喀什和霍尔果斯。其一，应以更大力度的税收政策积极支持广西东兴、内蒙古满洲里等重点开发开放试验区；其二，将民族地区重要口岸建设成为保税港区，如广西钦州保税港区，以及广西防城港、北海港口岸和内蒙古的阿尔山、满洲里、二连浩特等重点口岸；其三，民族地区如乌鲁木齐、南宁、银川等的经济技术开发区应享受更优惠的税收政策。中央税收优惠政策的大力度倾斜民族地区特区与新区，及各种基础设施建设的跟进，将尽快形成国内企业进军东南亚、中亚、南亚、西亚及欧洲国际市场的跳板，吸引外商和国内资本投资商贸、仓储、口岸、设施等建设，这些增长极将发挥"点"的辐射作用带动轴发展。① 另一方面，区域差异性税收政策激励民族地区县域特色优势产业涌现。在税权适度下放框架下，地方政府基于信息优势制定提升辖区特色优势产业竞争力的可操作税收政策，创新成本更低。民族地区依据《中华人民共和国民族区域自治法》充分发挥财政自治权，用足用活用好地方税的税目税率调整权、税收减免权、税收管理权，制定激励型税收政策，促进

---

① 2014 年国务院 62 号文件、2015 年 5 月的 25 号文件及国务院 2007 年 12 月 26 日的国发 40 号文件，规定经济特区和新区享受特殊的税收优惠政策。

县域特色优势产业发展。

（二）促进民族地区政府公共服务能力提升的税收政策创新

一方面，自我发展能力框架下的政府公共服务能力应以财政收入能力为基础，要通过构建地方主体税种增强民族地区财政收入能力。其一，大力发展民族地区比较优势产业是根本，实证结果启示适度增加（或不降低）商品劳务税这一间接税与大幅度减少直接税（主要是企业所得税，尤其典型的是个人所得税）是最直接有效的税收政策手段，即将间接税优惠改为直接税优惠，表4-1说明商品劳务税与所得税是民族地区地方税收主要贡献力量，因此增加与经济增长正相关的商品劳务税优惠会促进经济增长，所得税优惠将减轻民族地区税收负担，税率虽降低，但税基将扩大；其二，民族地区应规范地方级收入的费改税，差异性民族文化的差异行为必须形成民族地区政府的差异性地方性收费，就政府治理而言，"税"比"费"法治性更强；其三，在民族地区率先加大资源税扩围力度，民族地区是全国生态屏障，要制定促进资源节约与环境保护的税收政策，重点是资源税类，具体包括资源税、城镇土地使用税和耕地占用税，要合理调节资源级差收入，促进自然资源合理开发与可持续发展，更重要的是使税收功能着眼于生态恢复与环境保护。资源税扩围后，民族地区必将提高资源税税收收入，为避免以增加财政收入为目的的资源产业低效率发展，应保证资源税收入专款专用或使部分比例的收入用于生态恢复与环境保护，同时清理相关资源收费或基金变为税。

第三节　资源税经济效应评析与深化改革
——以新疆为例[*]

现行资源税[①]是对在我国境内从事应税矿产品开采和生产盐的单位和个人征收的一种税，且目前我国资源税正处于税目（如水资源）扩围试点与深化改革推进阶段。资源税改革不仅涉及相关利益主体的经济利益格

---

[*]　张冬梅、王婷、刘峰：《资源税目标定位再思考——以新疆为例》，《新疆社科论坛》2018年第6期。

[①]　广义资源税是对各种自然资源开发、使用所征收的一种特别税类，包括资源税、土地使用税和耕地占用税；这里是指狭义资源税，即一个税种。

局，还是促进生态文明建设的重要税种之一。十九大报告明确指出应坚持可持续发展理念，坚持人与自然和谐共生，加快生态文明体制改革，建设美丽中国，由此就要着力解决资源与环境问题，依托公共财政职能发挥税收作用是重要途径，资源税承载着重要的生态功能。资源税深化改革不仅是税制改革的突破性进展，而且是建立现代财政制度的重要举措，同是现代化经济体系建设的重要内容之一。1984 年国务院颁布《中华人民共和国资源税条例（草案）》，表明我国资源税制度初步建立；1993 年国务院重新修订并颁布的《中华人民共和国资源税暂行条例》与财政部同年颁布的《中华人民共和国资源税暂行条例实施细则》标志着资源税制度处于改革与完善阶段；2017 年财政部与国家税务总局起草的《中华人民共和国资源税法（征求意见稿）》意味着资源税制度步入深化改革与法制建设阶段。未来资源税制度如何构建及其税收职能如何发挥是资源税深化改革要解决的重要的系统性问题。

2016 年 7 月 1 日，我国在河北省进行水资源税改革试点；2017 年 12 月 1 日水资源税改革试点扩大到 9 个省（区、市）。① 从水资源税改革开始到对其逐步有序推进，各界掀起对我国矿产资源税从价计征改革历程的追忆与对其效果的探寻。国务院批准 2010 年 6 月 1 日起在新疆率先实施原油、天然气资源税从价计征改革（税率为 5%），同年 12 月 1 日扩大到整个西部地区；2011 年 9 月，国务院重新修订与发布了《中华人民共和国资源税暂行条例》，同年 11 月 1 日起在全国范围内实施原油、天然气资源税从价计征；经国务院批准，自 2013 年 1 月 1 日起在湖南、湖北两省对部分金属矿和非金属矿资源税施行从价计征改革试点；② 2014 年 12 月 1 日起实施煤炭从价计征改革方案；2015 年 5 月 1 日起对稀土、钨、钼的资源税由从量定额计征改为从价计征。为促进资源节约集约利用，加快生态文明建设，2016 年 7 月 1 日我国全面推进资源税改革，扩大资源税征收范围，逐步将水流、森林、草场、滩涂等自然生态资源纳入资源税征收范围。如果存在超越自然资源承载力的不合理开发，那么可再生资源（如水流、森

---

① 根据财政部、税务总局、水利部印发的《扩大水资源税改革试点实施办法》（财税〔2017〕80 号），9 个省（区、市）分别为北京、天津、山西、内蒙古、河南、山东、四川、陕西、宁夏。

② 《财政部国家税务总局关于湖南和湖北省实施部分资源品目资源税从价计征改革试点的通知》（财税〔2012〕87 号）。

林、草原等）也将变为不可再生资源，为避免自然资源耗竭，资源税的可持续发展定位更为重要与紧急，并承担维护公平性与持续性的重任。新疆是石油、天然气与煤炭等资源储量富集区，三种矿产资源基础储量在全国的序位分别为第一、第二、第三，分别占全国的 17.19%、19.64% 与 6.5%。① 自然推演出资源税是新疆税收收入的重要税种之一，并且在石油、天然气从价计征改革当年与后续短期，资源税增加新疆乃至西部民族地区财政收入及促进区域经济协调发展的功能已成为学界与政界的共识。相对中长期的新疆资源税经济效应究竟如何评价？逐步有序扩围的水流、森林、草场、滩涂等可再生资源税目标究竟如何定位？资源税改革究竟应该如何借鉴不可再生矿产资源的征税原则？新疆资源税经济效应评析对指引该税种深化改革具有重要的参考意义与价值。

国外较多学者认为对自然资源征（各种）税主要是考虑保护自然资源及让公众受益，② 影响久远的豪泰林规则（Hotelling rule）指出"税收可以改变可耗竭资源在时间上的分布"，即"时间倾斜"。③ 随着对世界能源、矿物、森林等自然资源承载力约束认识的加深与价格上涨等，资源型产业或资源基础后续型产业获利越来越高，出现对超额利润投资项目征税体系进行调整的问题，对超额利润的事后调整是利用暴利税（yield tax）的公司混合所得税制还是利用变动税率的资源租金税（resource rent tax），学界对此存有争论。④ 比较不同种税收对可耗竭资源的经济后果发现，对不可再生资源征税会导致复杂的跨期回避行为，⑤ 不同税种皆因扭曲价格而影响资源开发路径，随后涌现了更细化的自然资源相关税收的文献，如对矿业资本

---

① 其中，天然气四川位列第一，占比为 24.36%；煤炭，山西与内蒙古位列第一（37.76%）与第二（20.20%）。《中国统计年鉴—2016》，第 234 页。

② L. S. Murphy, "Statement of L. S. Murphy, U. S. Forest Service Concerning Senator Vaughan's Proposal to Levy a Severance Tax Upon All Natural Resources", *Proceedings of the Annual Conference on Taxation under the Auspices of the National Tax Association*, Vol. 15, No. 18 – 22, (Sep., 1922), pp. 447 – 450.

③ Harold Hotelling, "The Economics of Exhaustible Resources", *Journal of Political Economy*, Vol. 39, No. 2, 1931, pp. 137 – 175.

④ Ross Garnaut and Anthony Clunies Ross, "Uncertainty, Risk Aversion and the Taxing of Natural Resource Projects", *The Economic Journal*, Vol. 85, No. 338, 1975, pp. 272 – 287; H. F. Campbell and R. K. Lindner, "A Model of Mineral Exploration and Resource Taxation", *The Economic Journal*, Vol. 95, No. 377, 1985, pp. 146 – 160.

⑤ Villamor Gamponia and Robert Mendelsohn, "The Taxation of Exhaustible Resources", *The Quarterly Journal of Economics*, Vol. 100, No. 1, 1985, pp. 165 – 181.

边际有效税率、石油收入税收效率及对不可再生资源进行动态征税等的研究。① 进入 21 世纪，对资源税的研究更广泛，其拓展到共享规则文化下对自然资源的保护，相关研究认为征收隐性资源税起到促进可持续性发展的作用；② 另一令人瞩目的是与经济学领域资源稀缺性相悖的 "自然资源诅咒"（natural resource curse）③，如盛产石油的尼日利亚、盛产钻石的塞拉利昂、盛产石油的苏丹、盛产石油和钻石的安哥拉等仍旧是世界上较贫穷的国家。政治经济学将此解释为资源租金（税）改变政治领袖的激励机制，即对资源租金（税）收入增加的依赖会对其他生产与创新活动产生挤出效应，④ 从而上升到政治资源诅咒（political resource curse），即降低政治民主的可能性。⑤ 因此，在国际上，资源税改革属于政治与经济双重领域的制度建设，且对可持续发展为自然资源管理理念基本达成共识。⑥ 近 10 年来，国内关于资源税改革研究的文献相对较多，学界基本围绕资源税三方面的作用展开：其一是明确自然资源有偿使用，这属于生态补偿机制部分；⑦

---

① John R. Livernois, "Marginal Effective Tax Rates for Capital in the Canadian Mining Industry: An Extension", *The Canadian Journal of Economics / Revue Canadienne d'Economique*, Vol. 22, No. 1, 1989, pp. 184 – 194; Lei Zhang, "Neutrality and Efficiency of Petroleum Revenue Tax: A Theoretical Assessment", *The Economic Journal*, Vol. 107, No. 443, 1997, pp. 1106 – 1120; Petter Osmundsen, "Dynamic Taxation of Non – renewable Natural Resources under Asymmetric Information about Reserves", *The Canadian Journal of Economics / Revue canadienne d'Economique*, Vol. 31, No. 4, 1998, pp. 933 – 951.

② Rabindra Nath Chakraborty, "Sharing Culture and Resource Conservation in Hunter – Gatherer Societies", *Oxford Economic Papers*, Vol. 59, No. 1, 2007, pp. 63 – 88.

③ 资源租金规模的扩大会导致经济总增加值的下降。

④ Francesco Caselli and Tom Cunningham, "Leader Behaviour and the Natural Resource Curse", *Oxford Economic Papers*, Vol. 61, No. 4, 2009, pp. 628 – 650.

⑤ David Wiens, Paul Poast and William Roberts Clark, "The Political Resource Curse: An Empirical Re – evaluation", *Political Research Quarterly*, Vol. 67, No. 4, 2014, pp. 783 – 794.

⑥ Jonah M. Williams, "A Systematic Evaluation of Environmental Discrimination with Regard to Sustainability Initiatives in India, How Community Based Natural Resource Management Theory Could Offer a Practical Solution to Promoting Equitable Access to Sustainability", *Consilience*, No. 16, Iss. 1, 2016, pp. 64 – 73; Bernard Arogyaswamy, "Energy Sustainability and Pope Francis' Encyclical on Care for Our Common Home National Policies and Corporations as Change Agents", *Consilience*, Vol. 18, Iss. 2, 2017, pp. 1 – 28.

⑦ 王希凯：《论矿产资源作为生产要素的权益所得——不能用资源税替代资源权益补偿》，《中国国土资源经济》2011 年第 5 期；李冬梅、寇铁军：《我国煤炭资源税计征方式改革探析》，《当代财经》2014 年第 11 期；欧阳天健：《论矿产资源补偿费与资源税法律制度的再协调》，《中国人口·资源与环境》2016 年第 1 期；赵亮、任虹、张挺东：《建立以资源税为基础的矿山生态补偿机制》，《环境经济》2017 年第 5 期。

其二是优化资源开采地收入结构，协调区域经济发展，尤其是利于缩小西部民族地区与其他地区的发展差距；[1] 其三是明确可持续发展定位与促进环境保护。[2] 政界期待资源税改革实现多元目标：促进资源合理开发利用，调节资源开发者的级差收入，体现国有资源有偿使用原则，支持经济社会可持续发展；进一步理顺资源税费关系，且应当与完整覆盖公共资源的公共财政预算体系相配套，防控公共风险；并承担调整经济结构与转变发展方式的功能，促进经济发展与资源环境相协调。[3] 综上，国内外学界理论与政界实践均给我国当前推进资源税改革提供了参考与借鉴，在十九大精神的引领下，在中国新时代与新经济体系中，资源税制度深化改革必然要服务于贯彻落实新发展观与可持续发展战略，且仍有继续拓展与不断创新的空间。

一 地方级税收视角下的新疆资源税经济效应评析

（一）资源税改革前后新疆财政收入增长效应评析

在分税制改革前三年，新疆资源税（绝对量）及其在新疆税收总额中的比重（相对量）迅速攀升，1991～1993 年绝对数额分别为 346 万元、1262 万元与 4800 万元，相对数额分别为 0.13%、0.44% 和 1.32%。[4] 我国分税制财政管理体制税种划分规定：除海洋石油、天然气资源税收入归中央外，其他资源税收入全部归属地方，因此，自 1994 年至今，新疆资

① 徐晓亮：《资源税改革能调整区域差异和节能减排吗？——动态多区域 CGE 模型分析》，《经济科学》2012 年第 10 期；徐晓亮：《资源税负提高能缩小区域和增加环境福利吗？——以煤炭资源税改革为例》，《管理评论》2014 年第 7 期；王克强、邓光耀、刘红梅：《基于多区域 CGE 模型的中国农业用水效率和水资源税政策模拟研究》，《财经研究》2015 年第 3 期；刘铁：《资源税从价计征改革对陕西区域经济的影响》，《当代经济》2017 年第 8 期。

② 吴艳芳：《论可持续发展战略与资源税的"绿色"调整》，《财会研究》2007 年第 1 期；杨志安：《现行资源税与经济可持续发展的偏差及其矫正》，《税务研究》2008 年第 11 期；刘立佳：《基于可持续发展视角的资源税定位研究》，《资源科学》2013 年第 1 期；刘广生、曹明晶：《基于可持续发展对油气资源税政策调整与改革取向的分析》，《经济体制改革》2014 年第 3 期。

③ 贾康：《资源税改革时机已到，可促相关经济关系优化调整》，《中国财政》2010 年第 10 期；刘尚希：《资源税改革应定位在控制公共风险》，《财会研究》2010 年第 9 期；楼继伟、张少春、王保安：《深化财税体制改革》，第 180 页。

④ 税收数据源自 1992～1994 年《中国财政年鉴》，其中 1992 年《中国财政年鉴》中的税收数据只有工商税收类、农牧业税和耕地占用税类及企业所得税，资源税在工商税收类之中。

源税全为地方级税收①，属于新疆地方财政收入。

1. 分税制改革以来新疆资源税收入呈先升后降态势

新疆资源税绝对量呈现先迅速攀升后略有下降趋势，由 1994 年的 0.81 亿元上升到 2014 年的 78.17 亿元的峰值，之后两年皆下降，2016 年下降到 52.62 亿元（见图 4-4）。图 4-5 中是新疆资源税相对量（资源税税收收入/地方级税收收入，或称"资源税占比"），自 1994 年至 2009 年，新疆资源税占比基本在 4% 上下浮动，而在改革试点当年（2010 年）这一

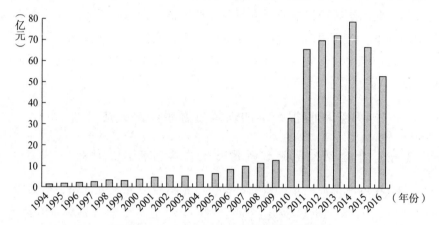

图 4-4　1994～2016 年新疆资源税收入

资料来源：1995～2017 年《中国统计年鉴》及《新疆统计年鉴》。

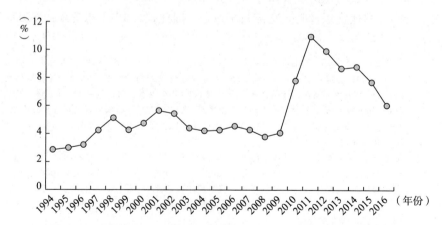

图 4-5　1994～2016 年新疆资源税收入在地方级税收收入中的比重

资料来源：1995～2017 年《中国统计年鉴》。

---

① 地方级税收与中央级税收构成全国税收总收入；地方级税收是指归属地方政府财政收入的税收收入，包括地方税与（中央地方）共享税的地方政府所分享部分。

占比迅速提高到 7.80%，2011 年提高到 10.96% 的峰值，之后（除 2014 年外）基本每年以 1 个百分点左右的速度下降，2016 年为 6.05%。此外重点分析从价计征改革年份，新疆资源税无论是绝对量还是相对量确实在 2010 年与 2011 年猛增，临近的 2012～2014 年绝对量"温和"增加，但是相对量并未呈现稳增趋势，反而呈现下降趋势，且在 2015 年与 2016 年两年下降幅度较大，2016 年与最高值年份相比下降了 4.91 个百分点。

2. 2000～2016 年新疆地方级税收结构变化显著

在贡献地方级税收收入的税种[①]中，新疆资源税由 2000 年的第 7 位上升到 2015 年的第 4 位；但是对全国而言，基本没有影响，其占比一直不到 2.00%（见表 4 - 3）。

表 4 - 3　新疆及全国地方级税收结构中重要税种贡献率及其排序

单位：%

	2000 年		2005 年		2010 年		2015 年	
	新疆	全国地方	新疆	全国地方	新疆	全国地方	新疆	全国地方
增值税	21.72 (2)	20.25 (2)	30.10 (2)	21.83 (2)	18.09 (2)	15.89 (2)	16.33 (2)	16.14 (2)
营业税	31.52 (1)	28.88 (1)	33.41 (1)	33.86 (1)	36.34 (1)	33.65 (1)	30.77 (1)	30.58 (1)
企业所得税	8.42 (4)	17.86 (3)	5.31 (5)	14.41 (3)	9.61 (3)	15.44 (3)	10.72 (3)	15.15 (3)
个人所得税	10.87 (3)	9.06 (4)	6.53 (4)	6.92 (4)	6.58 (6)	5.92 (5)	6.45 (5)	5.50 (7)
资源税	4.35 (7)	1.13 (12)	4.26 (7)	1.17 (9)	7.80 (4)	1.28 (12)	7.70 (4)	1.59 (11)

注：括号外数据是该税种占地方级税收收入的比重，即贡献率；括号中数字是各税种对地方级税收收入贡献率排序。

资料来源：由 2001 年、2006 年、2011 年与 2016 年的《中国统计年鉴》计算得出。

在 2016 年全面推进"营改增"的情况下，新疆的增值税、营业税、企业所得税与个人所得税对地方级税收收入的贡献率依次排名前四，分别

---

① 不包括"其他税收"，《中国税务年鉴》列出增值税、营业税、企业所得税、个人所得税、资源税、固定资产投资方向调节税、城市维护建设税、房产税、印花税、城镇土地使用税、土地增值税、车船税、烟叶税、耕地占用税、契税，小计 15 个税种；《中国统计年鉴》列出 14 个税种，固定资产投资方向调节税未列出。

为 29.94%、13.28%、11.14% 与 7.04%，而资源税（6.04%）在耕地占用税（6.12%）之后，排第 6。[①] 由表 4-3 及以上数据可得，资源税仍是新疆地方级税收的重要税种之一，对地方财政收入贡献较大，但是无法与主体税种（如增值税与企业所得税）的贡献相比。尽管在改革试点年份及紧邻试点年份，即短期内，资源税贡献率陡升到第 4 位，但是已经呈现下降趋势。因此，长期而言，资源税在增加新疆财政收入方面还远不能与主体税种起到同样重要的作用，把资源税作为新疆乃至民族地区地方税系主体税种的设想是不现实的。

（二）资源税改革前后新疆产业结构调整效应评析

一般而言，政府征税将提高消费者支付价格与生产者得到的价格；税收对产业结构的调整主要是通过税负归宿与供求弹性对市场的共同作用实现的；换言之，在其他条件不变的情况下，征税直接影响产品的价格与产量，从而影响产业发展及产业结构演变。

1. 2000~2015 年新疆矿产品价格与产量的变化

无论是从量税还是从价税，在开采环节征收的资源税对产业结构的调整直接体现在对矿产品价格与供给量的影响上，本部分重点分析新疆禀赋资源石油天然气与煤炭的价格与产量在资源税改革前后是否有显著变化。

（1）资源税改革对新疆矿产品价格的影响

首先，分析新疆石油天然气业产品价格在改革起始与临近年份的变动。实施 7 个月从价计征的 2010 年新疆与全国石油天然气产品价格与 2009 年相比暴涨，新疆上涨 41.6%，比全国上涨幅度多 3.8 个百分点（当然这也与 2009 年石油天然气产品价格下跌幅度较大有关）。全年实行从价计征的 2011 年，新疆与全国仍继续上涨 20% 多。2012 年进入稳定期，新疆与全国的石油天然气产品价格与上年比几乎没有太大变化。后续年份，石油天然气业产品价格逐步下降，尤其 2015 年下降幅度较大。其次，全国性煤炭从价计征改革从 2014 年 12 月 1 日起开始实施，然而（与 2014 年相比）2015 年新疆煤炭业产品价格不升反降，新疆下降 5.8%，全国下降 14.7%；2005~2012 年，新疆煤炭业产品价格一直上涨，其中 2008 年价格涨

---

① 《中国统计年鉴—2017》，第 208 页。地方合计的增值税、营业税与企业所得税占比排前三，分别为 29.00%、15.72% 与 15.67%；个人所得税（6.24%）在契税（6.65%）之后，资源税（1.42%）排第 12。

幅（与上年相比）最高为 29.2%，自 2013 年起煤炭产品价格开始下跌；全国情况与新疆基本相同，只是煤炭业产品价格上涨到 2011 年开始下跌。最后，就与资源税密切相关的采掘业①产品价格变动而言，新疆与全国的变动趋势基本一致，其中较为显著的是，2009 年是价格增长中的谷底，2010 年是谷顶，2012 年及以后基本是持续下降，2015 年价格下降更为猛烈（见表 4-4）。

表 4-4　2005~2015 年新疆矿产品价格指数变化

年份	石油天然气业		煤炭业		采掘业	
	新疆	全国	新疆	全国	新疆	全国
2005	130.5	129.9	109.4	123.2	136.0	125.8
2006	122.4	122.0	113.8	105.0	118.4	114.1
2007	104.9	102.0	112.5	103.8	106.1	103.8
2008	100.9	122.1	129.2	128.7	119.4	123.2
2009	80.3	66.0	107.6	101.9	73.1	84.2
2010	141.6	137.8	104.0	110.0	151.9	122.2
2011	123.6	124.5	103.1	110.2	127.9	115.4
2012	99.8	99.6	103.1	97.0	97.9	97.6
2013	96.5	95.8	92.9	88.7	95.4	94.3
2014	95.9	96.6	94.3	89.0	95.9	93.5
2015	67.3	62.7	94.2	85.3	65.2	80.3

注：以上年价格为 100。

资料来源：新疆的"石油天然气业"与"煤炭业"的数据源自《新疆统计年鉴》"工业品出厂价格分类指数"表中"按工业部门分"的"石油工业"与"煤炭与炼焦工业"；全国的"石油天然气业"与"煤炭业"的数据源自《中国统计年鉴》"按工业行业分工业生产者出厂价格指数"表中的"石油天然气开采业"与"煤炭开采业和洗选业"，采掘业数据源自《新疆统计年鉴》与《中国统计年鉴》的"工业生产者出厂价格分类指数"表中"生产资料"的数据。

　　总之，资源税从价计征改革仅对石油天然气业产品价格在改革起始与临近年份有显著影响，而对煤炭产品并没有产生价格上涨影响；而且，无论是石油天然气产品，还是煤炭产品，它们都与采掘业产品价格变化大致相同；说明资源税从价计征改革并不必然提高矿产品价格，尤其是矿产品长期价格。因此得出，资源税改革对价格变动仅在短期内有影响，在长

---

① 采掘业还包括黑色金属矿采选业、有色金属矿采选业、非金属矿采选业等，自 2015 年 5 月 1 日起，一些其他矿产品（稀土、钨、钼等）的资源税由从量定额计征改为从价定率计征。

期内其影响微弱甚至没有，决定矿产品价格变化更为重要的因素仍然是市场需求、供给弹性和产业发展趋势。

（2）资源税改革对新疆矿产品产量的影响

产业组织理论表明企业的产量决策主要由价格、市场需求与市场结构决定。我国矿产品的原材料绝大多数属于资源型国有资产，所以我国企业的产量决策还与政府政策有关。本部分分析在资源税改革前后，新疆矿产品产量的变动。

首先，2001～2015 年，新疆天然原油产量较为稳定，与上年相比，2009 年产量下降最多（－7.45%），2014 年产量上升最多（8.16%），2010 年与 2011 年新疆天然原油产量与峰值年份相比没有显著变化。[①] 其次，新疆天然气产量陡增年份是 2005～2007 年，增长率最值年（2005 年）增长率为 85.53%，在改革次年天然气产量下降（－5.81%）较明显，数据呈现出仅在此年资源税显现了产业调整效应，即通过天然气价格上涨效应产生使产量下降作用；而其他年份产量同比增长率较为正常。最后，煤炭改革（仅实施一个月从价计征）起始年（2014 年）的新疆原煤产量与上年相比大幅度减少（－17.03%），用理性预期解释资源税产业调整效应也较为合理，但是全年实行从价计征改革的 2015 年产量比上年略有增加（4.83%）。因为在资源税改革次年新疆煤炭产品价格下降且原煤产量上升，所以无法得出资源税改革对其产生了与对天然气价格与产量相同的经济效应（见图 4-6、图 4-7 及表 4-5）。

表 4-5　2001～2015 年新疆矿产品产量同比增长率

单位：%

年份	天然原油	天然气	原煤	年份	天然原油	天然气	原煤
2001	5.33	17.94	0.74	2005	6.89	85.53	3.99
2002	4.58	16.24	9.90	2006	2.76	53.98	15.89
2003	5.17	3.65	12.40	2007	5.24	28.09	11.07
2004	5.21	14.29	7.65	2008	4.26	12.15	34.77

---

① 这与新疆天然原油供给弹性有关，除 2012 年与 2014 年供给弹性为负的反常年份外，较有供给弹性的两年是 2007 年（1.07）与 2008 年（4.73），其他绝大多数年份供给弹性缺乏，2015 年供给弹性最小为 0.09，2009 年供给弹性最大为 0.38。此处由《新疆统计年鉴》原始数据计算得出。

续表

年份	天然原油	天然气	原煤	年份	天然原油	天然气	原煤
2009	−7.45	4.02	30.30	2013	−0.46	11.82	28.23
2010	1.80	1.84	12.64	2014	8.16	4.88	−17.03
2011	2.25	−5.81	20.80	2015	−2.79	−1.24	4.83
2012	2.10	7.49	13.80				

资料来源：2002～2016 年《新疆统计年鉴》

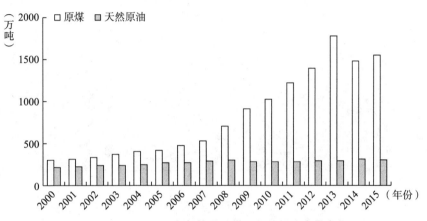

图 4 − 6　2000～2015 年新疆原煤、天然原油产量变化

资料来源：2001～2016 年《新疆统计年鉴》。

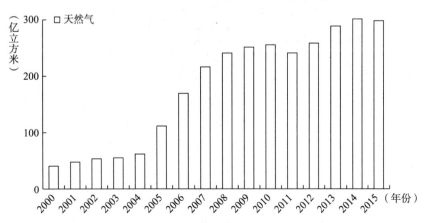

图 4 − 7　2000～2015 年新疆天然气产量变化

资料来源：2001～2016 年《新疆统计年鉴》。

　　总之，从资源税改革对新疆不同矿产品产量的影响结果得出：资源税改革对新疆矿产品产量的影响仅限于改革起始年与临近年份，其他年份其影响极其微弱甚至没有。说明现行资源税征收机制远不能发挥对采矿业的调整作用，该产业发展更受市场结构、供求弹性与价格的影响。

2. 2000～2015 年新疆采矿业企业①经济效益变化

对企业征税通常会使企业成本增加、利润降低，无疑会增加政府税收。本部分探讨资源税从价计征改革对新疆采矿业企业经济效益的影响，具体是通过成本费用利润率与产值利税率两项指标评价资源税改革是否对企业的获利能力与利税能力有影响（见图 4 - 8、图 4 - 9）。

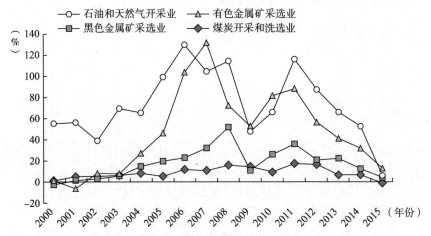

图 4 - 8　2000～2015 年新疆规模以上采矿业企业成本费用利润率

资料来源：2001～2016 年《新疆统计年鉴》。

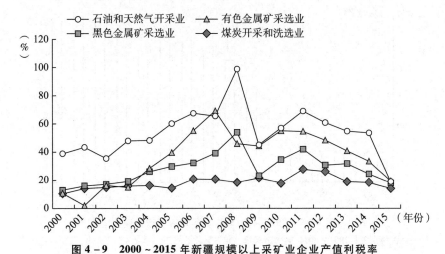

图 4 - 9　2000～2015 年新疆规模以上采矿业企业产值利税率

资料来源：2001～2016 年《新疆统计年鉴》。

---

① 此处"采矿业企业"属于新疆典型工业行业，包括石油和天然气开采业、煤炭开采和洗选业、黑色金属矿采选业与有色金属矿采选业。

　　首先，相比其他矿产开采业，新疆石油和天然气开采业无论是成本费用利润率还是产值利税率都基本处于最高位，说明这一产业获利能力与利税能力较强。2010 年（66.00%）与 2011 年（116.00%）的成本费用利润率相比上年均大幅上升而没有降低，显然资源税改革增加的企业成本不足以影响企业利润决策；这两年产值利税率相比上年提高是常理，但仍低于 2008 年的最值 98.60%。在资源税改革进入稳定期的 2012 年及后续年份，新疆石油和天然气开采业企业这两指标均下降。其次，分析相对变化最不显著的煤炭开采和洗选业，在 2014 年新疆相关企业的成本费用利润率（6.70%）与上年（6.60%）相比略有提高，然而 2015 年成本费用利润率（-1.10%）降到零以下，说明该行业处于亏损状态；产值利税率在 2014年（18.70%）与 2015 年（14.00%）与上年相比均在下降而未上升。最后，自 2000 年至 2015 年资源税几乎没有变化的另外两个矿产业（黑色金属矿与有色金属矿采选业）企业两指标变化趋势与石油和天然气开采业大致相同，区别在于峰值年份提前或滞后一年。

　　总之，资源税改革对新疆采矿业企业成本费用利润率与产值利税率影响极其微弱甚至无影响，采矿业企业获利能力与利税能力同样更主要取决于该产业的优势与市场竞争力。由此可得，资源税改革的产业调整效应存在短期影响，长期影响微弱甚至没有；采矿业变动更主要是顺应时代的产业竞争力使然，与市场结构、市场行为及市场绩效有关。

　　3. 2000～2015 年新疆采矿业①在工业与产业结构中的地位变化

　　从资源税在新疆地方级税收结构中的地位，可以推断出资源型（采矿）产业对新疆经济发展贡献率的变化。这里通过 2000～2015 年新疆采矿业经济总量指标的绝对量与相对量变动分析资源税改革对新疆采矿业的影响及采矿业在工业与产业结构中地位的变化。

　　（1）新疆采矿业在其工业中的地位变化

　　新疆采矿业工业总产值、利润总额与利税总额自 2000 年至 2015 年分别呈现两个谷顶。第一个谷顶是 2008 年分别为 1559.04 亿元、762.67 亿元与 1006.65 亿元；工业总产值第二个谷顶是 2014 年的 1906.22 亿元，利

---

　　① 此处"采矿业"统计的产业包括煤炭开采业和洗选业、石油和天然气开采业、黑色金属矿采选业、有色金属矿采选业与非金属矿采选业，下文数据源自 2001～2016 年《新疆统计年鉴》中工业部分的《分行业规模以上工业企业主要指标》。

润总额与利税总额的第二个谷顶都出现在 2011 年分别为 776.18 亿元与 1094.47 亿元，其中谷底出现在 2009 年，三指标分别为 1080.03 亿元、319.07 亿元与 439.93 亿元。2015 年三指标分别下降到 1317.60 亿元、59.05 亿元与 227.80 亿元（见图 4-10）。

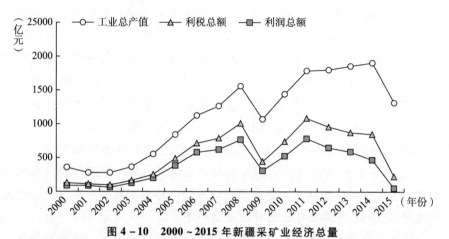

图 4-10 2000~2015 年新疆采矿业经济总量

资料来源：2001~2016 年《新疆统计年鉴》。

新疆采矿业经济总量相对量（新疆采矿业经济总量与新疆工业经济总量的比值，下文视情况简称"占比"）整体呈现跌宕起伏的下降趋势。工业总产值、利润总额、利税总额相对量具体峰值点如下：2000 年三指标占比最高分别为 41.54%、104.20%①与 81.30%；工业总产值占比的第二个峰值为 2006 年的 41.64%，之后一直下降到 2015 年的 16.20%；利润总额占比的第二峰值为 2005 年的 100.81%，之后年份螺旋式下降，2015 年降到最低点为 17.32%；利税总额占比的第二峰值为 2006 年的 88.86%，后两指标变动趋势大致相同，到 2015 年降到最低点为 21.65%（见图 4-11）。

由图 4-10 与图 4-11 的对比分析可知，油气资源税改革的 2010 年与 2011 年并不全是最值年份，其间新疆采矿业三指标绝对量在上升，资源税促进利税总量提高的同时并未阻碍利润总额的提高。然而，三指标相对量变化趋势不同。总之，资源税改革对临近年份的新疆采矿业经济总量及其占比有影响，但影响极为有限。

_____

① 此处利润总额占比超过 100%，是因为新疆 2000 年工业其他产业有亏损，即利润为负。

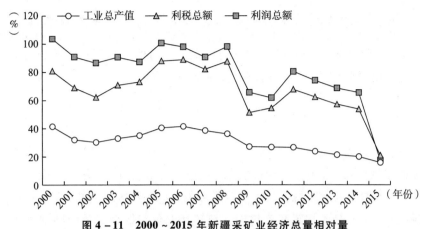

图 4 - 11　2000 ~ 2015 年新疆采矿业经济总量相对量

资料来源：2001 ~ 2016 年《新疆统计年鉴》；具体数据见本章附表 4 - 7。

（2）新疆采矿业在产业结构中的地位变化

在全国产业结构调整优化与创新升级背景下，新疆第三产业同样在迅速发展且占比不断提高，其采矿业同样违背不了产业发展规律，在其整体产业结构中的地位呈现下降趋势（见表 4 - 6）。

表 4 - 6　新疆采矿业行业增加值在其产业结构中的占比变化

单位：%

年份	采矿业/工业	采矿业/第二产业	采矿业/地区生产总值
2000	61.10	37.11	15.98
2005	72.05	53.55	24.57
2010	52.85	44.23	20.61
2015	30.46	22.55	8.70

注：表 4 - 6 中的数据是新疆采矿业行业增加值分别占新疆工业增加值、新疆第二产业增加值及新疆地区生产总值的比重。

资料来源：2001 年、2006 年、2011 年、2016 年《新疆统计年鉴》；新疆维吾尔自治区《国民经济和社会发展统计公报》。

与新疆采矿业衰退趋势相伴，新疆矿产资源税的未来走势不言自明；尽管是在具备资源禀赋的新疆，资源税持续性发挥增加新疆地方财政收入的作用仍受质疑，更难以想象其承担新疆地方税系主体税种之重任。当然，不能否认现行资源税曾在短期内对新疆乃至民族地区的财政收入与区域经济发展做出了贡献，或言其调整产业结构的作用不能完全忽略不计。

（三）地方级税收结构中主要税种的新疆经济增长效应评析

为衡量资源税对新疆经济增长的贡献率，与前述相同，本部分将构建新疆地方级税收结构的经济增长效应模型。[①]

$$\ln y = A + \alpha \ln k + \sum_{j=1}^{7} \beta_j \ln t_j + \gamma \ln g + u(j = 1,2,\cdots,7)$$

其中，因变量是 y 是人均地区生产总值，自变量分别为：k 是人均全社会固定资产投资，t_1 是人均增值税，t_2 是人均营业税，t_3 是人均企业所得税，t_4 是人均个人所得税，t_5 是人均资源税，t_6 是人均其他税收，t_7 是人均非税收收入，g 是人均转移支付。且被解释变量与解释变量为同期（样本 $n = 22$，即 1995~2016 年）。

这里增值税、营业税[②]、企业所得税、个人所得税无疑是新疆地方级税收结构中的主体税种，且资源税也是贡献地方级税收收入的重要税种之一，因此以上五个税种为模型变量重要选取对象。[③] 实证数据结果由 Eviews 8.0 计算得出（见表 4-7）。

表 4-7 新疆地方级税收结构中主要税种的经济增长效应模型回归结果

变量	系数	标准误	T 统计量	T 显著性检验	p 概率值
A	4.894954	0.298866	16.37844	**** ($t_{0.01/2} = 3.055$)	0.0000
k	0.202813	0.06035	3.360619	**** ($t_{0.01/2} = 3.055$)	0.0057
t_1	0.325814	0.042182	7.724047	**** ($t_{0.01/2} = 3.055$)	0.0000
t_2	0.196251	0.034568	5.677305	**** ($t_{0.01/2} = 3.055$)	0.0001
t_3	0.078762	0.027319	2.883023	*** ($t_{0.02/2} = 2.681$)	0.0138
t_4	0.005795	0.025512	0.227156	—	0.8241

---

① 2016 年新疆出口贸易额为 919.79 亿元，用一般公共预算支出（4138.25 亿元）与一般公共预算收入（1298.95 亿元）差额（2839.30 亿元）度量中央对新疆的财政转移支付，两指标之比为 1:3.09；中华人民共和国统计局：《中国统计年鉴（2017）》，中国统计出版社，2017，第 208~211、360 页。

② 2016 年，我国全面实行"营改增"，但是在《中国统计年鉴（2017）》中仍有 2016 年营业税统计数据。

③ 近几年，城市维护建设税、城镇土地使用税、耕地占用税和土地增值税对民族地区地方级财政收入贡献率相对较大，但是前者一般归类为行为税，后三种税同时具有财产税类、行为税类与资源税类的特点，所以本文将这四种税放入其他税收。

续表

变量	系数	标准误	T 统计量	T 显著性检验	p 概率值
t_5	0.016983	0.03531	0.480955	—	0.6392
t_6	0.015608	0.030128	0.518063	—	0.6138
t_7	−0.036372	0.023785	−1.52921	** （$t_{0.2/2}=1.356$）	0.1521
g	−0.041508	0.050421	−0.82322	* （$t_{0.50/2}=0.695$）	0.4264

注：1. ****、***、**、* 分别表示模型回归系数双侧 T 检验结果显著性水平为 1%、2%、20%、50%；人均个人所得税、人均资源税与人均其他税收变量没有通过检验。

2. $R^2=0.999159$，$F=1584.617$，Prob（F）＝0.0000，模型方程拟合度高，显著性水平为 1%，通过检验。

资料来源：1995～2017 年《中国统计年鉴》。

实证结果显示：新疆经济增长与增值税、营业税均在 1% 显著性水平下具有强正相关关系，p 概率值均在 0.01 以下，可以说明商品劳务税（增值税、营业税）对新疆经济增长具有显著正向作用。在所得税类中，企业所得税与新疆经济增长在 2% 显著性水平下具有较强正相关关系，其对新疆经济增长的正向作用仅次于增值税与营业税（营改增后皆为增值税）。个人所得税、资源税、其他税收与新疆经济增长不但相关性系数非常小（表明正相关性极其微弱），而且都没有通过 T 统计量检验，说明新疆经济增长与非主体税种（个人所得税例外）基本不具有显著相关性。[①] 模型样本决定系数说明回归效果很好；且通过 F 检验，说明回归方程显著成立。由此可得：与增值税、企业所得税相比，资源税并没有显现出与新疆经济增长具有较强的正相关性，商品劳务税类（增值税）与所得税类中的企业所得税对新疆经济发展的正向作用更大；就税种设置而言，显然商品劳务税类（增值税）与企业所得税更能反映新疆乃至地方区域产业发展状况，区域经济发展必然以其产业经济发展为依托。再次印证，即使是在自然资源禀赋与经济发展水平受约束的新疆，也不能依赖资源税在长期内增加地方本级财政收入；在新时代，新疆乃至民族地区质量发展的新征程要求产业发展绿色转型与优化升级，因此更要彻底摆脱资源型产业发展的路径依赖。

综上，从新疆资源税的财政收入效应先增后降、产业调整效应微弱且

---

① 非税收入、中央转移支付与新疆经济增长呈现微弱负相关，这里因主要讨论税收而不详细解释与论述。

作用时间短与经济增长效应不显著等方面综合分析得出，长期而言，现行资源税难以承担促进区域经济协调发展等经济职能重任；在《中华人民共和国环境保护税法实施条例》①于 2018 年 1 月 1 日起施行的税法体系下，为避免重复征税，资源税也不应该重复承担环境保护职能；因此，生态文明的可持续发展职能成为资源税多元目标中的重中之重，资源税改革目标定位首要聚焦于生态可持续发展。

二 基于可持续发展的资源税改革深化建议

为满足人民日益增长的美好生活需要，应有效解决资源约束趋紧与生态系统退化问题，更好地坚持人与自然和谐共生，因此在现代税收体系中资源税的深化改革与职能发挥必然肩负促进生态可持续发展的重要使命。

（一）资源税改革目标定位首要聚焦于生态可持续发展

可持续发展包括经济、社会与生态可持续发展三层含义，借鉴国外税收政策实践，一个税种承载太多政策目标必然影响其目标实现，资源税改革目标定位要以生态可持续发展为主旨。首先，要摒弃资源税相关经济目标，税种职能与国家经济发展阶段有关，1994 年税制改革后资源税被赋予的"正确处理国家与企业间的分配关系、把中西部资源优势变为经济和财政优势等经济目标"应该被彻底舍弃，② 中西部地区乃至民族地区已过"以资源换资本"的经济发展阶段，正在探求打破资源型产业发展的"路径锁定"与走出"路径依赖"，进入质量转型与创新发展的新时代。如果继续偏重资源税的经济目标，具备资源禀赋的地方政府的晋升激励与短期行为更易陷入"政治资源诅咒"，尤其是我国民族自治地方政府有《中华人民共和国民族区域自治法》赋予的自治权，选择性或替换性执行的策略性行为易使资源税目标偏离，"自然资源诅咒"就在所难免。其次，厘清资源税与环境保护税的目标差别，避免重复征税而加重企业税收负担。资源开发伴随环境污染，资源税宗旨重在促进自然资源节约与补偿的生态资源可持续发展；环境保护税宗旨重在治理负外部性的环境保护与改善（现

---

① 中华人民共和国国务院令第 693 号，2003 年 1 月 2 日国务院公布的《排污费征收使用管理条例》同时废止。

② 孙荣洲：《关于在生态文明建设中发挥税收职能作用》，《中国税务》2015 年第 11 期。

实行的环境保护税主要为减少污染物排放）。正是因为两者皆属于生态系统的修复与治理体系，因此互补性与协同性要合理且具有系统性。最后，资源税生态可持续发展目标同时有利于社会目标的实现，如民族地区乃至全国实现绿色共享的生态可持续发展，无疑就是为民众提供满意的重要公共服务之一。改革目标引领改革方向，资源税改革目标回归生态文明的可持续发展定位，是对新时代新发展观的具体落实。

（二）资源税改革内容要坚持税收法定原则与可持续发展原则

资源税首先是"税"，应遵循税收法定原则；聚焦生态可持续发展目标的资源税改革无疑要坚持可持续发展原则，即公平性原则与持续性原则。

1. 税收法定原则

政府征税体现的是国家公共权力或政治权力，十九大明确提出我国积极发展社会主义民主政治，推进全面依法治国，资源税改革在试点总结基础上首先要修订现行资源税相关法律。我国宪法规定"中华人民共和国的一切权力属于人民"，资源税改革首先在法律位阶最高的宪法框架下，为保障公民权利与公共利益而约束政府征税权力的运行，具体包括在资源税立法权、行政权、司法权行使全过程中确保我国公民（纳税人）政治性的参与权、知情权与监督权。具有中国特色的税收法定是税收法律制度创设合法和内容合理的基础，资源税遵循税收法定原则一方面要求税收法律文件应该由国家最高权力机关（全国人民代表大会）制定通过，另一方面要求税收法律文件的内容是基于法治国家的基本理念制定的。换言之，只有资源税税收立法权实质性地回归全国人大，才能保障多样化、个性化的多元主体民主参与并表达利益诉求，即资源税法律在立法上必须同样实行"无代表则无税"，同时有利于解决我国区域税收利益分配不平衡的问题。具体落实必然要求在资源税法律修订过程中坚持程序法定、税收要素法定、税目法定。在资源税改革深化进程中，遵循税收法定原则有利于处理好纳税人权利与政府征税权力的关系，加速我国法治财政建设。

2. 公平性原则

可持续发展的公平性原则包括代内公平原则与代际公平原则。代内公平性要求资源税改革实现横向公平，即加强资源税在初次分配环节的调控作用，利用税收现代化的征收管理方式充分发挥级差收入调节作用与促进企业间公平竞争，采用因资源丰度差异而设计出的差别化资源税从价计征税率；其也包括同代内区际间的均衡发展，为解决区域间不平衡不充分发展问题，资源税税收权力（包括税收立法权等）与税收利益（税法规定的税种分享）在中央及地方之间应实现合理划分，① 这也包括资源税相关税收利益再次分配政策的公平性设计。② 代际公平原则认为处在同一生存空间的人类各代对这一空间中的自然资源及其衍生的社会财富拥有同等享用权，这也就是代际间的平等发展权。代际公平要求资源税改革实现纵向公平，即自然资源的"时间分布"同时满足当代人与后代人对自然资源的需求，实现资源分配与利用机会在代际间的公平。一方面可以采用法律规定资源税收入部分或全部专款专用于资源补偿与生态修复，另一方面可以利用资源税收入建立代际财政补偿基金。

3. 持续性原则

遵循持续性原则要求资源税制度设计是基于自然资源稀缺性与耗竭性的科学测算，在自然资源承载能力约束下，通过改革资源税的税目、税基及税率，使得自然资源被合理开发与有序使用，实现资源税的生态可持续发展这一重要税收职能。具体包括：税目拓围，凡是日益紧缺的自然资源均可列入资源税征收范围；税基临界点设计，为确保自然资源的永续存量，设计不同税目的税基临界点，税基无论是采用资源开采量的市场价值还是采用资源产品的销售价值，其临界点都要起到"时间倾斜"作用，即控制资源耗竭总量；税率动态设计，为控制耗竭速度而提高自然资源开采的税收成本，依据不可再生资源基础储量与可再生资源总量再生周期（受自然生长规律约束）的变动设计资源税从价计征税率。另外，资源税要与自然资源开采相关的各种"税"、"费"与"基金"等统一协调配合。如把"矿产资源补偿费"改为"矿产资源税"，并与"矿业权使用费""矿业权价款"等相协调从而实现生态、社会与经济可持续发展目标；再如将林业补偿费、林政保护费、渔业资源费等逐步改为可再生资源税，并与相关基金（"育林基金"等）协调配合促进可再生资源的持续性

---

① 张冬梅、魏后凯：《中央支持民族地区税收政策效果评价与调整方向》，《新疆社会科学》2017 年第 6 期。

② 资源税收入使用范围（财政支出安排）、中央财政转移支付及税收返还等相关政策安排，都涉及区域间税收利益分配设计。

发展。

没有科学合理的生态保护，可再生资源将变成不可再生资源；不可再生资源具有科学合理的生态保护将有利于世世代代的可持续发展。资源税改革深化离不开相关法律同步修订，其目标定位不仅仅是财税领域的税制改革深化与法治财政建设，还关系到保护国家公共安全、防范公共风险与分享公共利益，推进国家治理体系和治理能力现代化。

附录

附表 4 – 1　1999～2015 年民族地区及全国地方小口径宏观税负及中央级税负

单位：%

年份	五自治区		全国	
	五自治区宏观税负	五自治区中央级税负	全国地方宏观税负	全国地方中央级税负
1999	9.13	5.40	10.95	7.05
2000	9.49	4.56	12.09	6.64
2001	9.94	4.46	13.02	6.91
2002	10.57	4.95	14.05	7.25
2003	10.66	5.17	14.33	7.71
2004	11.57	5.98	14.65	7.97
2005	12.65	6.72	16.14	8.74
2006	13.10	6.97	16.78	9.01
2007	12.65	7.53	18.30	11.72
2008	12.80	7.55	18.11	11.35
2009	12.80	7.37	18.08	11.27
2010	13.91	8.00	18.74	11.61
2011	14.76	8.34	19.56	11.95
2012	15.59	8.30	20.50	11.78
2013	15.01	7.54	20.15	11.16
2014	14.23	6.77	20.12	10.98
2015	13.98	6.55	19.84	10.75

注：小口径宏观税负 = 税收总收入/GDP，税收总收入即全国税务部门税收收入总和。中央级税负 = 中央级税收收入/GDP，中央级税收收入即归属中央的税收收入，区别于地方本级税收收入。

资料来源：由 2000～2016 年《中国税务年鉴》与五自治区统计年鉴计算得出。

附表 4 - 2　1952～2015 年五自治与全国地方大口径宏观税负

单位：%

年份	五自治区	全国地方	年份	五自治区	全国地方	年份	五自治区	全国地方
1952	12.69	25.62	1980	9.00	25.67	2008	12.38	19.19
1953	11.73	25.88	1981	6.96	24.18	2009	13.08	19.63
1954	13.86	28.54	1982	7.45	22.90	2010	13.82	20.12
1955	14.59	27.39	1983	7.85	23.03	2011	14.92	21.23
1956	13.39	27.26	1984	7.46	22.91	2012	15.49	21.70
1957	14.41	28.39	1985	8.74	22.36	2013	15.87	21.71
1958	17.32	29.05	1986	9.69	20.80	2014	17.57	21.80
1959	22.07	33.85	1987	9.95	18.39	2015	18.06	22.21
1960	24.60	39.28	1988	9.27	15.79			
1961	16.86	29.19	1989	9.85	15.76			
1962	14.08	27.28	1990	9.52	15.84			
1963	14.72	27.75	1991	9.79	14.57			
1964	15.11	27.48	1992	8.52	13.08			
1965	15.03	27.58	1993	9.73	12.56			
1966	15.56	29.91	1994	7.83	11.16			
1967	12.56	23.64	1995	5.07	10.18			
1968	9.75	20.97	1996	6.05	10.32			
1969	9.82	27.18	1997	10.04	10.85			
1970	14.39	29.43	1998	10.26	11.59			
1971	13.44	30.69	1999	10.10	12.64			
1972	12.39	30.44	2000	12.43	13.36			
1973	11.32	29.76	2001	14.21	14.78			
1974	11.15	28.07	2002	14.03	15.53			
1975	10.44	27.21	2003	10.24	15.80			
1976	10.62	26.38	2004	13.60	16.31			
1977	11.66	27.31	2005	14.56	16.90			
1978	16.28	31.24	2006	15.46	17.66			
1979	11.54	28.39	2007	13.78	18.99			

注：大口径宏观税负 = 地方财政总收入/GDP。

资料来源：由 1953～2016 年《中国税务年鉴》与五自治区统计年鉴计算得出。

附表 4 - 3　**2000～2015 年资源税占地方级税收收入比重及其金额**

单位：亿元，%

年份	五自治区			全国地方		
	税收收入	资源税	占比	税收收入	资源税	占比
2000	258.69	6.11	2.36	5205.86	63.65	1.22
2001	312.46	7.19	2.30	6453.99	67.11	1.04
2002	385.90	8.06	2.09	6571.92	75.14	1.14
2003	443.98	8.11	1.83	7378.02	83.11	1.13
2004	521.04	9.57	1.84	9203.96	98.80	1.07
2005	676.36	15.16	2.24	11155.18	142.20	1.27
2006	841.53	24.17	2.87	13621.04	207.02	1.52
2007	908.10	31.08	3.42	17774.34	261.02	1.47
2008	1165.79	38.83	3.33	21585.37	301.64	1.40
2009	1353.59	47.18	3.49	23778.24	338.22	1.42
2010	1795.83	78.84	4.39	29459.86	417.55	1.42
2011	2377.67	133.93	5.63	37254.92	595.83	1.60
2012	2854.44	152.74	5.35	47129.98	855.62	1.82
2013	3215.90	160.32	4.99	53532.87	960.18	1.79
2014	3443.95	174.09	5.05	58804.28	1039.23	1.77
2015	3554.49	203.99	5.74	62355.35	997.08	1.60

资料来源：由 2001～2016 年《中国税务年鉴》计算得出。

附表 4 - 4　**民族地区地方级税收收入经济增长效应模型变量**

单位：亿元

年份	转移支付	民族地区生产总值	全社会固定资产投资	增值税	营业税	企业所得税	个人所得税	资源税	其他税收
1999	4884.45	1635.29	47.71	68.87	29.32	19.69	5.73	48.14	378.98
2000	5395.54	1838.94	53.65	77.85	35.54	24.44	6.11	61.10	470.15
2001	5961.35	2139.60	60.8	87.51	69.15	35.7	7.19	52.11	725.50
2002	6616.52	2591.89	70.24	113.21	33.14	26.93	8.06	134.32	977.27
2003	7726.29	3521.30	82.45	139.01	27.84	23.72	8.11	162.85	1002.24
2004	9441.11	4710.30	108.41	177.55	33.07	29.34	9.57	163.10	1111.76
2005	11354.73	6268.60	140.63	214.95	48.98	36.63	15.16	220.01	1382.13

续表

年份	转移支付	民族地区生产总值	全社会固定资产投资	增值税	营业税	企业所得税	个人所得税	资源税	其他税收
2006	13752.33	7858.80	173.9	248.88	64.88	40.43	24.17	289.27	1632.19
2007	17030.29	10033.50	220.64	316.07	91.68	56.22	31.08	192.41	2083.41
2008	21299.18	12630.60	271.68	386.19	130.69	66.39	38.83	272.01	2866.26
2009	23571.13	16753.70	251.85	486.5	150.3	75.15	47.18	342.61	3795.77
2010	28876.43	21314.20	312.49	661.48	218.82	100.11	78.84	424.09	3955.82
2011	35398.84	25149.00	392.28	830.33	340.6	137.18	133.93	543.35	5983.44
2012	39463.31	30610.50	401.98	954.62	382.09	138.17	152.74	824.84	6922.67
2013	43203.48	37384.49	446.98	1096.73	372.74	134.68	160.32	1004.45	4119.99
2014	46389.47	45125.81	511.33	1079.51	355.75	135.45	174.09	1187.82	4562.75
2015	47897.59	45544.10	501.36	1046.35	339.91	152.38	203.99	1310.50	9019.75

资料来源：根据 2000~2016 年《中国税务年鉴》计算得出。

附表 4－5　2000~2015 年新疆规模以上采矿业企业成本费用利润率

单位：%

年份	石油和天然气开采业	煤炭开采和洗选业	黑色金属矿采选业	有色金属矿采选业
2000	55.17	1.16	-2.65	1.20
2001	56.24	5.05	1.36	-6.37
2002	39.03	5.22	2.88	8.18
2003	69.48	6.15	5.59	7.82
2004	65.40	8.10	14.70	27.00
2005	99.20	5.30	19.70	46.10
2006	129.80	11.80	22.90	103.70
2007	104.50	10.80	32.10	131.60
2008	114.30	15.80	51.70	72.30
2009	47.70	14.60	10.90	52.70
2010	66.00	9.70	26.10	81.60
2011	116.00	17.40	35.90	88.30
2012	87.40	16.50	20.90	56.40
2013	66.00	6.60	22.30	41.10

续表

年份	石油和天然气开采业	煤炭开采和洗选业	黑色金属矿采选业	有色金属矿采选业
2014	52.60	6.70	12.60	31.80
2015	6.00	-1.10	4.10	12.90

资料来源：2001~2016年《新疆统计年鉴》。

附表4-6　2000~2015年新疆规模以上采矿业企业产值利税率

单位：%

年份	石油和天然气开采业	煤炭开采和洗选业	黑色金属矿采选业	有色金属矿采选业
2000	38.96	10.57	6.66	10.87
2001	43.37	14.22	11.75	1.82
2002	35.89	15.03	10.40	16.36
2003	47.86	15.84	13.79	14.81
2004	48.20	16.40	21.00	28.60
2005	60.20	14.30	26.50	39.40
2006	67.30	20.80	29.50	55.00
2007	65.30	20.80	33.90	69.20
2008	98.60	18.50	47.80	46.20
2009	45.20	21.70	18.60	44.00
2010	57.30	18.30	33.20	55.20
2011	68.60	27.40	37.20	54.60
2012	60.80	26.40	27.40	48.40
2013	54.90	19.20	30.60	40.80
2014	53.50	18.70	20.80	34.00
2015	18.50	14.00	12.40	19.90

资料来源：2001~2016年《新疆统计年鉴》。

附表4-7　新疆采矿业与工业经济指标比较

单位：亿元，%

年份	新疆采矿业			新疆工业			新疆采矿业/工业		
	利税总额	工业总产值	利润总额	利税总额	工业总产值	利润总额	利税总额	工业总产值	利润总额
2000	353.96	94.29	131.93	852.01	90.49	162.27	41.54	104.20	81.30
2001	283.17	86.85	115.13	876.57	95.59	167.48	32.30	90.86	68.74

续表

年份	新疆采矿业			新疆工业			新疆采矿业/工业		
	利税总额	工业总产值	利润总额	利税总额	工业总产值	利润总额	利税总额	工业总产值	利润总额
2002	279.71	66.71	94.27	917.03	77.10	151.98	30.50	86.52	62.03
2003	363.05	127.07	163.24	1113.14	139.71	230.48	32.61	90.96	70.83
2004	555.41	197.17	255.02	1571.84	226.32	349.40	35.34	87.12	72.99
2005	846.90	391.02	487.14	2102.53	387.89	554.93	40.28	100.81	87.78
2006	1117.46	576.15	716.89	2683.55	585.63	806.75	41.64	98.38	88.86
2007	1263.82	627.86	788.95	3296.61	691.57	961.38	38.34	90.79	82.06
2008	1559.04	762.67	1006.65	4276.05	779.46	1144.68	36.46	97.85	87.94
2009	1080.03	319.07	439.93	4001.12	484.58	857.62	26.99	65.84	51.30
2010	1442.86	527.33	741.03	5341.90	852.43	1370.87	27.01	61.86	54.06
2011	1781.29	776.18	1094.47	6720.85	963.74	1610.22	26.50	80.54	67.97
2012	1808.45	659.90	963.60	7532.67	888.64	1538.82	24.01	74.26	62.62
2013	1855.54	588.78	880.08	8679.63	855.23	1534.60	21.38	68.84	57.35
2014	1906.22	479.51	856.33	9431.76	732.06	1584.14	20.21	65.50	54.06
2015	1317.60	59.05	227.80	8132.55	340.97	1052.41	16.20	17.32	21.65

资料来源：2001~2016年《新疆统计年鉴》。

第五章 中央对民族地区转移支付和税收返还的效果评价与调整建议[*]

新时代我国继续坚持区域协调发展战略，这也是对十九大新发展理念的贯彻，在同步小康目标下，加快民族地区①发展更为迫切。在中央财政加大力度支持民族地区发展的重要举措中，中央对民族地区转移支付与税收返还备受关注，尤其是两者对实现均等化目标的影响一直以来都是重点议题；且"税收返还"并不属于转移支付的一种形式，②对民族地区的转移支付与税收返还效果尚未达成共识。民族地区发展既要有速度更要有质量，向实现基本公共服务均等化及缩小区域差距目标迈进，必然要求中央财力支持要兼顾公平与效率，这是建立更加有效的区域协调发展新机制的重要内容，也有助于在财政制度层面解决民族地区乃至全社会人民日益增长的美好生活需要和不平衡不充分发展之间的矛盾。关于中央对民族地区转移支付与税收返还的差异性与特色研究亟待深入。

第一节 中央对民族地区转移支付和税收返还的综合效果评价

一 转移支付和税收返还与均等化目标的耦合性分析

从以蒂布特的《地方财政支出纯理论》为标志的财政分权理论起，中

---

* 张冬梅、李茂生、吴凡：《中央对民族地区转移支付和税收返还效果评价与调整建议》，《西南民族大学学报》2018年第8期；张冬梅、吴凡：《中央对地方税收返还何去何从?》，《经济研究参考》2018年第38期。

① 如果没有特别说明，本章中的民族地区是指五个自治区，因为中央转移支付和税收返还到省级财政，且五自治区适用《中华人民共和国民族区域自治法》。

② 本章中的"转移支付"与"税收返还"是并列关系，即转移支付形式不包括税收返还。

央与地方的财权与事权不对称形成财政（纵向与横向）不平衡，为政府间转移支付的存在提供了一个合理性依据；外部性理论也诠释了中央转移支付的重要理由是地方政府提供行政辖区边界外溢性的公共产品。因此发达国家政府通过转移支付解决财政失衡问题与调节地方利益外溢问题，实现（基本）公共服务均等化目标。其中，德国联邦对州的纵向补助包括一种类似"税收返还"形式的"增值税分享"，其与增值税收入来源州无关且与各州实际征收增值税数额无关，对各州应得的增值税分享数额（"返还数额"）按照每个州的人口数进行分配，这实质上是转移支付，在一定程度上确实具有均等化效果。

我国自分税制管理体制改革起，关于合理调节地区之间财力分配的指导思想就明确为"既要有利于经济发达地区继续保持较快的发展势头，又要通过中央财政对地方的税收返还和转移支付扶持经济不发达地区的发展"。① 就中央文件初始制定精神而言，其实属期寄"税收返还"对调节地区财力差异起到正向作用。按照《国务院关于实行分税制财政管理体制的决定》，1994 年以后，税收返还额在 1993 年基数基础上逐年递增，递增率按全国"两税"平均增长率的 1∶0.3 系数确定，即"两税"全国平均增长1%，中央财政对地方的税收返还增长 0.3%，据此方法，收入增长较慢的省区市，可以根据返还系数多得一些增量。但是，这不利于调动收入增长较快的省区市的积极性。为了分税制改革的顺利推进与调动地方政府发展生产，促进增值税和消费税合理增长，1994 年 8 月 24 日，国务院决定，中央财政对地方税收返还额的递增率改为"按本地区增值税和消费税增长率的 1∶0.3 系数确定"。② 因此，相当于中央对地方三种主要的"税收返还"从实施起就不具有均等化作用，具体差异特征如下。

其一，税收返还目标是保持现有地方既得利益格局，属于激励地方税收努力的基数返还制度；转移支付目标是调节地方财力差距，属于实现财政平衡的转移支付制度。

其二，税收返还具有税收共享的特点，地方税收返还数额与自身税收能力强弱有关，分配公式固定，其承担辖区税收收入波动风险，相比较而

① 《国务院关于实行分税制财政管理体制的决定》（国发〔1993〕85 号）。具体参见《中国财政年鉴（1994）》，第 62~64 页。

② 《国务院关于分税制财政管理体制税收返还改为与本地区增值税和消费税增长率挂钩的通知》（国发〔1994〕47 号）。

言，税收能力更强的地区获得更多返还数额，这逆向作用于财政均等化，加重区域间财政横向失衡；转移支付与地方财政收支缺口有关，分配公式不全固定，[①] 相比较而言，收支缺口更大的地区获得中央转移支付的数额更大，[②] 真正具有财政资源由富裕地区向贫穷地区转移的特点，促进财政横向均衡。因此，在协调区域经济发展方面，税收返还加大了地区间贫富差距，没有起到贫富地区间财力调节的作用，是财政非均等化手段；转移支付是促进实现（基本）公共服务均等化的重要手段，在国家宏观调控中起到公平性作用，有利于纠偏区域不平衡发展。

其三，财政部官网上"税收返还"的英文翻译为"tax rebate"，《牛津现代高级英汉双解词典》对"rebate"的英文解释为"a debt, tax, etc. may be reduced; discount"，汉语解释为"债务、税收等可获得减免的款额、宽减额、折扣、折让、议减"；《最新英汉综合经济词典》把"tax rebate"翻译成"税收回扣，部分退税，退税款"。[③] 而在胡代光和高鸿业主编的《西方经济学大辞典》中并没有税收返还（tax rebate）词条，只有"课税分享"（tax‑sharing）与"税收分享制"（revenue‑sharing system）[④]，这一形式的"税收分享"是国家为平衡地区间经济发展不平衡，针对地区财源不足给予补助，主要包括无条件补助（unconditional grant）[⑤] 和有条件补助（conditional grant）。因此，我国的"税收返还"是具有中国特色的央地财政间税收收入再次划拨（回原地方）的分配形式，是中央对地方税收努力的奖励，具有"返还""扣减"（rebate）的含义，且具有"奖金"的性质。转移支付（transfer payment）这一中央对地方的补助性资金蕴含"援助""救助"的含义，且具有"补助金"（grant）的性质。

综上可得，我国现行的中央对地方税收返还不具有转移支付功能，也不属于中央转移支付的形式之一，只是属于央地税收收入分享的再次分

---

① 2017 年 4 月 14 日《2017 年中央对地方均衡性转移支付办法》（财预〔2017〕51 号）规定标准财政收入根据工业增加值等客观因素及全国平均有效税率计算确定，用以反映地方收入能力；标准财政支出考虑人口规模、人口密度、海拔、温度、少数民族等成本差异计算确定，旨在衡量地方支出需求。

② 至今，我国没有制度安排的横向转移支付。

③ 夏华主编《最新英汉综合经济词典》，机械工业出版社，2002，第 1111 页。

④ 美国的税收分享制是由上级政府筹集税收收入，并将部分收入分配给下级政府单位的一种制度。

⑤ 也称为"一般税收补助"（tax collection grant）。

配。实际上，自1994年至今，中央（国务院、财政部）文件一直将二者并列提出，财政部财政报表体系中的转移支付不包括税收返还；2007年财政部公布的中央对地方转移支付体系，只包括财力性转移支付和专项转移支付两类；自2008年起，在中央财政支出表中把税收返还单独列支；2009年中央对转移支付制度加大改革力度，特别强调转移支付分为一般性转移支付和专项转移支付两类。2016年，财政部部长肖捷在《国务院关于深化财政转移支付制度改革情况的报告》中，并未提及税收返还。可见，税收返还与转移支付是我国中央对地方两种不同的财政收入再分配形式。据此，本章界定的转移支付不包括税收返还，而是将两者并列论述。

二 中央转移支付对民族地区财政平衡效果显著

（一）中央对民族地区转移支付规模不断扩大。

自分税制改革至今，为扶持民族地区发展，中央相继出台了主要惠及民族地区的转移支付政策。1995年的《过渡期转移支付办法》中，民族地区在一般性与政策性两类转移支付上相对受益更多，且还额外获得照顾性转移支付。1996年的标准财力与1997年的4%～12%补助系数档次的转移支付标准均有利于民族地区增加财力。西部大开发政策中，中央财政也在不断扩大对民族地区的转移支付规模。2000年中央增加了"民族地区转移支付"科目，同时安排10亿元少数民族转移支付资金，并采用环比方法，把民族地区增值税收入增长部分的40%转移支付给民族地区。[①] 2002年的所得税收入分享改革中，中央把增加的所得税收入全部用于一般性转移支付（与其他转移支付形式统称为财力性转移支付）。2005年，以"因素法"为主的一般性转移支付制度逐渐建立，该制度充分考虑民族地区特殊因素。2010年的《中央对地方民族地区转移支付办法》合理确定当年民族地区转移支付总额。在《2012年中央对地方均衡性转移支付办法》中，在计算一般公共服务标准支出方面，增加的"民族系数"与"人口较少少数民族"特殊支出中的一些因素如"艰苦边远、海拔、运距、路况"系数及"环境保护""宗教管理"等，都特别有利于民族地区基本公共服务均等化。民族自治县与民族地区贫困县在2013年《中央财政县级基本财力保

---

① 中央把民族地区增值税收入增长部分的另一个40%按收入来源地返还给民族地区。

障机制奖补资金管理办法》实施后具有县级基本财力保障。2016 年与
2017 年财政部连续印发的宗旨为推进基本公共服务均等化的《中央对地方
均衡性转移支付办法》中，民族地区受益更多。在大力度倾斜性转移支付
政策下，中央对民族地区转移支付规模不断攀升（见图 5 - 1）。

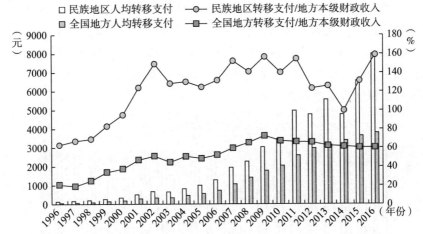

图 5 - 1　1996 ~ 2016 年中央对民族地区和全国地方转移支付规模比较

　　注：因数据可得性，2012 年、2013 年、2014 年三年的数据是不包括西藏的四个自
治区数据。加上西藏，中央对民族地区的转移支付（无论是绝对规模还是相对规模）
增加预计会更为显著。

　　资料来源：1994 ~ 2017 年 5 个自治区的统计年鉴与《中国统计年鉴》，具体数据见
附表 5 - 1。

　　就人均转移支付这一绝对规模而言，中央对民族地区转移支付相比对
全国地方大约多一倍。1996 年对民族地区是 142. 26 元/人，对全国地方是
63. 23 元/人；2016 年，中央对民族地区是 8001. 52 元/人，对全国地方是
3802. 23 元/人。就转移支付占地方本级财政收入比重而言，民族地区相对
规模数值基本上是全国地方的两倍以上。2016 年中央对民族地区转移支付
占本级财政收入比重为 159. 02%，全国地方获得的转移支付是本级财政收
入的 60. 26% 。

　　无论是人均转移支付数额的绝对量，还是转移支付占地方本级财政收
入比重的相对量，中央对民族地区的转移支付都以绝对优势高于全国地方
一般水平，可得中央财政转移支付对增强民族地区财力具有重要作用。

（二）中央对民族地区转移支付结构更趋合理

　　就一般性转移支付与专项转移支付而言，前者是填补财政实力薄弱地

区的财力缺口、协调地区间财力差距的中央补助，一般不规定资金用途，由地方统筹安排；后者是为助力地方实现特定宏观政策及事业发展战略目标，中央对地方的专项补助，要求地方按规定用途使用，专款专用。因此，一般性转移支付更利于区域差异显著的民族地区政府提供辖区偏好性更强的地方公共产品，更利于民族地区财政自主性的发挥。正如 2016 年财政部部长肖捷在《国务院关于深化财政转移支付制度改革情况的报告》中提到"稳步增加一般性转移支付规模，专项转移支付数量明显压低"的结构优化。分税制改革以来的数据证明，相比对全国地方，中央对民族地区的转移支付结构更趋合理（见图 5 - 2）。

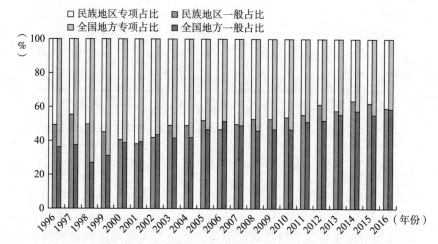

图 5 - 2　1996～2016 年中央对民族地区与全国地方转移支付结构比较

注：1. 一般占比是指一般性转移支付占该地区两类转移支付和的比重，专项占比是指专项转移支付占该地区两类转移支付和的比重。

2. 由于数据可得性，2012 年至 2014 年的转移支付数据不包括西藏。

资料来源：1994～2017 年 5 个自治区的统计年鉴与《中国统计年鉴》，具体见附表 5 - 2。

如图 5 - 2 所示：民族地区一般性转移支付占比在 50% 上下徘徊，2007～2016 年皆高于 50%，1996～2016 年民族地区一般性转移支付占比平均为 53.09%，中位数是 2005 年的 53.73%，最大值为 2014 年 65.33%；全国地方一般性转移支付占比平均数为 46.66%，中位数是 2009 年的 47.80%，最大值为 2016 年的 60.61%。说明中央对民族地区的转移支付结构更为合理，相比全国地方，更有利于民族地区发挥财政自治权与自主性提供基本公共服务与民族偏好性强的地方公共产品。

　　由于数据可得性约束，无法具体比较民族地区两类转移支付的内部结构。一般性转移支付包括均衡性转移支付、老少边穷地区转移支付、成品油税费改革转移支付、体制结算补助、基层公检法司转移支付、基本养老金转移支付、城乡居民医疗保险转移支付共7款。其中均衡性转移支付占比最大，其内容又包括多项，绝对额较大的有重点生态功能区转移支付、产粮大县奖励资金、县级基本财力保障机制奖补资金、资源枯竭城市转移支付、城乡义务教育补助经费、农村综合改革转移支付等。中央转移支付下达民族地区，并不意味着转移支付政策的成功落实，还有自治区本级的执行与对自治区以下转移支付的实施；值得关注的是，专项转移支付的具体科目随着经济社会发展的变化而变化，新增项目越来越多，2016年中央财政列出87项，所以转移支付结构有待深层优化。

三　中央税收返还对民族地区横向财政失衡效果的作用有序减弱

　　对于我国分税制改革后的税收收入划分与税收增量返还办法，全国采用统一的无差别政策，现行的中央对地方税收返还主要包括1994年实施的增值税与消费税返还（两税返还）、2002年实施的所得税基数返还和2009年实施的成品油（价格和）税费改革税收返还。

（一）　中央税收返还的渐进递减式设计

　　中央税收返还均是当时经济发展与财税改革对财政政策需要的适时实施，一定时期内维护地方既得利益，采用兼顾中央与地方利益格局的渐进递减式设计。

1. 增值税和消费税的"两税"返还

　　首先，以1993年为基数年，为推进1993年分税制改革，净上划中央的消费税和75%的增值税为1993年中央对地方的税收返还基数。其次，税收返还递增率按1:0.3系数增加对该地区的税收返还，为了有利于调动各地组织财政收入的积极性，1994年8月国务院批准将递增率改为按本地区的增值税和消费税的增长率系数确定。最后，确定收入增长目标及奖励，经国务院批准，中央对各省、自治区、直辖市和计划单列市分别核定两税增长目标，如1994年两税增长目标为16%，并制定了可操作的考核增长目标办法。[①]

为详尽说明，举例某省税收返还计算如下：以 1993 年为基数年，按 1:0.3 系数增加对该省的税收返还数额，递减速度与各年两税增长率 r_i 有关。基本恒定的税收返还数额（不包括机动奖励）的计算公式如下。

上划中央两税收入：$T_{\text{central},i} = A_0 \prod_i^n (1 + r_i)$。

中央对某省的返还数额：$T_{\text{central-local},i} = A_0 \prod_i^n (1 + 0.3 r_i)$。

$i = 1, 2, 3, \cdots\cdots$（1994 年 = 1，1995 年 = 2，……）

其中 A_0 表示 1993 年（基期年）地方上划中央的两税（75% 的增值税与 100% 的消费税）收入，该项税收返还数额与上划中央两税税收数额相等。

1994 年及以后各年的返还比率为：

$$T_{\text{central-local},i} / T_{\text{central},i} = A_0 \prod_i^n (1 + 0.3 r_i) / A_0 \prod_i^n (1 + r_i) = \prod_i^n (1 + 0.3 r_i) / \prod_i^n (1 + r_i)$$

(5.1)

假如某省每年两税收入增长率恒定为 16%，则中央对某省的税收返还数额如表 5 – 1 所示。

表 5 – 1　中央对某省的"两税"返还数额及其占上划中央两税收入比重

单位：亿元，%

项目	1993 年	1994 年	1995 年	2000 年	2005 年	2010 年	2015 年	2016 年	2020 年	2025 年
某省上划两税数额	100	116	134.56	282.62	593.6	1246.77	2618.64	3037.62	5500.04	11551.96
中央返还某省数额	100	104.8	109.83	138.84	175.52	221.89	280.51	293.97	354.61	448.29
返还数额/上划数额	100	90.34	81.62	49.13	29.57	17.80	10.71	9.68	6.45	3.88

注：1993 年 = 100。
资料来源：由公式 5.1 式测算得出。

[①] 参考指标主要有两条：一是 1994 年上半年主要经济指标完成情况，两税收入比上年同期增长 24%；二是 1993 年各地区两税收入增长情况。这个增长率既能够保证中央财政对地方税收返还的需要，又可以使各地经过努力达到这个增长目标。增长目标考核办法如下：两税达到 1994 年增长目标的，承认 1993 年税收返还基数，并按 1:0.3 系数增加对该地区的税收返还；1994 年两税数额低于上年的，相应扣减税收返还基数；"两税收入"没有达到增长目标，但是高于上年基数的，按 1:0.3 系数增加对地方的税收返还，但是，从税收返还额中扣减完成数低于增长目标中影响中央的部分。为了鼓励各地超收，经国务院同意，对 1994 年两税超过增长目标的地区，对其超过部分，中央给予一次性奖励，超收部分另加 1:0.3 系数返还地方。

显然，由表 5 - 1 中数据可得，中央对地方的两税返还数额占本地区上划中央两税数额的比重越来越小，相应的，两税返还增加地方财政收入功能也越来越小。要说明的是，由于 31 个省、自治区和直辖市的 A_0 与 r_i 并不相同，中央对各省级行政单位单独测算返还数额。但是，税收返还数额占地方上划中央两税比重这一递减趋势是相同的，尽管具体比例不尽相同。1994 年实施的两税返还如上文所述，平稳进行，直到 2012 年开始实施营业税改增值税。2016 年《国务院关于印发全面推开营改增试点后调整中央与地方增值税收入划分过渡方案的通知》（国发〔2016〕26 号），规定中央与地方的"五五分成"比例，以 2014 年中央上划收入为基数，通过税收返还方式还予地方；"营改增"的变动，并不影响两税返还最初设计，各地方实际得到的增值税收入取决于基期 2014 年确定的税收返还额及各地区自身增值税增长率（或增量）。[1] 与前期相同，既要保持现有财力格局不变，又要注重调动地方积极性；但同样可以通过渐进递减设计，调整中央地方增值税收入划分方案，使得税收返还对地方财政收入增加效应逐渐弱化。[2]

2. 所得税基数返还

《所得税收入分享改革方案》中关于所得税基数返还收入部分规定："2002 年所得税收入中央分享 50%，地方分享 50%；2003 年所得税收入中央分享 60%，地方分享 40%；2003 年以后年份的分享比例根据实际收入情况再行考虑。……以 2001 年为基期，按改革方案确定的分享范围和比例计算，地方分享的所得税收入，如果小于地方实际所得税收入，差额部分由中央作为基数返还地方；如果大于地方实际所得税收入，差额部分由地方作为基数上解中央。"[3] 因此，所得税基数返还收入延续了 1994 年"存量不动、增量调整"的思想，仍然遵循基数法（以 2001 年为基期），没有触动地方既得利益。

---

① 为确保地方既有财力不变，中央返还或地方上缴基数 = "营改增"后地方分享增值税（全部增值税的 50%）- ["营改增"前地方分享增值税（25%）+ 营业税（100%）]。前者小于后者，则为中央返还基数；前者大于后者，则为地方上缴基数。

② 《国务院关于实行中央对地方增值税定额返还的通知》（国发〔2016〕71 号）规定，从 2016 年起，以 2015 年为基数实行定额返还，对增值税增长或下降地区不再实行增量返还或扣减。

③ 《国务院关于印发所得税收入分享改革方案的通知》（国发〔2001〕37 号），2001 年 12 月 31 日。

3. 成品油（价格和）税费改革税收返还

此次改革①是价税费联动改革，总体思路是取消养路费等六项收费，逐步有序取消政府还贷二级公路收费，规范政府收费行为，减轻社会负担。成品油消费税属于中央税，新增成品油消费税连同由此增加的增值税、城建税和教育费附加具有专项用途，不作为经常性财政收入，不计入现有与支出挂钩项目的测算基数。为确保地方利益不受影响，中央对地方的该项补助性资金包括存量资金和增量资金，前者按照代替养路费等六项收费分配，保证地方"六费"基数；后者原则上不调整地方既得利益，主要根据各地批发环节燃油销量分配，显然地方燃油消耗量越大，分享的税收越多。②

因此，税收返还主要是激励地方税收努力与保证地方既得利益，在不影响地方财政平稳运行基础上的循序渐进改革。从中央税收返还的目的与实施办法来看，相比较而言，税收返还确实更有利于财政能力强的发达地区增加财政收入，但是，这种基数与总体返还递减式设计对不发达地区如民族地区财政失衡效果的作用必然越来越小。

（二）中央税收返还对民族地区与全国地方的税收收入增加作用逐渐减弱

自1996年至2016年中央税收返还相对规模逐渐下降，数据证明其对财政失衡作用力越来越弱（见图5-3）。

随着经济社会的发展，中央税收返还绝对数量越来越大，民族地区由1996年的94.76亿元上升到2016年的551.02亿元；全国地方由1996年的1948.6亿元上升到2016年的6826.84亿元；但是，中央税收返还的相对数量基本呈逐渐下降趋势（2016年略有提高与营改增有关）。就税收返还占地方本级财政收入的比重而言，民族地区由1996年的44.87%下降到2016年的10.18%，全国地方由1996年的52.01%下降到2016年的7.83%，说明税收返还对增加地方财政收入的贡献越来越小，且因民族地区经济增长速度相对较快，2016年这一指标比全国地方还高出2.35个百

---

① 2008年12月18日国务院正式发布《国务院关于实施成品油价格和税费改革的通知》（国发〔2008〕37号），从2018年12月19日起实施。

② 改革增加的消费税、增值税，虽然列在中央，但在中央其不用于安排本级财政支出，全部由中央财政通过规范的财政转移支付分配给地方。

分点。就税收返还占中央财政补助（税收返还与转移支付的和）的比重而言，民族地区由 1996 年的 41.60% 下降到 2016 年的 6.01%，全国地方由 1996 年的 71.57% 下降到 2016 年的 11.49%，民族地区一直显著低于全国地方平均水平，说明中央税收返还在增强地方财力作用方面明显逊色于中央转移支付，民族地区更为明显。进一步印证，税收返还对地方财力增加的作用越来越小，激励地方税收努力的效果完全可由相应税收的税收分享比例增加实现。

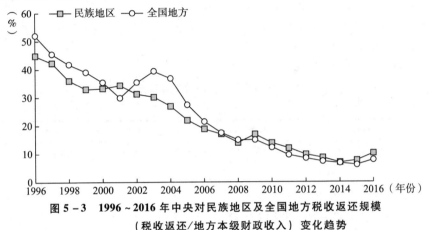

图 5 - 3　1996～2016 年中央对民族地区及全国地方税收返还规模
（税收返还/地方本级财政收入）变化趋势

注：由于数据可得性，2012～2014 年的数据是不包括西藏的四个自治区数据。

资料来源：1997～2017 年 5 个自治区的统计年鉴与《中国统计年鉴》，见附表 5 - 3。

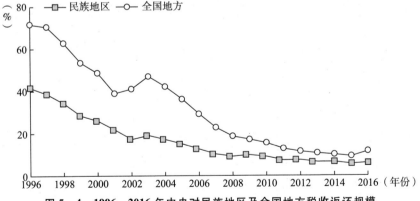

图 5 - 4　1996～2016 年中央对民族地区及全国地方税收返还规模
（税收返还/税收返还 + 转移支付）变化趋势

注：由于数据可得性，2012～2014 年的数据是不包括西藏的四个自治区数据。

资料来源：1997～2017 年 5 个自治区的统计年鉴与《中国统计年鉴》，见附表 5 - 3。

四 中央财政支持民族地区提供均等化基本公共服务水平分析

（一）民族地区高成本基本公共服务均等化确有高人均财政支出保障

分税制改革至今，在区域协调发展战略与中央财政大力度支持下，民族地区兜底性财政支出得到保障。对于民众普遍关注的教育与医疗卫生两项民生性支出，民族地区支出水平逐渐提高且均高于全国地方平均水平。对于民众获得感更强的社会保障与就业支出，民族地区变化显著且增长速度相对更快（见表5-2）。

表5-2 民族地区与全国地方财政支出比较

单位：元/人

年份	财政支出		教育支出		医疗卫生支出		社保就业支出	
	民族地区	全国地方	民族地区	全国地方	民族地区	全国地方	民族地区	全国地方
1995	429.65	398.64	116.11	105.31	116.11	105.31	8.35	9.47
2000	850.34	807.07	125.73	125.38	38.47	37.24	51.72	58.96
2005	2173.51	1923.76	298.60	285.26	85.88	77.67	148.24	175.29
2010	6948.90	5510.02	1122.60	882.17	446.84	352.79	728.22	647.35
2015	13737.96	10936.52	2142.72	1812.41	986.90	863.41	1582.72	1330.96
2016	14806.89	11596.89	2226.58	1925.57	1079.02	945.07	1912.81	1497.12

注：1995年教育支出与医疗卫生支出均采用的是不能剥离的"文教卫生事业费"，所以相同；1995年社保就业支出采用的是"抚恤、社会福利救济费"；2000年与2005年的教育支出与医疗卫生支出分别计算，社保就业支出是"抚恤、社会福利救济费"与"社会保障补助支出"的和；民族地区与全国地方相同数据指标完全一致，具有可比性。

资料来源：1996~2017年五个自治区的统计年鉴及《中国统计年鉴》计算得出。

各地区基本公共服务提供成本有差异，历史地理等综合原因使民族地区成本更高。因此，民族地区的基本公共服务并不能简单运用财政支出数额进行均等化比较，如民族地区位置偏远、地貌复杂、气候多样的区位环境致使交通等行政成本高，同时多种地方病易发，医疗卫生成本高；民族地区多样的语言文化、习俗宗教等使教育文化成本高；对民族地区基本公共服务的长期历史欠账与积累，生产与思维方式转变等致使（基本）公共服务提供综合成本高。只要有中央财政保障就能实现民族地区人均财政支出数额均等化，但是真正的民族地区基本公共服务均等化，需要民族地区政府公共服务能力的提升。所以，分税制改革以来，民族地区人均财政支出高于全国地方，并不意味着基本公共服务提供水平高于全国地方平均水平，实际上距离质量型基本公共服务均等化尚且远矣。

（二）民族地区与全国地方的民生性公共服务均等化比较

民族地区基本生活成本与脱贫等问题复杂且彼此交织，使基本就业保障、基本养老保障、基本生活保障等基本公共服务的提供难以比较，这里选取提供基本尊严及基本能力保障的基本教育服务与提供基本健康保障的医疗卫生服务进行比较，[①] 这也是全国各地区绝大多数居民最关心、最迫切需要的（基本）公共服务（见表5-3）。

表5-3　民族地区与全国地方的教育医疗卫生（基本）公共服务比较

年份	在校小学生数/专任教师数		在校小学生数/本科以上专任教师数		千人口床位数（张）		千人口执业（助理）医师数（人）	
	民族地区	全国地方	民族地区	全国地方	民族地区	全国地方	民族地区	全国地方
1995	23.72	23.30	——	——	2.41	2.59	1.56	1.58
2000	21.35	22.21	——	——	2.27	2.45	1.37	1.60
2005	18.34	19.43	303.48	288.85	2.34	2.56	1.23	1.48
2010	16.58	17.70	77.46	74.65	3.22	3.57	1.48	1.80
2015	16.51	17.05	41.10	37.12	4.68	5.10	1.79	2.21
2016	16.68	17.12	37.73	33.96	5.31	5.36	2.29	2.31

资料来源："在校小学生数/专任教师数"由1996~2017年的《中国统计年鉴》计算得出，"在校小学生数/本科以上专任教师数"由2005~2016年的《中国教育统计年鉴》计算得出，1995年与2000年数据缺乏，教育方面，民族地区采用五自治区数据。1995~2015年的"千人口床位数"与"千人口执业（助理）医师数"的数据由1996~2016年《中国民族统计年鉴》计算得出，依据数据可得与有效性，民族地区采用民族自治地方数据；表中2016年的"千人口床位数"与"千人口执业（助理）医师数"由2017年《中国统计年鉴》计算得出，民族地区采用五自治区数据。

如表5-3所示，基本教育服务中民族地区小学"生师比"整体低于全国地方平均水平，似乎说明民族地区小学专任教师相对数量并不低，但是民族地区具有地广人稀的分散性居住特征，因此不能简单进行数量对

[①] 此处采用义务教育阶段的小学教育情况进行基本教育服务比较；由于我国目前基本医疗与公共卫生服务无法从医疗卫生服务中准确剥离出来，所以此处比较的是医疗卫生服务（资源）。

比。如五自治区人口密度是 25 人/平方千米，全国地方人口密度是 144 人/平方千米，① 按照人口密度测算生师比，民族地区小学生师比应该更小；对于以小学教师学历指标为代表的质量型基本教育服务，民族地区本科以上专任教师生师比明显高于全国地方平均水平。如果只计算硕士及以上小学教师的生师比则相差更大，2005 年、2010 年、2015 年与 2016 年民族地区分别为 92888.06、28734.08、5409.73、4331.57，而全国地方四年份分别为 65882.75、15515.38、2736.59、2207.11，差距不是在缩小，而是在拉大。就医疗卫生（基本）公共服务而言，无论是硬件设施还是软性服务，与全国地方相比，民族地区医疗卫生服务水平有待提升；若考虑相对高端的硬件设施，以每万人口拥有 100 万元以上医疗设备为例，2015 年民族地区比全国地方少 0.06 台、2010 年少 0.10 台、2015 年少 0.15 台；② 由于执业（助理）医师学历与职称数据可得性约束，质量型"人"的公共服务水平无法进行比较，从实地调研的经验推演，民族地区拥有国家标准认可的专家型执业医师数量相对较少。

综上，无论是硬件还是软件，民族地区质量型公共服务水平有待提高。实际上，基本公共服务均等化不能简单用数量来衡量，实践证明质量型公共服务对提升民众满意度更有效。显然，中央转移支付保障的地方财力均等化与地方基本公共服务均等化并没有直接因果关系，尤其是难以考核的质量型基本公共服务，需要以激励相容的机制设计与科学的地方预算管理为制度基础。

第二节 中央对民族地区转移支付和税收返还的调整建议

在新发展理念指导下，中央地方激励相容的财政制度创新性设计与财政转移支付制度深化改革加速推进基本公共服务均等化，保障民生性政策落实，促进区域协调发展，缩小民族地区与其他地区的发展差距。

---

① 五自治区土地面积 437.34 万平方千米，2016 年人口总数为 10762 万人；全国 138271 万人；数据由《中国统计年鉴—2017》原始数据计算得出。

② 每万人口拥有 100 万元以上的医疗设备：民族地区 2005 年是 0.16 台，2010 年是 0.28 台，2015 年是 0.76 台；全国地方 2005 年是 0.22 台，2010 年是 0.38 台，2015 年是 0.91 台。数据由 2006 年、2011 年、2016 年的《中国民族统计年鉴》原始数据计算得出。

一　适时取消税收返还代之以中央地方"新"分税调整

总体渐进递减式的中央税收返还实施至今已经顺利完成了推进分税制改革的使命，调动各地区积极性与激励地方税收努力完全可以通过调整税种税率分享达到相同甚至更好的效果。在新发展理念下，用"新"分税制的创新性调整适时适当取代税收返还，不仅有利于促进税收制度创新、税收利益共享及区域财政关系协调，而且有利于深化财税体制改革与建立现代财政制度。

（一）　体现央地财政激励相容的"简政"

首先，1994 年税种划分格局属于中央与地方两级次政府间税收收入的初次分配，税收返还属于中央对地方上划税收收入的二次分配。为减少中央与省级财政间税收收入再分配环节，避免税收收入在中央与地方财政之间反复划拨与减少繁复税政工作，可以通过科学测算进行"新"分税来简化分配关系，合理确定税收分享，使初次分配的央地税收利益分配格局与原分税制税收返还后的利益分配格局一致。其次，对地方税收努力而言，初次分配就能得到较大比例分享税额要比等二次分配后才能得到相同税额具有更大的激励与动力作用。最后，避免税收返还反方向影响中央对地方转移支付的均等化效果，新分税使中央对地方财政补助体制简化，避免出现"双轨制"现象。

（二）　体现央地财政激励相容的"放权"

现行的税收返还税种主要包括增值税、消费税、企业所得税、个人所得税四个税种。首先，消费税属于中央税，税收返还后其具有共享税的性质，完全可以通过科学测算，把消费税改为中央地方共享税，例如通过科学测算中央地方分享比例（如 90∶10）等，达到维护原来利益格局的目的。其次，其他三个税种属于共享税，同样可以通过科学测算改变共享税的中央地方分享比例，将增值税地方分享比例提高（到 60% 左右）和所得税地方分享比例提高（到 50% 左右）。新分税制下税种分享增加及地方分享比例向上调整可直接增加地方级税收收入，更有利于达到激励地方税收努力的效果，同时有利于提高地方财政的自主性。最后，新分税制确实提高了地方级税收收入，且使其高于原分税制下的地方级收入部分，中央完全可以减少相应转移支付（尤其是均衡性转移支付）而不改变中央本级最终（实质性）的税收利益，中央仅在税收初次分配时牺牲临时控制的税收利益，就能增强对地方税收努力的激励，促进地方扩大税基，从而实现央地税收双增长。

"简政"与"放权"的新分税制改革有利于建立激励相容的中央地方财政关系。诚然，中央对地方税收返还并不是税收相关法律的明文规定，而是依据国家财税体制改革需要由国务院制定推出的税收收入划拨方案，属于行政法规与规范性文件。适时适当取消税收返还并不意味着完全摈弃，在未来经济社会发展过程中，为解决新遇到的税收税率变更或税收利益分配不合理等问题，完全可以再次推出相应税收返还的过渡性方案，这为"新"分税制改革创新消除了顾虑，有利于加速推进与深化财税体制改革，建立现代财政制度。中央总体渐进递减式税收返还设计已经顺利完成推进分税制改革的使命，而调动各地区积极性与激励税收努力完全可以通过调整税种税率分享达到相同的效果，且税收返还增加地方财政收入的作用已经越来越小。

二 中央地方财政事权明晰界定促进提升转移支付制度的公平性与效率

改革与完善转移支付制度是与财政事权及支出责任划分改革相衔接的，只有事权与支出责任界定明晰，在地方实力与财权现状下，才能实现中央转移支付体系的公平和高效。

（一）关注差异性地方财政事权促进中央对民族地区转移支付规模合理与结构优化

在中央与地方财政事权与支出责任划分的统一框架下，区域差异决定民族地区具有其他地区没有的独特事权及相应的支出责任，主要有：民族地区边境区位与多元文化决定其国防与外交的跨境外部性更强，更关系到国家安全与统一完整等重要事务，因此对于民族地区代理承担中央负责的国防与外交等全国性公共产品（服务），要有中央转移支付规模保障；民生保障的公共产品如社保就业、教育、医疗卫生等属于民族地区与中央共担事权，要厘清央地政府事权与财政支出责任，对属于基本公共服务范畴且受民族地区财政能力约束的部分，要合理界定中央一般性与专项转移支付的规模与结构，确保民族地区具有提供均等化基本公共服务的财力，体现共享发展；在民族地区辖区内属于国家全局性、基础性、战略性的重大项目，如（主体功能区）生态环境保护修复、（"一带一路"）公共基础设施等，要有中央专项转移支付保障，确保绿色发展与开放发展。从根本上使转移支付与财力、事权、支出责任相匹配，建立起一套定位清晰、规模适度、结构合理的转移支付体系。

（二）提升中央转移支付资金分配公平性与使用效率激励民族地区提高公共服务能力

加大均衡性转移支付在一般性转移支付中的比重，提升地方财政自主性，有利于提供满足民族文化偏好的民族地区公共产品；全面盘活转移支付结转结余资金，激励地方积极提供民生领域等具有差异性的公共产品（服务），增加民族地区社会福利；有序取消民族地区竞争性领域的专项转移支付资金，如文化产业、民族贸易企业等专项转移支付等，促进民族地区产业内生能力的发展与全国市场竞争公平。加大中央转移支付的资金统筹力度，激励地方提升基本公共服务能力。

三　健全现代预算管理体制与自治区以下转移支付制度加速基本公共服务均等化进程

通过测算标准收入支出缺口与财力因素确定的一般性转移支付，对地方税收努力具有一定的副作用；绝大多数采用项目法分配的目标明确的专项转移支付，容易导致不同地方与部门"跑"项目而偏离目标设立初衷。因此，应基于健全的现代预算管理体制进行转移支付制度科学规范、公平透明、民主法治等方面的深化改革。

（一）预算管理新理念引领转移支付制度创新与深化改革

把新公共管理的新绩效预算与中长期预算运用到转移支付资金分配与管理中，强调以提升地区间基本公共服务均等化（尤其是质量型基本公共服务均等化）水平的能力为转移支付资金使用效果的考核标准；且因地区间基本公共服务成本存在差异，所以不能简单以财力均等化为衡量标准。中央转移支付制度改革具有示范与传导效应，自治区以下转移支付制度改革与基层基本公共服务提供关系更密切，因此不仅仅要科学设置《中央对地方专项转移支付绩效目标管理暂行办法》（财预〔2015〕163号），还要有"中央对地方一般性转移支付实现基本公共服务均等化的目标考核"，即对基本公共服务数量与质量综合水平提升的考核，并在实施办法中增加对自治区以下基本公共服务努力程度的奖惩机制。

（二）中央转移支付政策的有效落实需要预算法与转移支付相关法律保障

准确的收入与支出预算为转移支付提供准确的依据，应有效落实《预算法》，保障转移支付及时到位，使得地方政府财政收入预期合理并提供基本公共服务支出的财政保障。急需制定出台转移支付法，为中央对地方如省（自治区）以下转移支付的实施提供法律依据，尤其是提供专项转移支付项目设立、资金分配、使用管理及绩效评估的原则与标准等。

中央对民族地区转移支付与税收返还调整是汇聚共性与特性的财政政策创新，是深化财税体制改革的重要任务，是建立现代财政制度的重要内容，是确保中央宏观调控与区域协调发展的重要有效措施。

附录

附表5-1　1996~2016年中央对民族地区转移支付规模变动

单位：元，%

年份	人均转移支付		转移支付/地方本级财政收入	
	民族地区	全国地方	民族地区	全国地方
1996	142.26	63.23	62.98	20.66
1997	168.32	68.36	67.21	19.10
1998	205.99	99.25	69.29	24.85
1999	271.11	151.11	83.07	34.01
2000	342.98	185.07	94.93	37.42
2001	510.24	287.32	123.74	46.99
2002	675.35	337.69	149.31	50.94
2003	651.16	339.05	128.25	44.48
2004	821.57	463.74	130.09	50.68
2005	1003.69	560.56	124.48	48.54
2006	1285.63	728.14	131.68	52.29

续表

年份	人均转移支付		转移支付/地方本级财政收入	
	民族地区	全国地方	民族地区	全国地方
2007	1945.52	1060.84	152.41	59.46
2008	2265.51	1408.76	140.95	65.30
2009	3032.19	1773.91	156.77	72.62
2010	3482.99	2039.49	140.28	67.34
2011	4968.59	2588.88	154.77	66.38
2012	4765.80	2971.38	123.10	65.87
2013	5552.77	3158.12	125.75	62.27
2014	4770.46	3400.26	99.73	61.30
2015	6557.08	3643.09	131.35	60.33
2016	8001.52	3802.23	159.02	60.26

注：2012年、2013年与2014年民族地区是不包括西藏的四个自治区数据。

资料来源：1994～2017年5个自治区的统计年鉴与《中国统计年鉴》。

附表 5 - 2　1996～2016 年中央对民族地区及全国地方转移支付结构变动

单位：%

年份	民族地区		全国地方	
	一般占比	专项占比	一般占比	专项占比
1996	50.80	49.20	36.84	63.16
1997	56.86	43.14	38.70	61.30
1998	50.90	49.10	27.75	72.25
1999	46.48	53.52	32.15	67.85
2000	41.97	58.03	39.93	60.07
2001	39.46	60.54	40.14	59.86
2002	42.93	57.07	44.65	55.35
2003	50.53	49.47	43.03	56.97
2004	50.03	49.97	43.21	56.79
2005	53.73	46.27	47.98	52.02
2006	48.02	51.98	52.50	47.50
2007	51.02	48.98	50.79	49.21
2008	54.00	46.00	46.75	53.25
2009	54.19	45.81	47.80	52.20

续表

年份	民族地区		全国地方	
	一般占比	专项占比	一般占比	专项占比
2010	55.10	44.90	48.40	51.60
2011	56.68	43.32	52.50	47.50
2012	62.92	37.08	53.26	46.74
2013	59.29	40.71	56.69	43.31
2014	65.33	34.67	59.27	40.73
2015	63.81	36.19	56.82	43.18
2016	60.77	39.23	60.61	39.39

注：1. 一般占比是指一般性转移支付占该地区两类转移支付和的比重，专项占比是指专项转移支付占该地区两类转移支付和的比重。

2. 由于数据可得性，2012 年至 2014 年的转移支付数据不包括西藏。

资料来源：根据 1994～2017 年 5 个自治区的统计年鉴与《中国统计年鉴》计算得出。

附表 5 - 3　1996～2016 年中央对民族地区及全国地方税收返还规模变动

单位：%

年份	税收返还/ 地方本级财政收入		税收返还/ （税收返还 + 转移支付）	
	民族地区	全国地方	民族地区	全国地方
1996	44.87	52.01	41.60	71.57
1997	42.28	45.47	38.62	70.42
1998	36.05	41.79	34.22	62.71
1999	32.93	39.04	28.39	53.44
2000	33.25	35.40	25.94	48.61
2001	34.35	29.92	21.73	38.90
2002	31.24	35.40	17.30	41.00
2003	30.23	39.39	19.07	46.97
2004	26.91	36.82	17.14	42.07
2005	21.94	27.44	14.98	36.08
2006	18.80	21.47	12.49	29.11
2007	17.04	17.48	10.06	22.72
2008	14.03	14.95	9.05	18.63
2009	16.95	14.99	9.76	17.11
2010	13.85	12.29	8.98	15.44

续表

年份	税收返还/地方本级财政收入		税收返还/（税收返还＋转移支付）	
	民族地区	全国地方	民族地区	全国地方
2011	12.01	9.59	7.20	12.62
2012	9.80	8.40	7.37	11.30
2013	8.59	7.31	6.39	10.51
2014	6.89	6.70	6.46	9.85
2015	7.63	6.05	5.49	9.11
2016	10.18	7.83	6.01	11.49

注：2012 年、2013 年与 2014 年民族地区是不包括西藏的四个自治区的数据。

资料来源：1997～2017 年 5 个自治区的统计年鉴与《中国统计年鉴》。

第六章　中央财政支持下民族地区支出结构分析与优化建议*

地方财政支出结构是指地方政府财政资金的用途、使用方向、比例构成及其相互关系。简言之，是指财政支出总额中各类支出的组合以及各类支出在总支出中的比重。其不仅反映了地方政府提供的不同公共服务类型组合，还反映了地方政府在经济社会发展中的职能与角色定位，显示了地方政府财政活动偏好，实际上暗含着地方政府的行为取向。"十三五"开局之年召开的中央经济工作会议强调要着力推进供给侧结构性改革，矫正要素配置扭曲，提高有效供给效率。公共选择理论表明地方政府及其官员的策略性选择行为易导致地方财政支出结构出现偏向，即地方公共产品供给结构与需求结构不匹配。在中国式财政分权背景下，为避免地方政府财政资源错配，对地方财政支出结构进行深入研究显得尤为必要和紧急，这要求从政府治理视角去理解地方政府官员的行为逻辑及地方财政支出结构的形成机理，从而为地方政府加速转向公共服务型政府提供理论指导与实践借鉴。

然而，历史地理因素的长期累积使民族地区①与其他地区的特征差异显著，东部、中部、东北与西部四大区域的财政支出结构比较及研究结论远不能解释民族地区财政支出结构特征，并解决其优化问题。民族地区内民族文化差异显著，少数民族异质性偏好决定了公共需求多样化与地方政府公共服务供给差别化。现有文献中关于地方财政支出"偏向"基础设施投资的研究②并不适用解释当时民族地区基础设施严重不足的情况；关于

---

* 张冬梅：《民族地区财政支出结构优化研究》，《满族研究》2016 年第 3 期；被 2017 年第 3 期人大复印报刊资料《民族问题研究》全文转载。

① 本章基于省级数据研究，因此本章中民族地区专指五个自治区。

② 张军、高远、傅勇、张弘：《中国为什么拥有了良好的基础设施？》，《经济研究》2007 年第 3 期。

地方财政支出结构偏向的评价方法与结论更不能被简单套用与移入财政支出差异性显著的民族地区。[①] 我国民族区域自治制度与《中华人民共和国民族区域自治法》从制度与法律上警示民族地区财政支出结构特征的深层根源剖析与优化路径选择不能照搬全国地方范围内的一般性研究的结果，这是汇聚共性与特性的涉及地方财政支出结构科学安排的制度供给创新性研究，关系到全国财政体制改革的全面、深刻与包容。

第一节　民族地区财政支出结构特征的实证分析

一　财政支出分类说明

改革开放以来，我国财政支出分类主要经历了 1994 年的"分税制"财政管理体制改革与 2007 年实施的政府收支分类改革，后者要求根据中央政府与地方政府的事权，明确划分各级财政支出责任范围。由于改革前后财政支出分类差异较大，且分类较多，为满足研究需要，本章统一将财政支出分为国防类、行政管理类、科教文卫类、社保就业类、经济建设类、住房社区类与其他支出"七大类"（见表 6 – 1）。

表 6 – 1　1995 ~ 2014 年财政支出分类

分类	年份	具体名称
行政管理	1995 ~ 2006	行政管理费、公检法司支出、外交外事支出、武装警察部队支出
	2007 ~ 2014	一般公共服务支出、外交支出、公共安全支出
经济建设	1995 ~ 2006	基本建设支出、企业挖潜改造资金、地质勘探费用、科技三项费用、流动资金、农林水支出、工业流通等部门支出、海域开发建设等
	2007 ~ 2014	农林水、交通运输、资源勘探电力信息、商业服务业等、金融监管等、国土资源气象等、粮油物质管理事务、节能环保
科教文卫	1995 ~ 2006	文教卫生事业费、科学事业费、文体广播事业费
	2007 ~ 2014	教育、科学技术、文化体育与传媒、医疗卫生
社保就业	1995 ~ 2006	抚恤和社会福利救济、行政事业单位离退休支出、社会保障补助支出
	2007 ~ 2014	社会保障和就业

---

① 郑尚植：《地方财政支出结构偏向的政治经济学研究》，中国社会科学出版社，2014，第 32 ~ 33 页。

续表

住房社区	1995～2006	简易建筑、城市维护
	2007～2014	住房保障支出、城乡社区事务
国防	1995～2014	国防支出
其他支出	1995～2014	没有列出的其他财政支出

注：1995～2006年在科教文卫支出方面，不同的年份支出项目名称有变化，但凡是属于科学、教育、文化与卫生领域的财政支出均归为此类。

财政支出分类主要依据支出功能同时借鉴按经济性质分类方法并与国际货币基金组织分类方法相结合。具体说明如下：其一，"国防类""行政管理类""科教文卫类"属于功能有显著区别的购买性社会消费支出；其二，"社保就业类"属于转移性的社会保障支出；其三，2007年新增的"环境保护"（2012年改为"节能环保"）归属"经济建设"类，因为与其他项相比，该类与"经济建设"相关性最强；[1] 其四，分类中单独列出"住房社区类"，因为2007年及以后的财政支出分类中，"住房保障支出"与"城乡社区事务"不属于纯"经济建设类"，更有别于"社保就业类"，具有某种程度的社会性及民生性，且1995～2006年的"简易建筑"与"城市维护"归属"住房社区类"更为妥当。因此，本章中财政支出结构是指上述七类的财政支出占当年财政总支出的比重。

二 民族地区财政支出结构典型特征的实证结果

（一）民族地区财政支出结构现状的典型特征

国内多位学者通过实证研究得出地方政府财政支出结构偏向固化并且存在区域差异的结论。[2] 通过对2014年民族地区与其他地区财政支出结构进行比较分析，这一结论得到印证（见表6-2）。

---

[1] 2014年"节能环保类"下细分的"污染防治"、"能源节约利用"及"污染减排"三款合计占比57.55%；作者在民族地区调研发现此类财政支出绝大多数被用于与经济建设相关的项目上。另外，不能将其单列为一类是因为2007年以前没有该类数据

[2] 李丹、唐善勇：《财政分权、政治体制与地方政府财政支出结构偏向》，《地方财政研究》2014年第9期；郑尚植：《地方财政支出结构偏向的政治经济学研究》第28～47页；傅勇：《中国式分权与地方政府行为：探索转变发展模式额制度性框架》，复旦大学出版社，2014，第47～87页。

表 6 - 2 2014 年民族地区与其他地区财政支出结构比较

单位：%

支出分类		全国地方	民族地区	西部地区	东部地区	中部地区	东北地区
行政管理		14.78	15.29	14.51	15.05	15.32	13.19
经济建设		27.46	29.85	30.55	25.05	27.34	28.17
科教文卫	教育	16.86	15.32	15.62	18.37	17.28	13.28
	科学技术	2.23	1.16	1.12	3.39	1.87	1.62
	文化	1.91	2.21	1.92	2.08	1.64	1.74
	医疗卫生	7.81	6.99	7.69	7.70	8.82	6.26
	合计	28.81	25.68	26.35	31.54	29.61	22.90
社保就业		11.82	11.06	12.38	9.65	13.11	16.53
住房社区		13.61	14.70	12.94	14.12	12.28	16.75
国防		0.18	0.18	0.17	0.20	0.15	0.19
其他支出		3.35	3.24	3.11	4.38	2.20	2.27
总计		100.00	100.00	100.00	100.00	100.00	100.00

注：全国地方是指全国 31 个省、自治区与直辖市；民族地区包含了五个自治区；西部地区包括 12 个省、自治区及重庆市，中部地区包括 6 个省，东北地区包括 3 个省，东部地区包括 10 个省、直辖市；各区域的某类财政支出占比等于该区域内所有省级同类财政支出合计占当年区域内所有省级财政支出的比重。"总计"部分数据取整数。

资料来源：《中国统计年鉴—2015》，第 221 ~ 223 页。

按国内学者实证结果，如果说全国地方财政支出结构偏向"经济建设"（2014 年全国地方财政经济建设支出占比 27.46%）与"行政管理"（2014 年全国地方财政行政管理支出占比 14.78%），即偏向"经济"与"政府"，那么民族地区财政支出结构明显更偏向这两类，2014 年民族地区财政经济建设支出与行政管理支出占比分别为 29.85% 与 15.29%，均高于全国平均水平。同时，如果说全国地方财政支出忽视"科教文卫"（2014 年占比为 28.81%）与"社保就业"（2014 年占比为 11.82%），那么民族地区财政对"科教文卫"支出（2014 年占比为 25.68%）与"社保就业"支出（2014 年占比为 11.06%）更为忽视，且两类支出严重不足。

如果将民族地区与其他地区（东部、中部、西部、东北部）进行比较，同样可以得出其财政支出结构"重"政府与经济、"轻"社会保障与发展的结论。就 2014 年数据而言，"行政管理"支出占比从低到高依次是东北（13.19%）、西部（14.51%）、东部（15.05%）、中部（15.32%），民族地区仅次于最高的中部；"经济建设"支出占比从低到高依次是东部（25.05%）、中部（27.34%）、东北（28.17%）、西部（30.55%），民族地区仅次于最高的西部。公共财政的本质要求这两类财政支出比重应相对较小。同样根据 2014 年数据，"科教文卫"支出占比从高到低依次是东部（31.54%）、中部（29.61%）、西部（26.35%）、东北（22.90%），民族地区仅高于最低的东北地区；"社保就业"支出占比从高到低依次是东北（16.53%）、中部（13.11%）、西部（12.38%）、东部（9.65%），民族地区仅高于最低的东部（发达地区绝对数量大）；从社会发展角度来看这两类财政支出比重应相对较大。因此与其他地区相比，民族地区财政支出结构偏向问题更为严重。

如果把"经济建设"支出作为政府短期投资，将"科教文卫"支出看作政府长期投资，那么政府财政支出显然偏向短期经济增长，忽视社会长期发展。① 一是教育支出，2014 年民族地区教育支出占比为 15.32%，不但低于全国平均水平（16.86%），甚至低于西部地区（15.62%），民族地区的民族教育特色鲜明，其中内蒙古蒙古语、新疆维吾尔语、西藏藏语均有自己的文字，起码在民族语与汉语教学方面需要更多的教育支出。然而曾经连续八年地区生产总值增长最快的内蒙古，其教育支出仅占财政总支出的 12.31%，西藏教育支出占 11.98%，只有新疆（17.10%）略微高于全国平均水平。二是科学技术支出，2014 年民族地区科学技术支出占比（1.16%）亦如此，低于全国平均水平（2.23%），略微高于西部（1.12%），明显低于东部（3.39%）、中部（1.87%），甚至东北（1.62%）。2014 年西藏经济增长率最高，为 10.8%，其科学技术支出仅占 0.37%，内蒙古科学技术支出占 0.85%、新疆为 1.22%，宁夏为 1.17%，民族地区科学技术支出占比最高的广西（1.72%）也低于全国平均水平。三是医疗卫生支出，地方病较多的民族地区医疗卫生支出并不多，2014 年民族地区这一占比为 6.99%，低于全国平均水平（7.81%），甚至西部（7.69%），更低于东部（7.70%）与中部（8.82%）。唯一能够体现民族地区特殊性的只有文化支出，2014 年民族地区这一占比为 2.21%，高于全国地方平均水平（1.91%），同时高于西部（1.92%）、东部（2.08%）、中部（1.64%）与东北（1.74%）；少数民族文字语言、宗教习俗等文化差异与异质性偏好，乃至

---

① 科教文卫支出数据均为计算得出，原始数据见《中国统计年鉴—2015》，第 221～223 页。

少数民族文物保护与文化传承，均需要更多的财政支出支持，因此不能简单凭借这一数据认为民族地区财政支出偏向文化；多样化有利于创新，少数民族文化更是国家"软实力"发展的积淀与财富。

（二）民族地区财政支出结构典型特征的变化趋势

尽管民族地区适用《中华人民共和国民族区域自治法》赋予的财政自治权，但从1995～2014年的统计数据来看，民族地区财政支出结构明显偏向的典型特征不但一直存在与保持着，而且呈现固化趋势，与全国地方财政支出结构偏向性相比"有过之而无不及"。

与全国地方变动趋势大致相似，1995～2014年民族地区财政支出结构总体变动趋势并未明显好转。民族地区行政管理支出占比自1994年的20.09%下降到2006年的16.37%，2007年大幅上升到25.62%后再次逐渐下降到2014年的15.29%，基本呈现下降趋势（见图6-1）；民族地区经济建设支出占比一直保持在30%左右，最高年份2002年为38.26%，最低年份是2007年（25.24%）（见图6-2）；民族地区科教文卫支出占比自1995年的27.81%起螺旋式下降，2006年为20.98%，从2007年（25.57%）到2014年（25.68%）的八年间波动幅度最大为0.91个百分点，几乎相当于稳定在25%左右（见图6-3）；民族地区社保就业支出占比上升趋势较为明显，由1995年的1.94%逐渐上升到2003年13.64%，后续年份基本在11%上下浮动，相对较为稳定（见图6-4）；上升趋势最为明显的是民族地区住房社区支出占比，2004年以前约为4%，2005～2014年大幅攀升，印证了"地方土地财政"现象的存在（见图6-5）。1995～2014年全国地方与民族地区其他支出占比变化情况见图6-6。图6-1至图6-6中没有展现民族地区与全国地方国防支出占比变化，主要是因为若采用与其他财政支出相同的比例尺图示，1995～2014年国防支出变化不明显，民族地区国防支出占比最低年份为0.10%，最高年份为0.27%，全国地方国防支出占比最低年份为0.08%，最高年份为0.21%。两条变化曲线几乎都贴近0.00%的横坐标轴，所以此处省略。统计数据说明民族地区国防支出占比高于全国地方这一指标。

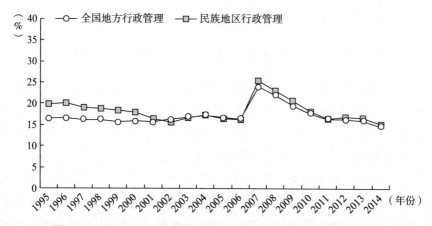

图 6 - 1　1995～2014 年全国地方与民族地区政管理支出占比变化

资料来源：具体数据见本章附表 6 - 1；原始数据来自 1996～2015 年《中国统计年鉴》与《中国财政年鉴》。

图 6 - 2　1995～2014 年全国地方与民族地区经济建设支出占比变化

资料来源：具体数据见本章附表 6 - 1；原始数据来自 1996～2015 年《中国统计年鉴》与《中国财政年鉴》。

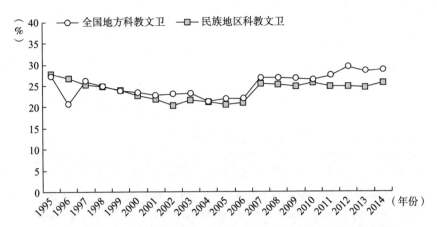

图 6 - 3　1995~2014 年全国地方与民族地区科教文卫支出占比变化

资料来源：具体数据见本章附表 6 - 1；原始数据来自 1996~2015 年《中国统计年鉴》与《中国财政年鉴》。

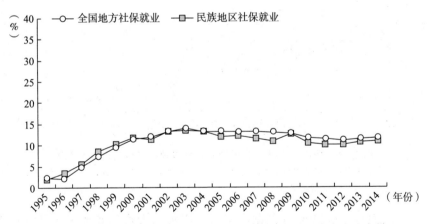

图 6 - 4　1995~2014 年全国地方与民族地区社保就业支出占比变化

资料来源：具体数据见本章附表 6 - 1；原始数据来自 1996~2015 年《中国统计年鉴》与《中国财政年鉴》。

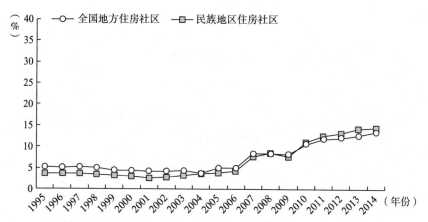

图 6 - 5 1995 ~ 2014 年全国地方与民族地区住房社区支出占比变化

资料来源：具体数据见本章附表 6 - 1；原始数据来自 1996 ~ 2015 年《中国统计年鉴》与《中国财政年鉴》。

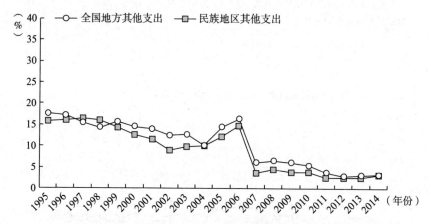

图 6 - 6 1995 ~ 2014 年全国地方与民族地区其他支出占比变化

资料来源：具体数据见本章附表 6 - 1；原始数据来自 1996 ~ 2015 年《中国统计年鉴》与《中国财政年鉴》。

一般而言，1994 年分税制改革后，中央加大对民族地区转移支付力度，通过各种财政支出政策支持民族地区跨越式发展，如 1994 年以来国家实施"八七扶贫攻坚计划"，1995 年以来实施对口支援扶贫协作，1998 年改"新增发展资金"为"少数民族发展资金"，1999 年以来实施兴边富民行动，2000 年以来实施西部大开发战略，2001 年以来实施扶持人口较少民族发展计划，2006 年设立边远地区、少数民族地区基础测绘专项补助经费项目，2009 年财政部会同国家民委设立少数民族特色村寨保护与发展试点，2013 年国家深入贯彻落实"十二五"扶持人口较少民族发展、兴边富民行动和少数民族事业三个国家级专项规划，2014 年中央对地方民族地区转移支付规模达到 520 亿元等。2006 年党的十六届六中全会通过《中共中央关于构建社会主义和谐社会若干重大问题的决定》，提出注重社会事业建设，2007 年党的十七大报告将加快推进以改善民生为重点的社会建设作为重点内容，要求着力保障和改善民生。但从财政支出结构变动趋势看，民族地区政府对民生领域的重视程度变化并不明显，仍旧存在偏向"政府""经济"数量型发展、弱化"社会发展""社会保障"质量型发展的趋势。

三 民族地区财政支出结构典型特征的经济增长动机解析

民族区域自治制度是我国的基本政治制度，《中华人民共和国宪法》和《中华人民共和国民族区域自治法》等一系列法律皆有相关规定肯定了自治机关的自治权，但是从 20 年中财政支出结构变动状况发现，自治权并没有得到有效发挥，这导致自然社会环境迥异的民族地区在经济社会发展方面与全国一般地方的路径差异并不显著，民族区域自治存在名不副实现象。因此，民族地区政府官员与其他地区政府官员在晋升内在激励方面并无二致，尽管其认同国家重视教育与长远发展的战略思想，但在部门利益、政治博弈及任期周期等约束下，民族地区政府官员更倾向于短期生产性投资；长期社会发展方面的财政支出虽然总量规模扩大，但在结构上并不被民族地区政府重视。为验证民族地区政府基于短期数量型经济增长动机做出财政支出结构选择，借鉴柯布－道格拉斯（Cobb－Douglas）生产函数形式构建模型。因变量 y 是人均地区生产总值，自变量 k 是人均全社会固定资产投资，g_1 是人均行政管理支出，g_2 是人均经济建设支出，g_3 是人均科教文卫支出，g_4 是人均社保就业支出，g_5 是人均住房社区支出，g_6 是人均国防支出及 g_7 是人均其他财政支出，且被解释变量与解释变量为同期。具体函数模型为：$\ln y = A + \alpha \ln k + \sum_{j=1}^{7} \beta_j \ln g_j + u \ (j = 1, 2, \cdots, 7)$。

采用 Eviews 6.0 输出与检验结果（见表 6－3）。

表 6－3 模型变量参数估计值与检验结果

变量	系数	标准误	T 统计量	显著性	p 概率值
C	6.273911	0.514124	12.20312	*****	0.0000

变量	系数	标准误	T 统计量	显著性	p 概率值
k	0.074381	0.08269	0.899513	*	0.3876
g_1	0.272052	0.069208	3.93091	*****	0.0023
g_2	0.062001	0.053067	1.168336	**	0.2674
g_3	−0.472664	0.177699	−2.659917	****	0.0222
g_4	0.022769	0.016349	1.392672	***	0.1912
g_5	0.482310	0.083513	5.77526	*****	0.0001
g_6	0.006193	0.033535	0.184674	——	0.8568
g_7	0.180135	0.042842	4.204626	*****	0.0015

注：1. $t_{0.2} = 0.876$，$t_{0.15} = 1.088$，$t_{0.10} = 1.363$，$t_{0.025} = 2.201$，$t_{0.005} = 3.106$。

2. *****、****、***、**、* 分别表示模型回归系数双侧 t 检验结果在 1%、5%、20%、30%、40% 水平下显著；人均国防支出变量没有通过检验，可以从模型中删掉。

3. $R^2 = 0.999716$，$F = 4837.565$，Prob（F）= 0.0000，模型方程显著性水平为 1%，通过检验。

4. 模型变量数据见本章附表 6-3。

从模型系数的检验水平分析，除人均国防支出这一自变量外，其他自变量均能通过不同显著性水平的检验，由此得出民族地区财政支出结构与经济增长关系结论如下。

其一，当期因变量人均地区生产总值与当期的人均行政管理支出、人均经济建设支出、人均社保就业支出、人均住房社区支出及人均其他支出均呈现不同程度的正相关关系。其中，人均住房社区支出贡献最大，即人均住房社区支出弹性约为 0.48，换言之，人均住房社区支出增加一个百分点时，人均地区生产总值增加 0.48 个百分点。其次是人均行政管理支出弹性约为 0.27，再次是人均经济建设支出弹性约为 0.06，人均社保就业支出弹性约为 0.02。① 这一结果进一步解释与印证了多年来地方政府热衷"土地财政"的原因，以及解释了民族地区财政支出偏向政府"行政管理"的原因。

其二，与其他地区相区别的一个显著特点是民族地区人均经济建设支出对人均地区生产总值贡献虽然为正，但是相对较小，这进一步印证了民族地区政府重视经济建设，同时向中央申请加大转移支付力度的努力要强

---

① 人均其他支出弹性也较大，约为 0.18，但是其他支出类包含项目较多，此处不予比较。

于加强地方经济建设的努力。

其三，民族地区当期人均科教文卫支出对人均地区生产总值的贡献不仅为负，而且弹性较大约为 - 0.47，即人均科教文卫支出增加一个百分点，人均地区生产总值下降 0.47 个百分点。不言自明，科教文卫支出对经济增长的正向作用存在滞后期，并且滞后期较长，对当期经济增长促进作用不大。钞小静等学者采用格兰杰检验方法确定了"社会文教"支出对经济增长促进作用的滞后期为 6 期，[①] 在民族地区政府官员任期（一般为四年，最多不超过五年）内，其会策略性选择科教文卫支出占比，使其既符合国家关于教育等民生性安排，又有利于本地经济增长。

总之，计量结果与相关经济理论和我国民族地区财政支出结构的典型事实相当吻合，说明民族地区政府官员在自利动机下更偏向经济增长见效快的财政支出安排，对经济长期性与可持续性考虑欠缺。内生经济增长理论认为技术进步是推动经济增长的主要因素，所以民族地区政府要增加对基础研究和技术开发的财政支出从而促进经济增长；同时，在长期性与持续性经济增长中人力资本发挥重要作用在发达地区已得到验证，因此民族地区政府应重视通过社会发展的财政支出提高当地民众的综合素质，只有这样才能有效提高劳动生产率。重视"数量型经济增长"使得民族地区政府财政支出结构偏向"行政管理"与"经济建设"，虽然在短期内能积累大量的物质资本，但是严重忽视了经济增长的系统性和可持续性。

第二节　民族地区财政支出结构优化建议

以 1986 年诺贝尔经济学奖获得者詹姆斯·布坎南为代表的公共选择理论学者运用经济学方法分析政府决策人的行为，在经济市场和政治市场上，私人效用最大化与公共利益最大化的二元目标在逻辑上是自相矛盾的。"理性经济"下的民族地区政府官员在熟悉法律和行政制度的情况下，自然会在所能允许的范围内，借助政府的强制性权威实现自利动机。为避免民族地区财政资源错配，应全面深入地理解民族区域自治制度及政府官员的行为逻辑，只有这样才能使财政支出结构更科学合理。因此，民族地区财政

---

① 钞小静、任保平：《中国公共支出结构对经济增长影响的实证分析：1978—2004》，《经济评论》2007 年第 5 期。

支出结构优化要获得政府善治与包容性财政体制改革的制度性激励。

一 基于民族区域自治制度的民族地区"公共服务型"政府转型

用足用活民族区域自治制度供给转变民族地区政府治理观念，自治机关自治权是民族区域自治制度的核心，为促进自治权有效发挥，向民族地区民众提供更好的公共服务，提升民族地区政府自治能力，中央政府要充分考虑"民族自治"与"地方自治"的综合特征，避免"行政性"制约"自治性"，推进民族地区政府向"公共服务型"转型。

一方面，公共服务型政府是以民为本的政府，是保障本辖区少数民族公共需求与提供良好公共服务的责任政府。首先，进一步确保自治机关的工作人员由公正公开程序下的民主选举产生，中央指导与监督的重点在于民主选举全过程中的竞争规则公平，这是保障民族地区参与式财政支出预算的民主基础；其次，科学配置自治区自治机关的自治权限，主要包括立法自治权、行政管理自治权、财政自治权等，国务院尽可能简政放权，让自治机关依据本辖区实际充分发挥自治权，使民族地区政府利用信息优势为少数民族提供优质的差异性公共服务；最后，在依照法律规定任免、考核与奖惩政府官员方面，更充分考虑少数民族公民对官员绩效的满意度，保障民族地区政府在财政支出结构安排上代表民意。

另一方面，公共服务型政府是法治政府，是民族地区政府财政自主性的法律基础。1984 年颁布的《中华人民共和国民族区域自治法》为民族自治地方的自治机关行使自治权提供了法律保障。第五条规定，民族自治地方的自治机关必须维护国家的统一，保证宪法和法律在本地方的遵守和执行；第六条规定，民族自治地方的自治机关根据本地方的情况，在不违背宪法和法律的原则下，有权采取特殊政策和灵活措施，加速民族自治地方经济、文化建设事业的发展。因此民族地区政府应依据法律积极、主动、有效行使自治权，并结合本地方实际在"特"与"活"方面用好变通权，尤其是人事管理自治权、财政管理自治权等。就法律而言，最终还是要诉诸利益，[1] 必须同时考虑自治权的权力与权利的双重属性。[2] 为均衡国家利

---

[1] Rudolf Von Ihering, *Law as a Means to an End*, (New York: Mac-Millan, 1913), p. 33.

[2] 戴小明、潘弘祥等：《统一、自治、发展》，中国社会科学出版社，2014，第 59 页。

益与民族地区的利益，自治权作为一种权力配置，不仅要从法律上保障其科学有效行使，使其不能仅具有政治表象意义；而且自治权作为一种权利，国家除了切实从法律上保证不非法干预，还要从法律上给予尊重和保障，积极保障民族地区的正当利益。

二　基于民族地区财政支出显著特性的央地政府事权明晰界定

央地政府间事权明晰界定，使民族地区政府明确自身的事权范围与支出责任，这是民族地区财政支出预算最重要甚至是唯一的依据。与一般央地政府间事权界定不同，民族地区因地理历史及文化制度的长期累积，存在一些独有的特殊事权，除遵循公共收益原则与效益原则外，中央与民族地区政府间的事权配置要充分考虑并遵循特殊性原则。

第一，地理区位使民族地区国防支出与行政管理支出具有特殊因素。我国大部分少数民族居住地区属内陆边疆，分布在广西、云南、西藏、新疆、甘肃、内蒙古、黑龙江、吉林、辽宁等9个省、区，41个市、州，128个县（旗），与越南、老挝、缅甸、印度、不丹、锡金、尼泊尔、巴基斯坦、阿富汗、塔吉克斯坦、吉尔吉斯斯坦、哈萨克斯坦、俄罗斯、蒙古、朝鲜等国家接壤。因此基本属于全国性公共产品的国防与外交支出全部应由中央承担，同时属于混合性公共产品的巩固边防、维护稳定等需要更高的公共安全支出，中央政府在这一方面应承担更多。

第二，同步建成小康战略目标使民族地区经济建设支出具有特殊因素。一方面民族地区资源禀赋与比较优势决定了，绝大多数民族地区的经济发展仍依赖资源密集型产业，在现有技术条件下，资源开发过程中必然存在不同程度的生态破坏与环境污染；另一方面，国家生态功能区绝大多数位于民族地区，它们承担国家生态服务功能，是全国生态屏障区，面临更高的生态环境标准要求，由此必然出现跨地区资源开发与生态保护，中央财政理应承担更多经济建设支出。同时，"一路一带"倡议，在民族地区进行的跨境基础设施投资、大型公共工程、跨国公共事务属于中央事权，相应财政支出应由中央全部承担。

第三，民族地区民生性财政支出的特殊因素相对较多，中央应加大财政转移支付力度，给予支持。一方面是民族地区科教文卫支出的特殊性，例如少数民族语言与汉语的双语基础教育支出、民族文物保护及民族文化传承等文化支出、民族医药医学的保护与传承等医疗卫生支出、宗教事务管理支出等是在其他一般地区基本不存在的独特财政支出；另一方面，大多数贫困地区位于民族地区，这决定了社会保障、扶贫、灾难救助等方面的财政支出在民族地区更多。

三 基于完善转移支付制度的民族地区财政支出预算结构科学

民族地区自治机关自治权发挥的重要约束就是财力不足，因此在基本公共服务均等化目标及重民生背景下，民族地区要实现质量型发展、保障和改善民生，确实需要完善转移支付制度从而保障民族地区财政支出预算结构科学。

《中华人民共和国预算法》第六条强调，以税收为主体的财政收入被安排用于保障和改善民生、推动经济社会发展、维护国家安全、维护国家机构正常运转等；第七条说明民族自治区政府一般公共预算收入包括地方本级收入、中央政府对本级政府的税收返还和转移支付以及下级政府的上解收入。第三十八条"一般性转移支付应当按照国务院规定的基本标准和计算方法编制"从法律上保障中央加大民族地区转移支付力度，并在预算编制时间与程序安排方面给予法律保障。因此，完善及依法执行转移支付制度是自治区政府顺利进行一般公共预算支出安排的重要保障和前提。

确保民族地区政府实施少数民族参与式预算，不仅会提高政府和少数民族的有效沟通，提高民众满意度，而且还将改善少数民族的信任情况。首先，明晰公民参与预算的基本目标，即从少数民族真实偏好和迫切公共需求出发安排基本民生性财政支出项目，变政府主导供给型财政模式为公共财政模式，更好地保障少数民族需求较大的教育、社会保障和医疗卫生、基础设施等方面的财政支出。其次，财政预算公开透明，保障少数民族的实质性参与，包括多渠道公开预算信息，甚至对少数民族进行专业教育与培训，预算信息细化通俗化，在财政预算报告、预算审议及预算监督过程中实现真正的"阳光预算"。最后，逐步构建财政预算政府治理的多元问责体系，以各级审计机关为中心，以人大、司法、上级政府等多部门为主体，以社会组织、媒体和少数民族为辅，对民族地区政府财政支出预算进行法律追究与问责，并且采取责任追究终身制，加大对预算资金使用违法违纪的惩罚力度，使责任主体违法违纪的机会主义成本显著高于收益。

附表 6 - 1 1995 ~ 2014 年民族地区财政支出结构

单位：%

年份	行政管理	经济建设	科教文卫	社保就业	住房社区	国防	其他支出
1995	20.09	30.26	27.81	1.94	3.80	0.10	15.99
1996	20.14	29.58	26.85	3.52	3.77	0.11	16.04
1997	19.14	29.33	25.42	5.74	3.72	0.11	16.54
1998	18.90	27.96	24.81	8.64	3.41	0.10	16.17
1999	18.45	29.35	24.08	10.28	3.39	0.11	14.35
2000	18.02	31.53	22.83	11.75	3.09	0.10	12.68
2001	16.54	35.42	21.92	11.52	2.73	0.13	11.75
2002	15.74	38.26	20.49	13.43	2.82	0.10	9.16
2003	16.85	34.45	21.63	13.64	3.32	0.15	9.96
2004	17.37	33.78	21.31	13.35	3.83	0.17	10.19
2005	16.58	34.34	20.60	12.12	3.96	0.12	12.28
2006	16.37	30.97	20.98	12.38	4.40	0.13	14.77
2007	25.62	25.24	25.57	11.73	7.82	0.24	3.79
2008	23.10	27.26	25.40	10.95	8.66	0.16	4.48
2009	20.93	29.53	24.93	12.71	7.84	0.22	3.84
2010	18.20	30.37	25.69	10.48	11.15	0.27	3.83
2011	16.59	32.67	24.94	10.19	12.66	0.20	2.75
2012	16.97	31.78	24.96	10.10	13.27	0.22	2.70
2013	16.84	30.42	24.78	10.74	14.39	0.18	2.66
2014	15.29	29.85	25.68	11.06	14.70	0.18	3.24

资料来源：1996 ~ 2015 年《中国统计年鉴》与《中国财政年鉴》。

附表 6 - 2 1995 ~ 2014 年全国地方财政支出结构

单位：%

年份	行政管理	经济建设	科教文卫	社保就业	住房社区	国防	其他支出
1995	16.63	30.58	27.34	2.37	5.27	0.08	17.72
1996	16.75	30.90	20.75	2.19	5.17	0.09	17.30
1997	16.25	31.83	26.17	4.88	5.25	0.09	15.54
1998	16.24	29.76	24.93	7.44	5.06	0.08	14.39
1999	15.79	30.27	23.89	9.59	4.52	0.09	15.75
2000	16.00	29.92	23.44	11.47	4.47	0.09	14.60

续表

年份	行政管理	经济建设	科教文卫	社保就业	住房社区	国防	其他支出
2001	15.78	30.85	22.85	12.04	4.32	0.09	14.07
2002	16.41	30.20	23.11	13.33	4.28	0.11	12.56
2003	16.96	28.46	23.20	14.03	4.42	0.13	12.80
2004	17.37	33.78	21.31	13.35	3.83	0.17	10.19
2005	16.84	28.20	21.93	13.35	5.01	0.11	14.56
2006	16.55	26.59	22.04	13.16	5.05	0.11	16.50
2007	24.08	20.87	26.90	13.31	8.45	0.19	6.20
2008	22.06	22.65	26.88	13.12	8.51	0.16	6.63
2009	19.62	25.91	26.78	12.86	8.36	0.21	6.25
2010	17.79	27.56	26.45	11.75	10.78	0.21	5.46
2011	16.56	28.52	27.44	11.44	11.97	0.21	3.85
2012	16.45	27.37	29.51	11.20	12.25	0.20	3.03
2013	16.07	27.69	28.52	11.57	12.71	0.19	3.24
2014	14.78	27.46	28.81	11.82	13.61	0.18	3.35

资料来源：1996~2015年《中国统计年鉴》与《中国财政年鉴》。

附表 6-3 1995~2014 年民族地区经济增长模型变量数据

单位：元/人

年份	地区生产总值	全社会固定资产投资	行政管理	经济建设	科教文卫	社保就业	住房社区	国防	其他支出
1995	3659.00	1172.75	86.31	130.03	119.47	8.35	16.34	0.43	68.72
1996	4121.08	1314.09	100.10	146.99	133.42	17.47	18.73	0.52	79.72
1997	4494.78	1402.20	103.02	157.86	136.84	30.88	20.03	0.58	89.06
1998	4740.65	1613.33	119.66	177.02	157.09	54.74	21.59	0.66	102.39
1999	4909.95	1694.95	132.65	211.08	173.14	73.90	24.36	0.81	103.22
2000	5407.26	1912.77	153.21	268.08	194.11	99.93	26.27	0.88	107.85
2001	6048.68	2168.44	189.78	406.50	251.54	132.26	31.29	1.47	134.79
2002	6657.66	2606.22	225.87	549.04	293.94	192.70	40.52	1.43	131.39
2003	7714.09	3513.92	254.08	519.41	326.17	205.62	50.13	2.21	150.23
2004	9349.53	4664.59	300.93	585.29	369.14	231.27	66.37	2.96	176.54
2005	11514.55	6313.43	360.45	746.37	447.71	263.48	86.00	2.62	266.88

续表

年份	地区生产总值	全社会固定资产投资	行政管理	经济建设	科教文卫	社保就业	住房社区	国防	其他支出
2006	13682. 55	7818. 92	425. 73	805. 21	545. 58	322. 01	114. 39	3. 28	384. 08
2007	16758. 80	9873. 55	852. 16	839. 64	850. 56	390. 10	260. 08	8. 01	126. 18
2008	20747. 30	12303. 33	1016. 09	1199. 03	1117. 42	481. 69	380. 87	7. 04	197. 16
2009	22769. 64	16184. 02	1172. 21	1653. 80	1396. 35	712. 11	439. 35	12. 24	214. 85
2010	28307. 45	20894. 23	1264. 52	2110. 63	1785. 24	728. 22	774. 89	18. 48	266. 44
2011	34441. 37	24468. 77	1498. 22	2950. 49	2252. 82	920. 30	1143. 50	17. 93	248. 69
2012	38092. 00	29546. 81	1785. 79	3343. 87	2626. 33	1062. 48	1395. 78	23. 38	284. 56
2013	41354. 36	35784. 43	1917. 98	3464. 34	2822. 34	1223. 31	1638. 73	20. 43	302. 68
2014	44027. 94	42828. 61	1866. 47	3643. 90	3135. 71	1349. 81	1794. 80	22. 00	396. 00

资料来源：1996～2015 年《中国统计年鉴》与《中国财政年鉴》。

第七章　现代财政制度促进民族地区基层财政自主性发挥[*]

民族地区内生发展离不开自身财政自主性的发挥，民族地区财政自主性，尤其是基层县域财政自主性的发挥，不仅需要上级自治区财政的激励，还需要中央财政的激励，以及财政制度创新和现代财政制度体系建设。随着我国"扁平化"财政体制改革及"省直管县""乡财县管"管理模式的推广，县域财政是具有财政运行能力的地方财政的最低级次，基本处于财政收入的最初阶段和财政支出的最末阶段，最接近地方实际。现行财政分权制度安排赋予地方财政自主权，即中央政府给予地方政府一定的税收权与支出责任，允许地方政府自主组织财政收入，自主决定财政支出的规模和结构，所以财政自主性就是用足用活财政自主权的积极性。《中华人民共和国宪法》第一百一十七条规定："民族自治地方①的自治机关有管理地方财政的自治权。"因此，自治县财政不仅具有一般意义上基层财政"小而全"的特征，还具有自治机关"自治权"特征，自治县财政自主性本应更强，然而，在民族自治县财政运行体系中财政自主性缺失更为严重。② 基于民族区域自治这一基本政治制度和法律保障，在全国行政区划中地理区位隶属于民族自治地方的县在民族区域自治方面与一般县已有不同，因我国基本实行"三级财政"，③ 本章界定民族自治县为自治县④与由五个自治区直管的县（县级市、旗）。民族自治县发展的内在激励增强、

---

* 张冬梅、黄少侠：《民族自治地方县域财政自主性研究》，《民族研究》2015年第5期。

① 《中华人民共和国民族区域自治法》第二条规定："民族自治地方分为自治区、自治州、自治县。"

② 张馨：《科学发展观指导下的县域财政管理改革研究》，中国财政经济出版社，2012，第108～132页。

③ 中华人民共和国国家财政分为中央、省（自治区、直辖市）、县（县级市）三级财政。

④ 本章中所述自治县专指《中国民族统计年鉴—2013》民族自治地方行政区划中的120个自治县。

内生能力拓展、主观能动性提高及自我发展能力提升，焦点直指县域财政自主性的发挥。行政区划不同的县域差异显著，县域政府具有信息优势，其财政自主性发挥程度决定了对民族自治县辖区内少数民族偏好诉求的满足程度，以致发展路径选择。这是民族自治县政府自治治理的理论基础，同时也是探寻财政分权背景下国家财政运行体系问题根源的微观基础。汇聚共性与特性的民族自治县财政自主性的发挥不仅关系到本县发展，更关系到全国财政体制改革的全面与深入。自治区（省）以下财政体制改革等，① 均在不同程度上约束民族自治县财政自主性。为促进民族自治县财政自主性发挥，亟须基于民族区域自治对系统完整、激励相容、包容差别的体制机制与法治规则进行制度建设。

第一节　民族自治县县域财政自主性实证分析

一　变量选取与数据说明

财政自主性的内涵远比数据体现的内容更为广泛与深远，但在实证分析的变量选取中，本章仍选用国内专家学者通用的变量，县域财政自主性的量化衡量指标为"县本级财政收入/县本级财政总支出"，即县域财政自主度。② 其中，分子没有考虑上级政府对县域财政的补助性收入，主要是因为把县域政府具有完全支配权的本级财政收入视作自有收入较为合理。县域政府不能自主决定上级对其的补助性收入，并且省（或自治区）以下财政体制并不完善，县域财政并不能确保具有稳定可预测的上级补助收入，也就不能就此部分收入③自主安排财政支出。因此，县域财政自主度衡量的是在县域财政全部支出中自有收入的比重。

---

① 魏后凯、成艾华、张冬梅：《中央扶持民族地区发展政策研究》，《中南民族大学学报》2012 年第 1 期；雷振扬、成艾华：《民族地区各类财政转移支付的均等化效应分析》，《民族研究》2009 年第 4 期；林阳衍、刘晔、席鹏锋：《我国省以下财政体制一定要走向分权吗——以福建省为例》，《当代财经》2014 年第 3 期。

② 参见陈硕、高琳：《央地关系：财政分权度量及作用机制再评估》，《管理世界》2012 年第 6 期。有学者直接将该比率称为"财政自主性"或"财政自主权"；也有学者与笔者相同，认为称"财政自主度"更为合宜。

③ 包括返还性收入、一般性转移支付和专项转移支付。

从横向与纵向两个维度量化分析民族自治县财政自主性，其一是对民族自治县财政自主度与其他县域该指标进行横向对比分析，原始数据源自《中国区域经济统计年鉴—2013》中 2012 年全部县级单位的横截面数据，其中县级单位包括 28 个省、自治区与重庆市的 1974 个县或县级市；其二是对垂直行政隶属关系中的自治县与上级（自治州、自治区）财政的 2012 年纵向财政自主度进行对比分析，及对 1994 年分税制改革以来财政自主度时间序列数据进行纵向对比分析，原始数据源自《中国民族统计年鉴—2013》、《中国统计年鉴—2014》与《中国财政年鉴—2014》。

二　实证结果与分析

县域财政自主度横向与纵向比较的实证结果进一步印证了已存结论，民族自治县财政自主性缺失更为严重。

（一）县域财政自主度的横向比较结果与分析

2012 年数据结果显示，在全国统计的 1974 个县域行政区域范围内，120 个自治县的财政自主度平均值为 22.75%，明显低于 1854 个非自治县财政自主度平均值（40.19%），而且低于 1974 个县的平均水平（39.29%）。对位置指标中位数的比较也得出相同的结果，自治县财政自主度中位数（18.52%）明显低于非自治县中位数（26.62%）（见表 7 - 1）。

另外，表 7 - 1 将自治区内所有县（323 个）与非自治区内的自治县（99 个）归为一类，称其为"民族县"①，这是因为我国现行"省直管县"的财政管理体制，自治区内的县域财政在"民族区域自治"方面与其他省（及重庆市）内的一般县域已有不同。自治区外的非自治县即"非民族县"。对"民族县"与"非民族县"的县域财政自主度进行比较，就平均数而言，"民族县"财政自主度提高到 27.64%，增加了近 5 个百分点，"非民族县"财政自主度提高到 41.60%，增加了不到 2 个百分点。中位数数据表明处于低于平均数水平的县域数量较多，"民族县"财政自主度中

---

① 此处专门界定的"民族县"不包括 5 个自治区外且地理区位在省（及重庆市）自治州内的非自治县，因文初界定明确，主要也是因为我国实行"省直管县"的财政管理体制，这类县域财政及对其进行直接管理的上级（省）财政均不具有《中华人民共和国民族区域自治法》规定的财政"自治权"。

位数为 17.16%，反而比自治县的中位数下降 1.36 个百分点。可以得出，自治县（乃至"民族县"）的县域财政自主度平均数明显低于非自治县，更低于"非民族县"的平均水平，也低于全国统计的 1974 个县的平均水平（见表 7-1）。

表 7-1　2012 年县域财政自主度横向比较

单位：个，%

	自治县	非自治县	民族县	非民族县	全国统计县
县域数量	120	1854	422	1552	1974
平均数	22.75	40.19	27.64	41.60	39.29
中位数	18.52	26.62	17.16	28.87	25.73

注：若根据《中国民族统计年鉴—2013》第 266~267 页的数据计算，则与表 7-1 中自治县财政自主度的平均数略有差异（为 23.68%，误差在 4% 以下），本章表格统一采用《中国区域经济统计年鉴—2013》中的数据，所有结果是用 Excel 计算得出的。其中，平均数 = ∑县域财政预算公共收入/∑县域财政预算公共支出。

资料来源：《中国区域经济统计年鉴—2013》，第 442~513 页。

将上述研究进一步扩展到民族八省区（包括视同民族自治区的云南、贵州、青海三省），并对其数据进行比较分析，结果如表 7-2 所示。

表 7-2　2012 年自治县与非自治县财政自主度横向比较

单位：个，%

	五自治区			民族八省区			非民族20省市*		
	自治县	非自治县	所有县	自治县	非自治县	所有县	自治县	非自治县	所有县
县域数量	21	302	323	68	484	552	52	1370	1422
平均数	17.09	29.84	29.04	16.90	28.79	27.35	29.09	43.09	42.66
中位数	13.51	16.36	16.11	14.71	17.67	17.12	22.94	30.45	30.24

* 指重庆市。

资料来源：《中国区域经济统计年鉴—2013》，第 442~513 页。

从表 7-2 可得出，就同一区域县域财政自主度而言，自治县的平均数与位置指标中位数明显低于非自治县指标，五自治区、民族八省区及非民族 20 省市皆如此，无例外。就不同区域而言，与五自治区内自治县财政自主度（平均数为 17.09%、中位数为 13.51%）相差无几的民族八省区内自治县财政自主度（平均数为 16.90%、中位数为 14.71%）明显低于非民族 20 省市的自治县财政自主度（平均数为 29.09%、中位数为 22.94%），非自治县财政自主度呈现相同的规律；而五自治区、民族八省区内的非自治县财政自主度与非民族20省市的自治县财政自主度相差无几，说明这一指标受区域整体水平的影响。

（二）县域财政自主度的纵向比较结果与分析

县域财政自主度一般（西藏除外）低于上级（自治州、民族省区）财政自主度，见表7-3和表7-4。

表 7-3　2012年自治县、自治州、民族省区财政自主度平均数比较

单位：个，%

省区	所有县		自治县		自治州		民族省区
	县域数量	自主度	县域数量	自主度	州域数量	自主度	自主度
内蒙古	80	38.06	3	17.70	—	—	45.32
广西	75	23.75	12	12.51	—	—	39.06
新疆	83	28.97	6	27.55	5	29.59	33.42
西藏	72	9.99	—	—	—	—	9.56
宁夏	13	22.25	—	—	—	—	30.54
贵州	74	31.64	11	16.40	3	30.59	36.80
云南	116	24.58	29	20.24	8	26.92	37.46
青海	39	10.09	7	7.88	6	13.86	16.08

注：内蒙古和广西辖区内没有自治州，西藏、宁夏辖区内没有自治县和自治州，故没有相应统计数据。

资料来源：县级数据来自《中国区域经济统计年鉴—2013》；自治州级与省区级数据源自《中国民族统计年鉴—2013》，第264~267页。

在同一省区范围内比较财政自主度平均数，除西藏外（近年来中央财政对西藏转移支付力度相当大），其他民族七省区自治县、自治州与民族省区的统计结果呈现基本相同的规律：自治县指标最低，其次是自治州，最高是省区级。同时，表7-3的数据同样也说明：就县域财政自主度平均数而言，具体到民族六省区（西藏、宁夏例外）的自治县指标，其均低于同省区内所有县的指标平均水平。

自1994年分税制财政体制改革以来，全国地方省级财政自主度平均数与五自治区指标变化规律基本相同。但是，统计数据明显呈现自治州、县财政自主度平均数与省级指标差距整体在扩大（见表7-4）。限于数据可

得性，未能将自1994年以来的自治县与自治州的数据分离，预计自治县实际数据比现统计数据更小。由此可得，实际上自治县财政自主度与省级财政自主度间的差距更大，并将呈现差距继续扩大的趋势。

表7-4　1994~2012年五自治区和自治州、县与全国地方财政自主度平均数比较

单位：%

年份	财政自主度			年份	财政自主度		
	五自治区	自治州、县	全国地方		五自治区	自治州、县	全国地方
1994	41. 35	34. 48	57. 24	2004	36. 45	26. 18	57. 75
1995	43. 46	38. 15	61. 83	2005	37. 10	25. 30	60. 03
1996	45. 45	39. 85	64. 76	2006	37. 55	26. 77	60. 15
1997	48. 20	41. 39	66. 02	2007	37. 48	25. 31	61. 48
1998	46. 96	43. 71	64. 96	2008	35. 59	24. 17	58. 17
1999	45. 38	39. 47	61. 92	2009	34. 53	21. 24	53. 41
2000	42. 50	36. 05	61. 79	2010	35. 73	21. 12	54. 97
2001	35. 93	28. 99	59. 41	2011	35. 54	22. 69	56. 66
2002	31. 53	28. 98	55. 72	2012	36. 50	24. 02	56. 98
2003	33. 67	27. 61	57. 17				

注：限于数据可得性，表7-4中自治州、县是指除五自治区以外的自治州、县；全国地方数据根据全国31个省、自治区、直辖市（不含港澳台）的地方本级财政收支数据计算得出。

资料来源：自治州、县与五自治区数据根据《中国民族统计年鉴—2013》，第311页计算得出；全国地方数据根据《中国财政年鉴—2014》，第434~439页计算得出。

第二节　民族自治县县域财政自主性
缺失的行为逻辑

与其他县相比，民族自治县整体更偏远、更复杂、更封闭。例如全国120个自治县中有68个位于"民族地区中的民族地区"；全国136个陆地边境县级行政区中，民族自治县共91个，占总数的66.91%，其中自治县17个，"民族县"（旗、县级市）72个；全国268个牧区半牧区县级行政区中，民族自治县共126个，占总数的47.01%，其中自治县19个，"民

族县"（旗、县级市）127 个。① 民族自治县财政能力整体水平低于全国民族自治地方，更低于全国平均水平，如 120 个自治县 2012 年人均财政收入为 1417.46 元、人均财政支出为 5984.73 元，远低于同年全国民族自治地方人均财政收入（2782.22 元）、人均财政支出（8565.72 元）。② 民族自治县财政自主性缺失较为严重，探讨地理、文化原因不如剖析体制机制与法制规则的制度根源深远。

一 约束民族自治县财政自主性发挥的政治与经济体制激励相容问题

相对中央与省级政府财政关系而言，地方政府间财政关系更为复杂与具体。后者为 31 个省级（不含港澳台）、数百个地级、数千个县级及数万个乡镇级政府间的财政收支运行体系，县域财政自主性缺失的行为逻辑要溯源到政治与经济体制激励相容问题。

（一）基于民族区域自治制度的县政治理未充分体现财政分权的民主基础

1. 自治区（或省）以下行政管理体制"民主"不足、突显"集中"

我国自治区（或省）以下行政管理基本上实行"自上而下"的集权体制，缺乏下级政府对县域政府的制衡及辖区居民的监督机制。在政治晋升内在激励下，不可避免地县域政府领导更偏好上级政府的行政指令，县域政府实际上成为上级政府的"代理人"，易忽视辖区内居民的差异性偏好，其理性选择直接受政绩考核指标体系影响。因此，辖区居民参与不足甚至缺乏的政绩考核体系难以纠偏县域政府官员的"自治权"。与此相应的，自治区（或省）以下的"财政分权"实为"集中财权与下放事权"，原本经济实力就有限的县域政府财政能力更趋弱化。

2. 民族自治县财政自主预算存在收支双重约束

政府公共预算是本年度经立法程序批准的全部公共财政收支计划，是各方主体博弈下的公共资源配置机制。通过分析县域政府公共预算全过程可以得出县域财政自主性程度。就一般预算收入而言，有自治权的民族自

---

① 《中国民族统计年鉴—2013》，第 514、554 页。
② 《中国民族统计年鉴—2013》，第 266~277、248 页。

治县与一般县域相同，县政府没有相对独立的地方税立法权及地方借债自主权，且民族自治县财政主体税种受中央频繁出台的税收政策影响较为严重。例如结构性减税政策提高了增值税营业税起征点（2012 年 5 月起，营业税起征点调整到 2 万元），2012 年 7 月起交通运输业和部分现代服务业改征增值税，小型微利企业和西部地区农村金融合作机构所得税优惠等减税政策均使西部民族省区自治县税收收入明显减少。另外，就一般预算支出而言，民族自治县政府几乎无法自主决定本级财政支出优先次序，更难顾及财政支出规模和结构。如在制定预算支出时，民族自治县政府同样必须考虑各种上位法律法规与上级政府政策条例，比如教育、农业、科技与社会保障等方面相关法律要求等。再如上级政府各部门条块分割严重，教育、医疗卫生、文化体育等部门在不同时期分别下达各自的专项，使得资金分散难以整合，民族自治县安排财政支出"自治"职能实际上被肢解。因此，民族自治县财政连"保工资、保运转、保民生"都难以为继，按照统一规定提供公共服务确实举步维艰，难以实现"一级政府、一级财政、一级预算"的预算管理体制。

（二）与政治互动的财政体制尚未充分体现财政分权的激励效应

就财政体制而言，民族自治县财政支出责任相对更重，财政收入能力更为有限，自治区（或省）以下转移支付制度不完善，无法保障民族自治县财政自主性的发挥。

1. 政府间事权划分不明导致民族自治县政府财政支出责任更重

首先，民族自治县存在更多必要的特殊性财政支出。民族自治县一般区位偏远、地貌复杂，交通运输成本更高；特殊的气候环境容易引发地方病，需要更多的医疗卫生支出。尤其是自治县内民族成分与相邻辖区内的民族成分不同，绝大多数文化服务成本核算不能简单复制，其民族文物保护、民族文化传承等文化支出相应增加，如龙胜各族自治县①内民族成分

---

① 县域财政自主度介于平均数（22.75%）与位置中位数（18.52%）之间的自治县有：新疆巴里坤哈萨克自治县、云南宁洱哈尼族自治县、云南景东彝族自治县、贵州仡佬族苗族自治县、贵州沿河土家族自治县。最居中的是广西龙胜各族自治县（19.54%）和新疆焉耆回族自治县（20.39%），前者高于广西龙胜各族自治县平均值（7.04%），后者低于新疆自治县平均值（7.16%）。为不从主观上低估自治县财政自主度，这里选取龙胜各族自治县作为典型，后文简称"龙胜县"。

多达10余种，文化体育与传媒支出更高。基于上述两方面，民族自治县少数民族的教育（如少数民族语言与汉语的双语教育）支出相对更高。其次，属于交叉事权（中央和地方共同承担）的公共产品与公共服务更多，导致民族自治县财政支出责任更重。如涉及跨区公共资源开发（污染处理等）、生态环境保护（防风固沙等）及少数民族基础教育等的交叉事权难以明晰界定并难以量化各级政府具体支出责任，尽管民族自治县财政与上级政府财政明确规定了财政支出范围，但基本是"定性"的不是"定量"的，加上县域政府官员的内在晋升激励，必然导致基层县域财政支出责任更重。最后，在同步实现小康社会战略目标下，民族自治县政府仍旧承担相对较重的经济建设职能，其政府与市场的关系具有特殊性，在加速发展经济、社会、文化等方面面临总量扩大和结构调整的双重压力，提高保障水平和改善民生领域的财政支出诉求日益加大。

2. 现行分税制体制下民族自治县政府本级财政收入增长后劲不足

一方面，"层层分税"使民族自治县财政收入能力更为有限。中央并没有对自治区（或省）以下政府财政体制做出明确规定，一般而言，自治区（或省）仿照中央设计县域财政管理体制，实行基本相同的分税种分享制度，即县域财政的税收结构中占比较大的税种不仅要与中央分享，还要与自治区（或省）分享，由此民族自治县与其他一般县无任何区别。例如国内增值税地方分享25%部分由广西壮族自治区与龙胜县按8%与17%比例分享；自治区内各级各类银行及非银行金融机构的金融保险营业税（营改增运行中）继续作为自治区本级固定收入，其余由自治区与征管属地按40%与60%比例分享；企业所得税地方分享40%部分，除中央明确规定划为中央收入的企业所得税及中央核定的跨地区经营集中缴库企业所得税（40%部分）外，其余由自治区与征管属地按10%与30%比例分享；利息所得税地方分享40%部分继续作为自治区本级固定收入，其余个人所得税地方分享40%部分由自治区与征管属地按15%与25%比例分享。"层层分税"使自治县财政收入压力凸显。另一方面，现行财政体制下民族自治县财政收入增长乏力，财政收入质量下降。民族自治县地理区位决定了其特殊资源与产业绝大多数仍旧是资源型的，辖区内本无法培植新增税源，原有税源挖掘潜力不大。例如龙胜县税收主体税种缺乏可持续性原因如下：矿产资源具有耗竭性，节能减排对高能耗冶炼行业税收增长形成明显压制；国家逐步取缔不规范的小型水利水电工程；地方税收增长过度依赖投资拉动，不存在耕地占用税的可持续增长；特色农业对税收基本没有贡献。另外，民族自治县"税源"与"税入"背离问题更为严重。并且在自治区（或省）对下级财政收入的考核中，民族自治县与其他一般县无区别，同样存在不断增长的基数与比例，未来年份财政收入高速增长的态势将难以为继。例如龙胜县自 2001 年以来，财政收入历年增幅均超过 10%，非税收入占比由 2001 年的 8.37% 增长到 2013 年的 44.42%。①

3. 自治区（或省）以下政府间财政转移支付制度不完善

由于目前自治区（或省）以下转移支付制度远未完善，财政转移支付结构不尽合理，规定具体用途的专项转移支付占比相对较高，县域财政仅凭上级对其规模有限的一般性转移支付难以实现自主安排支出。一方面，现行自治区（或省）以下财政转移支付结构不合理。近年来，虽然财政部发文规范了中央对地方的转移支付，但并不能确保地方政府间转移支付同步进行。就 2012 年数据而言，中央对各地方省级的转移支付中，一般性转移支付占比为 53.33%；中央对新疆的转移支付中，一般性转移支付占54.32%，新疆对下一般性转移支付仅占 37.40%；中央对广西转移支付中，一般性转移支付占 59.74%，广西对下一般性转移支付占比为 51.21%。②2012 年广西对龙胜县的一般性转移支付占比为 55.54%，2013 年一般性转移支付占比为 55.65%。③具体分析一般性转移支付结构，2012 年中央对省的一般性转移支付中，均衡性转移支付占 39.97%；中央对广西的一般性转移支付中，均衡性转移支付占一般性转移支付比重为 36.48%。④龙胜县的均衡性转移支付约占一般性转移支付比重 2012 年为 30.32%、2013 年为30.85%。⑤可得，自治区（或省）以下一般性转移支付占比相对较低，规模有待扩大。另一方面，自治区（或省）对下一般性转移支付的稳定性与可预测性有待增强。就一般性转移支付中占比最大的均衡性转移支付而言，自治区（或省）以下的转移支付制度完善进程滞后，如 2012

---

① 参见 2001~2012 年《龙胜各族自治县统计年鉴》；《龙胜各族自治县 2014 年一般预算组织财政收入预算计划表》。

② 《中国财政年鉴—2013》第 37 页；《新疆财政年鉴—2012》第 34、231~233 页；《广西财政年鉴—2013》第 27 页。

③ 原始数据源自龙胜县财政局提供的 2012 年至 2013 年自治区财政与龙胜县财政年终决算结算单，计算得出。

④ 《中国财政年鉴—2013》，第 27 页；《广西财政统计年鉴—2013》，第 366 页。

⑤ 龙胜县数据由 2012 年广西财政与龙胜县财政年终决算结算单计算得出。

年 6 月 24 日财政部公布《关于印发〈2012 年中央对地方均衡性转移支付办法〉的通知》，2014 年 6 月 25 日广西财政厅才发布《关于印发 2014 年自治区均衡性转移支付办法的通知》。再如现行的一般性转移支付中的边境地区转移支付政策并不稳定，财政部分别在 2006 年、2009 年、2012 年、2013 年对《边境地区转移支付资金管理办法》进行调整，① 可以想象自治区（或省）对下的一般性转移支付更不稳定，令基层县域财政无法预测。

二 约束民族自治县财政自主性发挥的法治规则问题

"硬"性的现行相关法律对民族自治县财政自主权的保障作用尚未充分体现，具体如下。

第一，《中华人民共和国民族区域自治法》② 难以保障自治县自治机关自治权充分体现。

《中华人民共和国民族区域自治法》的条款更多是原则性规定，相对抽象与泛化，具体操作性规定很少，上位法律的简单传递导致具体操作与实践中难以执行"民族区域自治"的特殊性，因此，自治县自治机关在辖区范围内的主观能动作用发挥不充分。尽管中央政府行政改革加速，但是法律并未同步。例如《中华人民共和国民族区域自治法》第六十七条要求，上级国家机关隶属的在民族自治地方的企业、事业单位也应当尊重当地自治机关的自治权，遵守当地自治条例、单行条例和地方性法规、规章，接受当地自治机关的监督。但第十九条与第二十条同时要求自治县的自治条例和单行条例报省、自治区、直辖市人民代表大会常务委员会批准后生效，并报全国人民代表大会常务委员会和国务院备案；上级国家机关的决议、决定、命令和指示，如有不适合民族自治地方实际情况的，自治机关可以报经该上级国家机关批准，经过国家机关自上报日起 60 日内答复后，才能得知是否获得变通执行权或停止执行权。自治县（乃至自治区）

① 《财政部关于印发〈边境地区专项转移支付资金管理办法〉的通知》（2006 年 4 月 29 日财预〔2006〕62 号）；《财政部关于印发〈边境地区专项转移支付资金管理办法〉的通知》（2009 年 3 月 31 日财预〔2009〕31 号）；《财政部关于印发〈边境地区转移支付资金管理办法〉的通知》（2012 年 4 月 20 日财预〔2012〕43 号）；《财政部关于印发〈边境地区转移支付资金管理办法〉的通知》（2013 年 6 月 15 日财预〔2013〕267 号）。

② 指现行适用的《中华人民共和国民族区域自治法》，自 1984 年颁布以来在 2001 年进行修改，并参考 2005 年《国务院实施〈中华人民共和国民族区域自治法〉若干规定》。

在制定自治条例和单行条例方面要通过复杂与严格的程序，因此原本是基层民族自治县政府更容易制定的自治条例或单行条例，却呈现更难出台的现状，在自治县自治机关工作中，其更多行使一般地方国家机关的职能，尚未突显自治县自治机关的自治权益。

第二，《中华人民共和国预算法》难以保障民族自治县财政预算自主权充分体现。

自主的、实事求是的县域财政收支预算是绩效财政的保障，也是激励相容机制设计的信息基础。然而，在民族自治县财政预算过程中自主权缺失较为普遍，《中华人民共和国预算法》难以保障民族自治县财政预算自主性发挥。就预算编制与审查批准而言，《中华人民共和国预算法》第二十一条可以概括为：县级以上各级人大除了审查本级预算外，还有权撤销本级政府和下一级人民代表大会及其常务委员会关于预算、决算的不适当的决定、命令和决议。在实际运行中，一般是上级人大开会时间先于下级人大，例如：2013 年 1 月 22 日《关于广西壮族自治区全区与自治区本级 2012 年预算执行情况和 2013 年预算草案的报告》在广西壮族自治区第十二届人民代表大会第一次会议上提请审议；2013 年 2 月 20 日《关于桂林市全市与市本级 2012 年预算执行情况和 2013 年预算草案的报告》在桂林市第四届人民代表大会第四次会议上提请审议；2013 年 3 月 20 日《关于龙胜各族自治县 2012 年预算执行情况和 2013 年预算草案的报告》在龙胜县第十五届人民代表大会第三次会议上提请审议。县域政府预算编制部门和审批部门的策略选择必然是"合作"与"服从"。在县级人大预算监督与审查县本级预算权力的具体执行层面，调研发现县级人大审查方式多为听财政部门主要负责人即县财政局局长作报告。因民族差异偏好，民族自治县应该进行各种执法检查、广泛调研及听取少数民族群众意见与民意诉求，但实际中这方面操作较少，甚至没有。因此难以把握民族自治县财政预算程序与内容的真实合法性，基本停在"走程序"与"走形式"阶段。

第三，自治区（或省）对下财政转移支付规则的透明性没有明确的法律保障。

现行财政转移支付以《中华人民共和国预算法》① 为法制基础，以国

---

① 其中法律责任只有第九十三条第五款"擅自改变上级政府专项转移支付资金用途的"一项规定。

务院颁布的相关规范性文件为辅。没有政府间财政转移支付全过程的专门法，法律责任规定不具体，使程序不规范存有空间。实际操作中主要以《财政违法行为处罚处分条例》①为指导依据，其中关于财政转移支付需要承担法律责任的规定只有第七条第六款"违反国家关于转移支付管理规定的行为"，该条例并未对具体的"违反行为"做出明确规定，在追究违法者法律责任的实际操作中难找依据，且行为难以认定。尤其是自治区（或省）以下转移支付制度远未完善，在对县域财政转移支付过程中，缺乏对决策、审批、支付、监督、法律救济、责任追究等各项程序的具体规定；同时在现行统计体系不健全、不配套的情况下，对县域财政转移支付的测算依据显然不够充分，县域政府上报数据真实性的确认成本很高，导致民族自治县的特殊性未被充分认识，进而转移支付资金分配在一定程度上偏离公正公平。

第三节　促进民族自治县县域财政自主性发挥的制度建设

为促进民族自治县财政自主性发挥，须理顺县域政府与上下级政府间的良性互动关系，促进形成包容性的政治与经济双重激励相容的体制机制，且需"硬"性法制规则予以保障。

一　促进包容性政治与经济良性互动的县域财政民主化建设

包容性的政治与经济的良性互动是确保县域经济可持续发展的制度基础，要求完善县域政府管理模式与自治区（或省）以下财政管理体制。

1. 完善民族自治县政府民主治理的政治激励机制

第一，要正确面对县域差异，遵从公民权利原则向民族自治县多元主体治理结构转型。人事组织制度与政绩考核体系是影响民族自治县政府官员行为的"内在"政治晋升激励，是影响县域财政自主性的最重要因素之一，为促进民族自治县政府进行民主治理，纠偏官员的"自治权"，上级政府在民族自治县政府人事任免制度与政绩考核体系设计中，应充分考虑

---

① 指现行适用的条例，中华人民共和国国务院令第427号《财政违法行为处罚处分条例》于2004年11月5日国务院第69次常务会议通过，自2005年2月1日起施行。

（少数民族）民意诉求，全面倾听民众声音，提高公共服务民众满意度的权重。第二，深化自治区（或省）以下财政管理体制改革，要加强民族自治县"民主财政"建设，加快公共预算管理模式的民主监督进程，在预算透明化、预算问责及预算公众参与方面不断改进，[1] 建立健全民族自治县财政绩效评价体系。

2. 完善民族自治县财政自主权明晰界定的经济激励机制

第一，基于民族自治县特性进行事权配置与财政支出责任划分。要合理界定阶段性的民族自治县政府与市场的关系；明晰界定民族自治县公共产品受益范围及各级政府财政支出责任。第二，基于民族自治县特性进行财权配置与财力调整。针对民族自治县，赋予适度税权，推进基于自身财力提升的税收体系建设，增强税收减免权，增强地方税收自主性。第三，推进完善民族自治县基本公共服务均等化的财政转移支付制度。重点是自治区（或省）对下财政转移支付制度，依据财政部统一制定的县级基本财力保障机制的国家保障范围和标准[2]及相关政策因素变化情况，建立动态调整机制。

二　促进各级政府间财政分权协调制衡的县域财政法制化建设

各级政府间规范的财政分权要以宪法及相关法律基础为保障，尤其要对地方政府独立权限与地方财政自主权限进行明确法律规定，促进民族自治县"法制财政"建设。

1. 夯实政府间财政关系的法律基础

要加速中央和地方财政分权的法制化进程，尽快出台政府间关系法，使地方各级政府间的财政收支范围、管理权限及其实施过程具有明确法律依据及法定程序；尽快出台民族自治地方自治法与实施条例。尤其要加快自治区（或省）对下财政转移支付公开透明的法制化进程，提高财政转移支付法律的位阶，增强法律权威与效力；清晰界定政府间转移支付违法行为及其法律责任。

---

[1] 许光建、魏义方、李天健、廖芙秀：《中国公共预算治理改革》，《中国人民大学学报》2014 年第 6 期。

[2] 国家保障标准由财政部根据国家保障范围内各项目的支出标准和筹资责任，综合考虑各地区支出成本差异和财力状况后分地区测定。

2. 夯实民族自治县财政适度扩权及其控制的法律基础

丰富细化《中华人民共和国民族区域自治法》，对民族自治县财政适度扩权给予法律保障；建立民族自治县政府与乡镇政府间的新型法律关系；呼吁尽快出台民族自治县政府财政权控制的相关法律。实际上，要实现对县域政府财政权的合理控制，急需健全的法律体系与上级政府和纳税人对县域财政的双重监督制约体制及信息披露机制。

财政自主性对地方经济增长与公共产品供给具有很强的积极作用，尤其是在少数民族差异性偏好显著且经济相对不发达的民族自治县。民族自治县财政自主性缺失的核心问题在于县政治理与自治区（或省）以下财政体制及相应法治规则不完善。为更有效发挥民族自治县财政自主性，应基于民族区域自治制度，促进包容性的政治与经济的良性互动及各级政府间财政分权协调制衡，加速县域财政民主化与法制化进程。

参考文献

一 中文文献

阿玛蒂亚·森：《以自由看待发展》，任赜、于真译，中国人民大学出版社，2013。

北野弘久：《税法学原论》（第四版），陈刚、杨建广等译，中国检察出版社，2001。

查尔斯·斯图尔特三世：《预算改革政治》，张岚、章伟译，上海人民出版社、格致出版社，2014。

陈振明主编《政策科学——公共政策分析导论》，中国人民大学出版社，2004。

戴小明、潘弘祥等：《统一·自治·发展》，中国社会科学出版社，2014。

邓子基主编《财政学》，中国人民大学出版社，2001。

迪克·加尔诺：《印第安人——加拿大第一民族的历史、现状与自治之路》，李鹏飞、杜发春编译，民族出版社，2008。

董辅礽：《集权与分权——中央与地方关系的构建》，经济科学出版社，1996。

傅勇：《中国式分权与地方政府行为：探索转变发展模式额制度性框架》，复旦大学出版社，2014。

高嵩：《美国社会经济转型时期的就业与培训政策（1945—1968）》，人民出版社，2011。

国家民委办公厅、政法司、政策研究室编《中华人民共和国民族政策法规选编》，中国民航出版社，1997。

黄光学等：《当代中国的民族工作》，当代中国出版社，1993。

杰佛瑞·布伦南、詹姆斯 M. 布坎南：《宪政经济学》，冯克利等译，中国社会科学出版社，2004。

金炳镐：《中国共产党民族政策发展史》，中央民族大学出版社，2006。

金炳镐编著《民族纲领政策文献选编》，中央民族大学出版社，2006。

李毅夫、赵锦元：《世界民族概论》，中央民族大学出版社，1993。

李永友：《财政分权、财政政策与需求结构失衡》，中国人民大学出版社，2012。

理查德·M. 伯德、罗伯特·D. 埃贝尔、克里斯蒂·I. 沃里克主编《社会主义国家的分权化：转轨经济的政府间财政转移支付》，中央编译出版社，2001。

梁茂信：《美国人力培训与就业政策》，人民出版社，2006。

刘剑文：《税法专题研究》，北京大学出版社，2002。

刘剑文：《走向财税法治——信念与追求》，法律出版社，2009。

刘怡：《财政学》，北京大学出版社，2006。

楼继伟、张少春、王保安：《深化财税体制改革》，人民出版社，2015。

马骏：《治国与理财：公共预算与国家建设》，生活·读书·新知三联书店，2011。

马戎：《民族社会学——社会学的族群关系研究》，北京大学出版社，2004。

麦迪亚·克莱默：《联邦预算——美国政府怎样花钱》，上海金融与法律研究院译，生活·读书·新知三联书店，2013。

平新乔：《财政原理与比较财政制度》，上海三联书店、上海人民出版社，1995。

乔·B. 史蒂文斯：《集体选择经济学》，上海三联书店、上海人民出版社，2014。

全国人民代表大会民族委员会编《中华人民共和国民族法律法规全书》，中国民主法制出版社，2008。

让-雅克·卢梭：《社会契约论》，黄小彦译，译林出版社，2014。

塞缪尔·亨廷顿：《我们是谁？美国国家特性面临的挑战》，程克雄译，新华出版社，2005。

沈宗灵主编《法理学》，北京大学出版社，2009。

王文长：《民族视角的经济研究》，中国经济出版社，2008。

韦森：《重读哈耶克》，中信出版社，2014。

魏后凯：《现代区域经济学》，经济管理出版社，2006。

向玉乔:《分配正义》,中国社会科学出版社,2014。

谢京华:《政府间财政转移支付制度研究》,浙江大学出版社,2011。

熊文钊:《大国地方:中央与地方关系法治化研究》,中国政法大学出版社,2012。

伊芙·梅尼、文森·赖勿特:《西欧国家中央与地方关系》,朱建军译,春秋出版社,1989。

约翰·罗尔斯:《正义论》,何怀宏等译,中国社会科学出版社,1988。

张冬梅:《中国民族地区经济政策的演变与调整》,中国经济出版社,2010。

张冬梅:《中央支持民族地区经济政策体系研究》,社会科学文献出版社,2014。

张金马:《政策科学导论》,中国人民大学出版社,1992。

张维迎:《博弈论与信息经济学》,上海三联书店、上海人民出版社,1996。

赵德兴等:《社会转型期西北少数民族居民价值观的嬗变》,人民出版社,2007。

郑尚植:《地方财政支出结构偏向的政治经济学研究》,中国社会科学出版社,2014。

中华人民共和国国家统计局编《中国统计年鉴—2014》,中国统计出版社,2014。

艾仁贵:《以色列多元社会的由来、特征及困境》,《世界民族》2015年第3期。

布雷塞斯:《政策效果解释的比较方法》,《国际社会科学杂志》(中文版)1987年第2期。

常永才、吴键等:《美国少数民族职业指导模式新近发展》,《湖北民族学院学报》2007年第4期。

钞小静、任保平:《中国公共支出结构对经济增长的实证分析:1978-2004》,《经济评论》2007年第5期。

陈刚:《税的法律思考与纳税者基本权的保障》,《现代法学》1995年第5期。

陈抗、Arye L. Hillman、顾清扬:《财政集权与地方政府行为变化——从援助之手到攫取之手》,《经济学》(季刊)2002年第1期。

陈硕、高琳：《央地关系：财政分权度量及作用机制再评估》，《管理世界》2012 年第 6 期。

陈硕：《分税制改革、地方财政自主权与公共品供给》，《经济学》（季刊）2010 年第 4 期。

陈冶：《实施民生财政的权利进路：以构筑权利保障体系为中心》，《地方财政研究》2012 年第 10 期。

成刚、袁梨清、周涛：《民族地区教育配置规模与结构研究》，《民族研究》2017 年第 11 期。

程宇：《财政分权、晋升激励与权力失衡》，《求实》2014 年第 7 期。

崔威：《税收立法高度集权模式的起源》，《中外法学》2012 年第 4 期。

戴小明、盛义龙：《自治机关自治权配置的科学化研究》，《中南民族大学学报》2016 年第 1 期。

戴小明：《关于民族自治地方财政自治及其法律问题》，《民族研究》1997 年第 6 期。

戴小明：《论财政自治权的法律保护》，《贵州民族研究》1999 年第 3 期。

戴小明：《论民族自治地方财政自治的目标选择》，《贵州民族研究》1998 年第 2 期。

丁菊红、邓可斌：《政府偏好、公共品供给与转型中的财政分权》，《经济研究》，2008 年第 7 期。

段晓红：《政治契约视野下财政自治权限度研究》，《苏州大学学报》2016 年第 10 期。

范子英、张军：《中国如何在平衡中牺牲了效率：转移支付的视角》，《世界经济》2010 年第 11 期。

方红生、张军：《财政集权的激励效应再评估：攫取之手还是援助之手?》，《管理世界》2014 第 2 期。

菲利克斯·格罗斯：《公民与国家——民族、部族和族属身份》，王建娥、魏强译，新华出版社，2003。

付文林、赵永辉：《财政转移支付与地方征税行为》，《财政研究》2016 年第 6 期。

傅勇，《财政分权、政府治理与非经济性公共物品供给》，《经济研究》2010 年第 8 期。

傅勇、张晏：《中国式分权与财政支出结构偏向：为增长而竞争的代价》，《管理世界》2007 年第 3 期。

高国希：《机会公平与政府责任》，《上海财经大学学报》2006 年第 6 期。

高琳：《分权与民生：财政自主权影响公共服务满意度的经验研究》，《经济研究》2012 第 7 期。

高铭、陈康、王小朋：《我国财政转移支付绩效和监督制度研究》，《现代管理科学》2017 年第 6 期。

高培勇：《中国财税改革 40 年：基本轨迹、基本经验和基本规律》，《经济研究》2018 年第 3 期。

葛夕良、沈玉平：《我国受控外国企业反避税规则及其完善》，《税务研究》2009 年第 8 期。

葛夕良：《英国、西班牙企业所得税涉外税收规则比较及启示》，《宏观经济研究》2009 年第 5 期。

龚锋、卢洪友：《公共支出结构、偏好匹配与财政分权》，《管理世界》2009 年第 1 期。

龚锋、余锦亮：《人口老龄化、税收负担与财政可持续性》，《经济研究》2015 年第 8 期。

顾永景：《民族自治地方经济自主权的法治保障》，《贵州民族研究》2016 年第 1 期。

郭婧、岳希明：《税制结构的增长效应实证研究进展》，《经济学动态》2015 年第 5 期。

郭庆旺、贾俊雪：《中央财政转移支付与地方公共服务提供》，《世界经济》2008 年第 9 期。

郭庆旺、贾俊雪：《地方政府间策略互动行为、财政支出竞争与地区经济增长》，《管理世界》2009 年第 10 期。

郭晓凌、张银龙：《文化与信任：国家与个人双层面的实证研究》，《首都师范大学学报（社会科学版）》2013 年第 5 期。

郭玉清、孙希芳、何杨：《地方财政杠杆的激励机制、增长绩效与调整取向研究》，《经济研究》2017 年第 6 期。

何茵、沈明高：《政府收入、税收结构与中国经济增长》，《金融研究》2009 年第 9 期。

胡永刚、郭长林：《财政政策规则、预期与居民消费》，《经济研究》2013 年第 3 期。

贾俊雪、郭庆旺：《财政规则、经济增长与政府债务规模》，《世界经济》2011 年第 1 期。

贾俊雪、宁静：《纵向财政治理结构与地方政府职能优化》，《管理世界》2015 年第 1 期。

贾俊雪：《中国税收收入规模变化的规则性、政策态势及其稳定效应》，《经济研究》2012 年第 11 期。

贾康：《资源税改革时机已到，可促相关经济关系优化调整》，《中国财政》2010 年第 10 期。

贾康：《新一轮税制改革的重点》，《经济》2014 年第 2 期。

贾康、梁季：《我国地方税体系的现实选择：一个总体框架》，《改革》2014 年第 7 期。

贾康、苏京春：《经济学的"新框架"与"新供给"：创新中的重要联通和"集大成"境界追求》，《财政研究》2015 年第 5 期。

江飞涛、耿强、吕大国、李晓萍：《地区竞争、体制扭曲与产能过剩的形成机理》，《中国工业经济》2012 年第 6 期。

姜潇：《中央地方关系视阈下民族区域自治权的完善》，《贵州民族研究》2016 年第 12 期。

景宏军、王蕴波：《法治财政进程中契约精神基础的构建研究》，《地方财政研究》2018 年第 3 期。

雷振扬、成艾华：《民族地区各类财政转移支付的均等化效应分析》，《民族研究》2009 年第 4 期。

李丹、唐善永：《财政分权、政治体制与地方政府财政支出结构偏向》，《地方财政研究》2014 年第 9 期。

李冬梅、寇铁军：《我国煤炭资源税计征方式改革探析》，《当代财经》2014 年第 11 期。

李俊霖：《宏观税负、财政支出与经济增长》，《经济科学》2007 年第 4 期。

李明、冯强、王明喜：《财政资金误配与与企业生产效率——兼论财政支出的有效性》，《管理世界》2016 年第 5 期。

李涛、周业安：《财政分权视角下的支出竞争和中国经济增长：基于中国省级面板数据的经验研究》,《世界经济》2008 年第 11 期。

李晓丰：《少数民族地区经济体制改革发展路径研究》,《经济体制改革》2012 年第 2 期。

李晓梅：《社会信任与文化价值观对于国家创新绩效的作用研究》,《科学学与科学技术管理》2013 年第 8 期。

李永林：《乌兰夫民族法制思想的当代审视》,《内蒙古社会科学》2017 年第 3 期。

李永友、沈坤荣：《辖区间竞争、策略性财政政策与 FDI 增长绩效的区域特征》,《经济研究》2008 年第 5 期。

李永友、沈玉平：《转移支付与地方财政收支决策》,《管理世界》2009 年第 11 期。

梁积江、黄勇：《试论民族地区经济发展中的转移支付问题》,《中央民族大学学报》2003 年第 5 期。

林阳衍、刘晔、席鹏锋：《我国省以下财政体制一定要走向分权吗》,《当代财经》2014 年第 3 期。

刘冲、乔坤元、周黎安：《行政分权与财政分权的不同效应——来自中国县域的经验证据》,《世界经济》2014 年第 10 期。

刘广生、曹明晶：《基于可持续发展对油气资源税政策调整与改革取向的分析》,《经济体制改革》2014 年第 3 期。

刘剑文、王桦宇：《公共财产权的概念及其法治逻辑》,《中国社会科学》2014 年第 8 期

刘剑文：《论财政法定原则——一种权力法治化的现代探讨》,《法学家》2014 年第 4 期

刘剑文：《收入分配改革与财税法制创新》,《中国法学》2011 年第 5 期。

刘金山、何炜：《流转税税收税源背离与地区经济发展—基于消费原则的研究》,《税务与经济》2014 年第 4 期。

刘立佳：《基于可持续发展视角的资源税定位研究》,《资源科学》2013 年第 1 期。

刘溶沧、焦国华：《地区间财政能力差异与转移支付制度创新》,《财贸经济》2002 年第 6 期。

刘溶沧、马拴友：《论税收与经济增长——对中国劳动、资本和消费

征税的效应分析》，《中国社会科学》2002 年第 1 期。

刘溶沧：《重建中国政府间财政转移支付制度的总体构想》，《管理世界》1996 年第 6 期。

刘尚希：《资源税改革应定位在控制公共风险》，《财会研究》2010 年第 9 期。

刘铁：《资源税从价计征改革对陕西区域经济的影响》，《当代经济》2017 年第 8 期。

刘骁男：《国家治理视角下的财政法治与法治财政》，《经济研究参考》2017 年第 45 期

刘怡、聂海峰：《增值税和营业税对收入分配的不同影响研究》，《财贸经济》2009 年第 6 期。

刘中建：《民生财政与当代中国财政法治化的路径选择》，《法学论坛》2014 年第 3 期。

楼继伟：《完善转移支付制度、推进基本公共服务均等化》，《中国财政》2006 年第 3 期。

马光荣、郭庆旺、刘畅：《财政转移支付结构与地区经济增长》，《中国社会科学》2016 年第 9 期。

马海涛、任强、程岚：《我国中央和地方财力分配的合意性》，《财政研究》2013 年第 4 期。

马拴友、于红霞：《地方税与区域经济增长的实证分析—论西部大开发的税收政策取向》，《管理世界》2003 年第 5 期。

马栓友：《宏观税负、投资与经济增长》，《世界经济》2001 年第 9 期。

马栓有、于红霞：《转移支付与地区经济收敛》，《经济研究》2003 年第 3 期。

缪文辉：《浅析加拿大民族状况和民族政策》，《黑龙江民族丛刊》2006 年第 2 期。

牛富荣：《法治财政、法治政府与腐败治理》，《经济问题》2016 年第 7 期。

欧阳天健：《论矿产资源补偿费与资源税法律制度的再协调》，《中国人口·资源与环境》2016 年第 1 期。

彭宁斯：《荷兰1980 年以来的少数族群总政策》，陈善志、刘郁武译，《民族译丛》1990 年第 5 期。

朴银月：《对支持民族地区经济发展税收优惠政策的调查与思考》，《税务研究》2011 年第 4 期。

乔宝云、范剑勇、冯兴元：《中国的财政分权与小学义务教育》，《中国社会科学》2005 年第 6 期。

乔燕君、李秀梅：《少数民族地区税收优惠政策研究》，《前沿》2015 年第 12 期。

宋丙涛：《中等收入陷阱背后的陷阱：财政体制缺失与民主财政陷阱》，《河南师范大学学报》2012 年第 6 期。

孙德超：《中国的财政分权、政治集权与经济增长》，《社会科学》2011 年第 4 期。

孙荣洲：《在生态文明建设中发挥税收职能作用》，《中国税务》2015 年第 11 期。

孙雯、蒯庆梅、张辉、邱峰：《完善专项转移支付制度提升财政资金使用绩效》，《财会研究》2014 年第 12 期。

孙亚：《试论税收管理权限的划分》，《税务研究》1997 年第 2 期。

檀怀玉：《税收区域转移与区域经济发展差距的研究》，《税收经济研究》2016 年第 5 期。

田志刚、廖强：《我国财政制度研究的思想脉络、演进及选择：1994—2010》，《当代经济研究》2011 年第 12 期。

王蓓：《我国区域间税源背离问题及横向税收分配制度设计》，《税收经济研究》2013 年第 3 期。

王桦宇：《公共财产权及其规制研究——以宪法语境下的分配正义为中心》，《上海政法学院学报》2013 年第 5 期。

王桦宇：《论现代财政制度的法治逻辑——以面向社会公平的分配正义为中心》，《法学论坛》2014 年第 3 期

王克强、邓光耀、刘红梅：《基于多区域 CGE 模型的中国农业用水效率和水资源税政策模拟研究》，《财经研究》2015 年第 3 期。

王瑞民、陶然：《中国财政转移支付的均等化效应：基于县级数据的评估》，《世界经济》2017 年第 12 期。

王希凯：《论矿产资源作为生产要素的权益所得——不能用资源税替代资源权益补偿》，《中国国土资源经济》2011 年第 5 期。

王贤彬、张莉、徐现祥：《什么决定了地方财政的支出偏向——基于

地方官员的视角》，《经济社会体制比较》2013 年第 6 期。

王怡：《立宪政体中的赋税问题》，《法学研究》2004 年第 5 期。

魏后凯、成艾华、张冬梅：《中央扶持民族地区发展政策研究》，《中南民族大学学报》2012 年第 1 期。

温军：《中国少数民族经济政策的演变与启示》，《贵州民族研究》2001年第 2 期。

吴敬琏：《建立包容性制度才有光明未来》，《新华日报》2013 年 11月 13 日。

吴艳芳：《论可持续发展战略与资源税的"绿色"调整》，《财会研究》2007 年第 1 期

武振荣：《征税权力：基于契约与法治视角的思考》，《税务研究》2013 年第 6 期。

夏冬泓、盛先科、蒋辉宇：《经济法视角下财税权体系的重构》，《上海交通大学学报》2014 年第 1 期。

向玉乔：《社会制度实现分配正义的基本原则及其价值维度》，《中国社会科学》2013 年第 3 期。

谢旭人：《坚持法治财政道路，建设现代财政制度》，《财政研究》2015 年第 1 期。

熊伟：《认真对待权力：公共预算的法律要义》，《政法论坛》2011 年第 5 期。

熊文钊、郑毅：《论〈民族区域自治法〉的地位、作用及其完善》，《中央民族大学学报》2014 年第 3 期。

徐晓亮：《资源税改革能调整区域差异和节能减排吗？——动态多区域 CGE 模型分析》，《经济科学》2012 年第 10 期。

徐晓亮：《资源税税负提高能缩小区域和增加环境福利吗？——以煤炭资源税改革为例》，《管理评论》2014 年第 7 期。

徐阳光：《论建立事权与支出责任相应的法律制度——理论基础与立法路径》，《清华法学》2014 年第 5 期。

许光建、魏义方、李天健、廖芙秀：《中国公共预算治理改革》，《中国人民大学学报》2014 年第 6 期。

严成樑、龚六堂：《税收政策对经济增长的定量评价》，《世界经济》2012 年第 4 期。

严成樑、龚六堂：《我国税收的经济增长效应与社会福利损失分析》，《经济科学》2010 年第 2 期。

杨洪贵：《荷兰少数族群政策初探》，《世界民族》2015 年第 2 期。

杨志安：《现行资源税与经济可持续发展的偏差及其矫正》，《税务研究》2008 年第 11 期。

尹恒、杨龙见：《地方财政对本地居民的回应性研究》，《中国社会科学》2014 年第 5 期。

尹恒、朱虹：《县级财政生产性支出偏向研究》，《中国社会科学》2011 年第 1 期。

尹振东、汤玉刚：《专项转移支付与地方财政支出行为》，《经济研究》2016 年第 4 期。

张冬梅、黄少侠：《民族自治地方财政自主性研究》，《民族研究》2015 年第 5 期。

张冬梅、魏后凯：《中央支持民族地区税收政策效果评价与调整方向》，《新疆社会科学》2017 年第 6 期。

张冬梅：《民族地区税收优惠政策研究》，《经济纵横》2007 年第 9 期。

张冬梅：《纳税人权利与义务的再认识》，《光明日报》2016 年 11 月 30 日，第 15 版。

张国林、任文晨：《腐败、民生性支出与居民幸福感》，《现代财经》2015 年第 9 期。

张恒龙、陈宪：《财政竞争对地方公共支出结构的影响——以中国的招商引资竞争为例》，《经济社会体制比较》2006 年第 6 期。

张静：《身份：公民权利的社会配置与认同》，《光明日报》，2009 年 10 月 27 日，第 11 版。

张军、高远、傅勇、张弘：《中国为什么拥有了良好的基础设施？》，《经济研究》2007 年第 3 期。

张凌、倪国爱、徐晓东：《我国少数民族地区税收现状及税收优惠政策研究》，《贵州民族研究》2016 年第 8 期。

张守文：《分配结构的财税法调整》，《中国法学》2011 年第 5 期。

张翔：《基本权利的受益权功能与国家的给付义务——从基本权利分析框架的革新开始》，《中国法学》2006 年第 1 期。

张宇燕：《税收规则决定权之归属对经济增长的作用》，《财政研究》

2002 年第 1 期。

张泽平：《数字经济背景下的国际税收管辖权划分原则》，《学术月刊》
2015 年第 2 期。

张佐敏：《财政规则与政策效果》，《经济研究》2013 年第 1 期。

王志刚：《新常态下的财政政策规则与目标》，《公共财政研究》2015
年第 3 期。

赵立新：《税权的宪政逻辑》，《法律与政治》2007 年第 2 期。

赵亮、任虹、张挺东：《建立以资源税为基础的矿山生态补偿机制》，
《环境经济》2017 年第 5 期。

赵云旗：《我国财政转移支付总体结构优化研究》，《经济研究参考》
2013 年第 67 期。

赵珍、王宏丽：《民族地区财政政策实施效果及政策建议——基于 2006
~2014 年财政转移支付数据的考察》，《经济研究参考》2017 年第 22 期。

郑毅：《再论自治条例和单行条例的法律地位——基于规范位阶和效
力位阶二元化视角》，《广西民族研究》2014 年第 1 期。

周黎安：《晋升博弈中政府官员的激励与合作》，《经济研究》2004 年
第 6 期。

朱军、许志伟：《财政分权、地区间竞争与中国经济波动》，《经济研
究》2018 年第 1 期。

朱玲：《转移支付的效率和公平》，《管理世界》1997 年第 3 期。

朱伦：《民族问题的内涵与民族政策的功能》，《世界民族》2014 年第
2 期。

二 英文文献

A. D. Smith, "Conflict and Collective Identity: Class, Ethnic and Nation",
in E. Azar and J. Burton, eds. , *International Conflict Resolution*, *Boulder* (CO:
Lynne Reinner, 1986).

Agnieszka Weinar, *Europeinization of Polish Policy Regarding Foreigners*
1990 – 2003 (Warszawa: Wydawnictwo Naukowe Scholar, 2006).

Albert J. Nelson, *Emerging Influentials in State Legislatures* (New York:
Praeger, 1991).

Angelika Timm, "Israeli Civil Society: Historical Development and New

Challenges", in Amr Hamzawy, ed. , *Civil Society in the Middle East* (Berlin: Schiler, 2003).

Anthony M. Messins, *The Logics and Politics of Post - WW Ⅱ : Migration to Europe* (New York: Cambridge University Press, 2007).

Bruce Cain, John Ferejohn and Morris Fiorina, *The Personal Vote* (Cambridge, MA: Harvard University Press, 1987).

C. Y. Kow, *Ethnic Education in the Age of Internationalization: Children Are Building a Rainbow Bridge* (Osaka: Toho Shuppan, 1996).

C. Day, D. Van Veen and G. Walraven, eds. , *Children and Youth at Risk and Urban Education: Research, Policy and Practice* (Leuven: Garant, 1997).

C. Lee and G. De Vos, *Koreans in Japan: Ethnic Conflict and Accommodation* (Berkeley: University of California Press, 1981).

Carol M. Swain, *Black Faces, Black Interests: The Representation of African Americans in Congress* (Cambridge: Harvard University Press, 1995).

David Lublin, *The Paradox of Representation: Racial Gerry - manering and Minority Interests in the Congress* (Princeton: Princeton University Press, 1997).

David Mayhew, *Congress: The Electoral Connection* (New Haven: Yale University Press, 1974).

Eliezer Ben - Rafael and Yochanan Peres, *Is Israel One?: Religion, Nationalism, and Multiculturalism* (Leiden, Boston: Brill, 2005).

F. A. Hayek, *Law, Legislation, and Liberty*, Vol. 3 (Chicago: University of Chicago Press, 1979).

Friedrich August Hayek, *The Constitution of Liberty* (London: Routledge & Kegan Paul, 1960).

Geoffrey Brennan and James M. Buchanan, *The Power to Tax* (New York: Cambridge University Press, 1980).

George J. Stigler, "The Tenable Range of Functions of Local Government", in United States Congress, Joint Economic Committee, eds. , *Federal Expenditure Policy for Economic Growth and Stability* (Washington, D. C. : Joint Economic Committee, Subcommittee on Fiscal Policy, 1957).

H. Hanusch and S. Volkswagenwerk, *Anatomy of Government Deficiencies : Proceedings of a Conference Held at Diessen, Germany, July 22 - 25, 1980* (Berlin: Spring – Verlag, 1983).

H. Tanaka and Zainichi Gaikokujin, *Foreign Residents in Japan* (Tokyo: Iwanami Shoten, 1991).

J. D. Wilson, "No Blanket to be Worn in School: The Education of Indians in Nineteeth – Century Ontario", in J. Barman, Y. Hbert and D. McCaskill, eds., *Indian Education in Canada: Volume 1: The Legacy* (Vancouver: University of British Columbia Press, 1986).

J. T. Hester, "Kid Between Nations: Ethnic Classes in the Construction of Korean Identities in Japanese Public School", in S. Ryang, ed., *Koreans in Japan: Critical Voices from the Margin* (London: Routledge, 2000).

J. Kozol, *Savage Inequalities: Children in America' s School* (New York: Crown, 1991).

James M. Buchanan and Gordan Tullock, *The Calculus of Consent: Logical Foundations of Constitutional Democracy* (University of Michigan Press, 1962).

Jane L. Swanson, *Career Theory and Practice: Learning Through Case Studies* (US: Sage Publications, Inc., 1999).

John G. Matsusaka, *For the Many or the Few: The Initiative, Public Policy, and American Democracy* (Chicago: University of Chicago Press, 2004).

John Rawls, *A Theory of Justice* (Cambridge, Mass.: Havard University, 1971).

Joseph A. Schumpeter, "The Crisis of Tax State", in Richard Swedberg, ed., *The Economics and Sociology of Capitalism* (Princeton University Press, 1991).

Judith Kelley, *Ethnic Politics in Europe: The Power of Norms and Incentives* (Princeton: Princeton University Press, 2004).

K. Okano and M. Tsuchiya, *Education in Contemporary Japan: Inequality and Diversity* (Cambridge: Cambridge University Press, 1999).

Kerry L. Haynie, *African American Legislators in the American States* (New York: Columbia University Press, 2001).

L. Eldering, "Ethnic Minority Children in Dutch School: Underachievement and Its Explanation", in L. Eldering and J. Kloprogge, eds., *Different Culture, Same School, Ethnic Minority Children in Europe* (Amsterdam: Swets & Zeitlinger, 1989).

Lord Hailsham, *The Dilemma of Democracy* (London: William Collins Sons & Company, 1978). ;

Malcolm E. Jewell and Marcia L. Whicker, *Legislative Leadership in the A-merican State* (Ann Arbor: The University of Michigan Press, 1994).

P. Bourdieu and J. C. Passeron, *Reproduction: In Education, Society and Culture*, (London: Sage, 1977).

Pvanden Berghe, *The Ethnic Phenomenon* (New York: Praeger, 1987).

R. J. Samuda, " Multiculturalism: Perspectives and Challenge ", in R. Samuda, S. Kong, J. Cummins, J. Pascual Leoneand J. Lewis, eds. , *Assessment and Placement of Minority Students* (Toronto: C. J. Hogrefe, 1989).

R. Hero, *Faces of Inequality: Social Diversity in American Politics* (New York: Oxford University Press, 1998).

Raphael J. Sonenshein, *Politics in Black and White: Race and Power in Los Angeles* (Princeton: University Press, 1993).

Roy Bahl and Jorge Martinez – Vasquez, "Fiscal Federalism and Economic Reform in China", in Jessica S. Wallack and T. N. Srinivasan, eds. , *Federalism and Economic Reform: International Perspectives* (New York: Cambridge University Press, 2006).

S. Ryang, *North Koreans in Japan: Language, Ideology, and Identity* (Boulder, Colorado: Westview Press, 1997).

Sar A. Levitan, *The Great Society's Poor Law: A New Approach to Poverty* (Baltimore, MD: The Johns Hopkins Press, 1969).

Slawomir Lodzinski, *Equality and Difference: National Minorities in the Polish Democratic Order after* 1989 (Warszawa: Wydawnictwo Naukowe Scholar, 1989).

Tomas Hammar, *European Immigration Policy, a Comparative Study* (New York: Cambridge University Press, 1985).

W. Lee, "Korean Language Education at Korean Schools: From the Bilinggual Education Perspective", in T. Nakajima, ed. , *Multicultural Education: Education for Diversity* (Tokyo: Akashi Shoten, 1998).

Will Kymlicka, *Multicultural Odysseys – Navigating the New international Politics of Diversity* (Oxford: Oxford University Press, 2007).

Y. Lee, "Koreans in Japan and the United States", in M. A. Gibson and J. U. Ogbu, eds. , *Minority Status and Schooling*: *A Comparative Study of Immigrant and Involuntary Minorities* (New York: Garland Publishing, Inc, 1991).

A. Alesina and R. Perotti, "The Political Economy of Budget Deficits", *IMF Staff Papers*, Vol. 42, No. 1, 1995.

A. K. Tiwari and M. Mutascu, "A Revisit on the Tax Burden Distribution and GDP Growth", *Empirical Economics*, Vol. 46, No. 3, 2014.

A. King, "Ideas, Institutions and the Policies of Governments: A Comparative Analysis", *British Journal of Political Science*, Vol. 3, No. 4, 1973.

A. Luke, "Linguistic Stereotypes, the Divergent Speaker, and the Teaching of Literacy", *Journal of Curriculum Studies*, Vol. 18, No. 4, 2006.

A. Mountford and H. Uhlig, "WhatAre the Effects of Fiscal Policy Shocks?", *NBER Working Paper*, W14551, 2008.

Alan J. Auerbach and Roger H. Gordon, "Taxation of Financial Services undera VAT", *The American Economic Review*, Vol. 92, No. 2 (May, 2002).

Alan J. Auerbach, "The Bush Tax Cut and National Saving", *National Tax Journal*, Vol. 55, No. 3 (Sept. , 2002).

Albert Breton, "The Economic Theory of Representative Government: A Reply", *Public Choice*, Vol. 20, No. 1 (Winter, 1974).

Alberto Alesina, Silvia Ardagna, Roberto Perotti and Fabio Schiantarelli, "Fiscal Policy, Profits, and Investment", *The American Economic Review*, Vol. 92, No. 3, (Jun. , 2002).

Alejandro Bonvecchi and Germán Lodola, "The Dual Logic of Intergovernmental Transfers: Presidents, Governors, and the Politics of Coalition – building in Argentina", *Publius*, Vol. 41, No. 2, 2011.

Aleksandra Klofat, "Corporate Tax Rates and Regional Integration: Evidence from Transition Countries", *Journal of Economic Integration*, Vol. 32, No. 1, 2017.

Allan Gibbard, "Manipulation of Voting Schemes: A General Result", *Econometrica*, Vol. 41, No. 4, 1973.

Allison H. Turner, "Instilling Public Service Values and Professionalismthrough Information Literacy", *Journal of Public Affairs Education*, Vol. 21,

No. 1 (Winter, 2015).

Andrew Mountford and Harald Uhlig, "What Are the Effects of Fiscal Policy Shocks?", *Journal of Applied Econometrics*, Vol. 24, No. 6 (Sep. – Oct. , 2009).

Anne O. Krueger, "The Economics of Discrimination", *Journal of Political Economy*, Vol. 71, No. 5, 1963.

Anthony Downs, "An Economic Theory of Political Action in a Democracy", *Journal of Political Economy*, Vol. 65, No. 2 (Apr. , 1957).

Anthony Downs, "Why the Government BudgetIs Too Small in a Democracy", *World Politics*, Vol. 12, No. 4 (Jul. , 1960).

Armenia Androniceanu, "Improving Citizen's Satisfaction Concerningthe Social Welfare Services at Urban Level", *Theoretical and Empirical Researches in Urban Management*, Vol. 12, No. 4 (Nov. , 2017).

Avraham Doron, "Multiculturalism and the Erosion of Support for the Universalistic Welfare State: The Isreali Experience", *Israel Studies*, Vol. 12, No. 3 (Fall, 2007).

B. Annicchiarico and N. Giammarioli, "Fiscal Rules and Sustainability of Public Finances in an Endogenous Growth Model", *European Central Bank Working Paper*, No. 381, 2004.

B. N. John, B. Peter and M. B. John, "Regional Economic Integration and Tax Revenue: East African Community", *Journal of Economic Integration*, Vol. 31, No. 4, 2016.

B. R. Weingast, "Second Generation Fiscal Federalism: Implications for Decentralized Democratic Governance and Economic Development", *Social Science Electronic Publishing*, Vol. 65, No. 3, 2008.

Barbara S. Gamble, "Putting Civil Rights to a Popular Vote", *American Journal of Political Science*, Vol. 41, No. 1, 1997.

Barry R. Weingast, "The Economic Role of Political Institutions: Market – preserving Federalism and Economic Development", *Journal of Law, Economic and Organization*, Vol. 11, No. 1, 1995.

Béatrice Boulu – Reshef, Samuel H. Brott and Adam Zylbersztejn, "Does Uncertainty Deter Provision of Public Goods?", *Revue économique*, Vol. 68, No. 5 (Sept. , 2017).

Ben Lockwood and Francesco Porcelli, "Incentive Schemes for Local Government: Theory and Evidence from Comprehensive Performance Assessment in England", *American Economic Journal: Economic Policy*, Vol. 5, No. 5, 2013.

Ben Lockwood and Francesco Porcelli, "Incentive Schemes for Local Government: Theory and Evidence from Comprehensive Performance Assessment in England", *American Economic Journal: Economic Policy*, Vol. 5, No. 5, 2013.

Benedict S. Jimenez, "Fiscal Stress and the Allocation of Expenditure Responsibilities between State and Local Governments: An Exploratory Study", *State and Local Government Review*, Vol. 41, No. 2, 2009.

Bengt Holmstrom and Paul Milgrom, "Multitask Principal – agent Analyses: Incentive Contracts, Asset Ownership, and Job Design", *Journal of Law, Economics, & Organization*, Vol. 7, 1991.

Bengt Holmstrom and Roger B. Myerson, "Efficient and Durable Decision Rules with Incomplete Information", *Econometrica*, Vol. 51, No. 6 (Nov., 1983).

Bengt Holmstrom, "Contractual Models of the Labor Market", *The American Economic Review*, Vol. 71, No. 2 (May, 1981).

Bengt Holmstrom, "Groves' Scheme on Restricted Domains", *Econometrica*, Vol. 47, No. 5 (Sept., 1979).

Bengt Holmstrom, "The Cost of Capital in Nonmarketed Firms", *The Quarterly Journal of Economics*, Vol. 95, No. 4 (Dec., 1980).

Bernard Arogyaswamy, "Energy Sustainability and Pope Francis' Encyclical on Care forOur Common Home National Policies and Corporations as Change Agents", *Consilience*, Vol. 18, Iss. 2, 2017.

Bill Heniff Jr., "Overview of the Authorization – appropriations Process", *Congressional Research Service* (Jun., 2008).

Bruno S. Frey and Lorenz Goette, "Does the Popular Vote Destroy Civil Rights?", *American Journal of Political Science*, Vol. 42, No. 4, 1998.

C. Favero and T. Monacelli, "Fiscal Policy Rules and Regime (In) Stability: Evidence from the U. S. ", *IGIER Working Paper*, No. 282, 2005.

C. Favero and T. Monacelli, "Monetary – fiscal Policy Mix and Inflation Performance: Evidence from the U. S. ", *IGIER Working Paper*, No. 234, 2003.

C. M. Tiebout, "A Pure Theory of Local Expenditures", *The Journal of Political Economy*, Vol. 64, No. 5, 1956.

C. Favero, "HowDo European Monetary and Fiscal Authorities Behave?", *IGIER Working Paper*, No. 214, 2002.

C. Papageorgiou and F. Perez – Sebastian, "Dynamics in a Non – scale R&D Growth Model with Human Capital: Explaining the Japanese and South Korean Development Experiences", *Journal of Economic Dynamics and Control*, Vol. 30, No. 6, 2006.

C. Peter, "Policy Mix and Debt Sustainability : Evidence from Fiscal Policy Rules", *EUI Working Paper*, No. 1, 2005.

Caroline J. Tolbert and Rodney E. Hero, "Racial/Ethnic Context and Social Policy Change", *Political Research Quarterly*, Vol. 54, No. 3 (Sept. , 2001).

Catriela Cohen, "Charitable Commerce: Examining Property Tax Exemptions for Community Economic Development Organizations", *Columbia Law Review*, Vol. 116, No. 6, 2016.

Charles Cameron, David Epstein and Sharyn O' Halloran, "Do Majority – Minority Districts Maximize Substantive Black Representation in Congress?", *American Political Science Review*, Vol. 90, No. 4, 1996.

Che – Chiang Huang, K. L. Glen Ueng and Jin – Li Hu, "Non – equivalence of Specific and AD Valorem Taxation in the Competitive Market with Tax Evasion", *Hitotsubashi Journal of Economics*, Vol. 58, No. 1 (Jun. , 2017).

Christian R. Grose, "Dissentangling Constituency and Legislator Effects in Legislative Representation: Black Legislators or Black Districts?", *Social Science Quarterly*, Vol. 86, No. 2, 2005.

Clayton P. Gillette, "Dictatorships for Democracy: Takeovers of Financially Failed Cities", *Columbia Law Review*, Vol. 114, No. 6, 2014.

D. M. G. Newbery, "Review", Reviewed Work: *Models of Economic Growth*, by J. A. Mirrlees and N. H. Stern, *The Economic Journal*, Vol. 84, No. 334 (Jun. , 1974).

Daniel C. Lewis, "Bypassing the Representational Filter? Minority Rights Policies under Direct Democracy Institutions in the U. S. States", *State Politics & Policy Quarterly*, Vol. 11, No. 2 (Jun. , 2011).

David Carment, "The Ethnic Dimension in World Politics: Theory, Policy and Early Warning", *Third World Quarterly*, Vol. 15, No. 4 (Dec. , 1994).

David D. Laitin and Barry Weingast, "An Equilibrium Alternative to the Study of Culture", *The Good Society*, Vol. 15, No. 1, 2006.

David E. Wildasin, "Income Distribution and Redistribution within Federations", *Annales d'Économie et de Statistique*, No. 45 (Jan. – Mar. , 1997).

David R. Mayhew, "Congressional Elections: The Case of the Vanishing Marginals", *Polity*, Vol. 6, No. 3 (Spring, 1974).

David Wiens, Paul Poast and William Roberts Clark, "The Political Resource Curse: An Empirical Re – evaluation", *Political Research Quarterly*, Vol. 67, No. 4, 2014.

Deborah J. Schildkraut, "Official – English and the States: Influences on Declaring English the Official Language in the United States", *Political Research Quarterly*, Vol. 54, No. 2, 2001.

Dennis. A. Rondinelli, "What is Decentralization?", in J. Litvack and J. Seddon, eds. , *Decentralization Briefing Notes*, *WBI Working Papers*, No. 4, 1999.

Derrick Bell, "The Referendum: Democracy's Barrier to Racial Equality", *Washington Law Review*, Vol. 54, 1978.

Donald L. Horowitz, "Cause and Consequence in Public Policy Theory: Ethnic Policy and System Transformation in Malaysia", *Policy Sciences*, Vol. 22, No. 3/4, 1989.

E. G. Mendoza and L. Tesar, "The International Ramification of Tax Reform: Supply – side Economics in a Global Economy", *American Economic Review*, Vol. 88, No. 1, 1998.

E. M. Leeper, "Equilibria under 'Active' and 'Passive' Monetary and Fiscal Policies", *Journal of Monetary Economics*, Vol. 27, No. 1, 1991.

E. M. Leeper, M. Plante and N. Traum, "Dynamics of Fiscal Financing in the United States", *Journal of Econometrics*, Vol. 156, No. 2, 2010.

Eric M. Leeper, Alexander W. Richter and Todd B. Walker, "Quantitative Effects of Fiscal Foresight", *American Economic Journal: Economic Policy*, Vol. 4, No. 2 (May, 2012).

Eric M. Leeper, Todd B. Walker and Shu – Chun Susan Yang, "Fiscal

Foresight and Information Flows", *Econometrica*, Vol. 81, No. 3 (May, 2013).

F. Ballabriga and M. C. Martinez, "Has EMU Shifted Policy?", *Economic Papers*, No. 166, 2002.

F. P. Ramsey, "A Contribution to the Theory of Taxation", *Economic Journal*, Vol. 37, No. 145, 1927.

F. Padovano and E. Galli, "Comparing the Growth Effects of Marginal vs. Average Tax Rates and Progressivity", *European Journal of Political Economy*, Vol. 18, No. 3, 2002.

Filippo Altissimo, Riccardo Cristadoro, Mario Forni, Marco Lippi and Giovanni Veronese, "New Eurocoin: Tracking Economic Growth in Real Time", *The Review of Economics and Statistics*, Vol. 92, No. 4 (Nov. , 2010).

Florin O. Bilbiie, André Meier and Gernot J. Müller, "What Accounts for the Changes in U. S. Fiscal Policy Transmission?", *Journal of Money, Credit and Banking*, Vol. 40, No. 7 (Oct. , 2008).

Francesco Caselli and TomCunningham, "Leader Behaviour and the Natural Resource Curse", *Oxford Economic Papers*, *New Series*, Vol. 61, No. 4, 2009.

Francis Weyzig and Michiel Van Dijk, "Incoherence between Tax and Development Policies: The Case of the Netherlands", *Third World Quarterly*, Vol. 30, No. 7, 2009.

Fredrick E. Smith and Paul Stuart, "Integrating Ethnic and Minority Group Historyinto Social Welfare Policy and History Courses", *Journal of Education for Social Work*, Vol. 18, No. 3 (Fall, 1982).

G. Ganelli and J. Tervala, "Public Infrastructures, Public Consumption and Welfare in a New – Open – Economy – Macro Model", *Journal of Macroeconomics*, Vol. 32, No. 3, 2010.

G. M. Milesi – Ferretti, "Good, Bad or Ugly? On the Effect of Fiscal Rules with Creative Accounting", *Journal of Public Economics*, Vol. 88, No. 1, 2004 .

G. W. Scully, "The – Growth Tax in the United States", *Public Choice*, Vol. 85, 1995.

Gabriella Montinola, Yingyi Qian and Barry R. Weingast, "Federalism, Chinese Style: The Political Basis for Economic Success in China", *World Poli-*

tics, Vol. 48, No. 1, 1995.

Geert Driessen, "The Limits of Educational Policy and Practice? The Case of Ethnic Minorities inthe Netherlands", *Comparative Education*, Vol. 36, No. 1 (Feb. , 2000).

George J. Stigler, "Perfect Competition, Historically Contemplated", *Journal of Political Economy*, Vol. 65, No. 1, 1957.

George J. Stigler, "The Economics of Information", *Journal of Political Economy*, Vol. 69, No. 3, 1961.

Gordon Tullock, "Review", Reviewed Work: *Bureaucracy and Representative Government* by William A. Niskanen, *Public Choice*, Vol. 12, No. 1 (Spring, 1972).

H. F. Campbell and R. K. Lindner, "A Model of Mineral Exploration and Resource Taxation", *The Economic Journal*, Vol. 95, No. 377, 1985.

H. Komai, "Immigrants in Japan", *Pacific Asia and Migration Journal*, Vol. 9, No. 3, 2000.

H. Uhlig and N. Yanagawa, "Increasing the Capital Income Tax MayLead to Faster Growth", *European Economic Review*, Vol. 40, No. 8, 1996.

Harold Hotelling, " The Economics of Exhaustible Resources", *Journal of Political Economy*, Vol. 39, No. 2, 1931.

Harry J. Holzer, "A Race – to – the – top in Public Higher Education to Improve Education and Employment Among the Poor", *The Russell Sage Foundation Journal of the Social Sciences*, Vol. 4, No. 3 (Feb. , 2018).

Heather Martin, Maureen Berner and Frayda Bluestein, "Documenting Disparity in Minority Contracting: Legal Requirements and Recommendations for Policy Makers", *Public Administration Review*, Vol. 67, No. 3 (May – Jun. , 2007).

Hehui Jin and Yingyi Qian, "Public Versus Private Ownership of Firms: Evidence from RuralChina", *The Quarterly Journal of Economics*, Vol. 113, No. 3 (Aug. , 1998).

Hongbin Cai and Danoel Treisman, "Does Competition for Capital Discipline Governments? Decentralization, Globalization and Public Policy", *The American Economic Review*, Vol. 95, No. 3, 2005.

J. A. Mirrlees, "An Exploration in the Theory Optimum Income Taxation", *Review of Economics Studies*, Vol. 38, No. 2, 1971.

J. F. Moraga and J. P. Vidal, "Fiscal Sustainability and Public Debt in an Endogenous Growth Model", *European Central Bank Working Paper*, No. 395, 2004.

J. V. Henderson, "Externalities and Industrial Development", *Journal of Urban Economics*, Vol. 42, No. 3, 1997.

J. V. Henderson, "Where Does an Industry Locate?", *Journal of Urban Economics*, Vol. 35, No. 1, 1994.

J. A. Mirrlees and N. H. Stern, "Models of Economic Growth", *Economic Journal*, Vol. 84, No. 334, 1971.

J. Barman, Y. Hebert and D. McCaskill, "The Legacy of the Past: An Overview", in J. Barman, Y. Hebert and D. McCaskill, eds. , *Indian Education in Canada: Volume 1: The Legacy* (Vancouver: University of British Columbia Press, 1986).

J. Cummins, "Empowering Minority Students: A Framework for Intervention", *Harvard Educational Review*, Vol. 56, No. 1, 1986.

J. Gali, D. Lopez – Salido and J. Valles, "Understanding the Effects of Government Spending on Consumption", *Journal of the European Economic Association*, Vol. 5, No. 1, 2007.

J. Oliver and T. Mendelberg, "Reconsidering the Environmental Determinants of White Racial Attitudes", *American Journal of Political Science*, Vol. 44, No. 3, 2000.

James A. Mirrlees, "The Optimal Structure of Incentives and Authority within an Organization", *The Bell Journal of Economics*, Vol. 7, No. 1 (Spring, 1976).

James M. Buchanan, "An Economic Theory of Clubs", *Economica, New Series*, Vol. 32, No. 125 (Feb. , 1965).

James N. Druckman and Thomas J. Leeper, "Learning More from Political Communication Experiments: Pretreatment and Its Effects", *American Journal of Political Science*, Vol. 56, No. 4 (Oct. , 2012).

James N. Druckman, Jordan Fein and Thomas J. Leeper, "A Source of Bias in Public Opinion Stability", *The American Political Science Review*, Vol. 106,

No. 2（May，2012）.

James P. Feehan and Mutsumi Matsumoto，"Productivity – enhancing Public Investment and Benefit Taxation：The Case of Factor – Augmenting Public Inputs"，*The Canadian Journal of Economics/Revue canadienne d'Economique*，Vol. 33，No. 1，2000.

Jane Mansbridge，"Should Blacks Represent Blacks and Women Represent Women? A Contingent 'Yes'"，*Journal of Politics*，Vol. 61，No. 3，1999.

Jeffrey I. Chapman，"Local Government Autonomy and Fiscal Stress：The Case of California Countries"，*State and Local Government Review*，Vol. 35，No. 1，2003.

Jennifer M. Connolly and Dyana P. Mason，"Ideology and Local Public Expenditure Priorities"，*Political Research Quarterly*，Vol. 69，No. 4（Dec.，2016）.

Jiahua Che and Yingyi Qian，"Institutional Environment，Community Government，and Corporate Governance：Understanding China's Township – Village Enterprises"，*Journal of Law，Economics，& Organization*，Vol. 14，No. 1（Apr.，1998）.

John B. Taylor，"Alternative Views of the Monetary Transmission Mechanism：What Difference Do They Make for Monetary Policy?"，*Oxford Review of Economic Policy*，Vol. 16，No. 4（Winter，2000）.

John D. Heinberg and Wallace E. Oates，"The Incidence of Differential Property Taxes on Rental Housing：An Addendum"，*National Tax Journal*，Vol. 25，No. 2（Jun.，1972）.

John E. Filer，Lawrence W. Kenny and Rebecca B. Morton，"Voting Laws，Educational Policies，and Minority Turnout"，*The Journal of Law & Economics*，Vol. 34，No. 2（Oct.，1991）.

John Hope II，"Current Minority Policies and Their Implementation in International Unions"，*The American Journal of Economics and Sociology*，Vol. 10，No. 4（Jul.，1951）.

John R. Johannes，"Review：Constituent Service and the 'Incumbency Effect'"，Reviewed Work：*The Personal Vote：Constituency Service and Electoral Independence* by Bruce Cain and John Ferejohn，*The Review of Politics*，Vol. 51，

No. 3 (Summer, 1989).

John R. Livernois, "Marginal Effective Tax Rates for Capital in the Canadian Mining Industry: AnExtension", *The Canadian Journal of Economics / Revue Canadienne d' Economique*, Vol. 22, No. 1, 1989.

John W. Critzer, "Racial and Gender Income Inquality in the American State", *Race and Society*, Vol. 1, No. 2, 1998.

Jonah M. Williams, "A Systematic Evaluation of Environmental Discrimination with Regard to Sustainability Initiatives in India, How Community Based Natural Resource Management Theory Could Offer a Practical Solution to Promoting Equitable Access to Sustainability", *Consilience*, No. 16, Iss. 1, 2016.

Jonathan Rodden, "Comparative Federalism and Decentralization: On Meaning and Measurement", *Comparative Politics*, Vol. 36, No. 4, 2004.

Jordi Galí, Roberto Perotti, Philip R. Lane and Wolfram F. Richter, "Fiscal Policy and Monetary Integration in Europe", *Economic Policy*, Vol. 18, No. 37 (Oct., 2003).

Julian N. Eule, "Judicial Review of Direct Democracy", *Yale Law Journal*, Vol. 99, No. 7, 1990.

K. Stephen and P. Keefer, "Does Social Capital Have an Economic Payoff? A Cross – country Investigation", *Quarterly Journal of Economics*, Vol. 112, No. 4, 1997.

Kai – yuen Tsui and Youqiang Wang, "Between Separate Stoves and a Single Menu: Fiscal Decentralization in China", *The China Quarterly*, Vol. 177, No. 177 (Mar., 2004).

Kathleen A. Bratton and Kerry L. Haynie, "Agenda Setting and Legislative Success in State Legislatures: The Effects of Gender and Race", *The Journal of Politics*, Vol. 61, No. 3, 1999.

Kenneth A. Shepsle and Barry R. Weingast, "Uncovered Sets and Sophisticated Voting Outcomes with Implications for Agenda Institutions", *American Journal of Political Science*, Vol. 28, No. 1 (Feb., 1984).

Kenneth A. Shepsle and Barry R. Weingast, "When Do Rules of Procedure Matter?", *The Journal of Politics*, Vol. 46, No. 1 (Feb., 1984).

Kenneth J. Meier, Eric Gonzalez Juenke, Robert Wrinkle, and J. L. Polinard,

"Structural Choice and Representational Biases: The Post – Election Color of Representation", *American Journal of Political Science*, Vol. 49, No. 4, 2005.

Kenny J. Whitby and George A. Krause, "Race, Issue Hetergeneity and Public Policy: The Republican Revolution in the 104th U. S. Congress and Representation of African – American Policy Interests", *British Journal of Political Science*, Vol. 31, No. 3, 2001.

Kevin J. O' Brien and Liangjiang Li, "Selective Policy Implementation in Rural China", *Comparative Politics*, Vol. 31, No. 2 (Jan., 1999).

Kurt Samuelsson, "*An Economic History of Sweden* by E. F. Heckscher, G. Ohlin", *The American Economic Review*, Vol. 46, No. 1 (Mar., 1956).

L. S. Murphy, "Statement of L. S. Murphy, U. S. Forest Service Concerning Senator Vaughan's Proposal to Levy a Severance Tax Upon All Natural Resources", *Proceedings of the Annual Conference on Taxation under the Auspices of the National Tax Association*, Vol. 15, No. 18 – 22 (Sept., 1922).

L. Hurwicz, *On Informationally Decentralized System* (Decision and Organization, 1972.)

L. Jones, R. Manuelli and R. E. Rossi, "Optimal Taxation in Models of Endogenous Growth", *Journal of Political Economy*, Vol. 101, 1993.

L. Linnemann and A. Schabert, "Fiscal Policy in the New Neoclassical Synthesis", *Journal of Money, Credit and Banking*, Vol. 35, No. 6, 2005.

Lei Zhang, "Neutrality and Efficiency of Petroleum Revenue Tax: A Theoretical Assessment", *The Economic Journal*, Vol. 107, No. 443, 1997.

Lisa Y. Flores and Mary J. Heppener, "Multicultural Career Counseling: Ten Essential for Training", *Journal of Career Development*, Vol. 28, No. 3, 2002.

M. Weiner, "Peoples and States in a New Ethnic Order", *Third World Quarterly*, Vol. 13, No. 2, 1992.

M. Aloi, L. B. Teresa and W. J. Hans, "Endogenous Business Cycles and Systematic Stabilization Policy", *International Economic*, Vol. 44, No. 3, 2003.

M. Baxter and R. G. King, "Fiscal Policy in General Equilibrium", *American Economic Review*, Vol. 83, No. 3, 1993.

M. Gomez, "Optimal Tax Structure in a Two – sector Model of Endogenous Growth", *Journal of Macroeconomics*, Vol. 29, No. 2, 2007.

Madonna G. Constantine and Chris D. Erickson, "Examining Social Constructions in Vocational Counseling: Implications for Multicultural Counseling Competency", *Counselling Psychology Quarterly*, Vol. 11, No. 2, 1998.

Manash Ranjan Gupta and Trishita Ray Barman, "Environmental Pollution, Informal Sector, Public Expenditure and Economic Growth", *Hitotsubashi Journal of Economics*, Vol. 56, No. 1, 2015.

Maria Bruquetas – Callejo, Blanca Garces – Mascarenas, Rinus Penninx and Peter Scholten, "Policymaking Related to Immigration and Integration: The Dutch Case", *Amsterdam: IMISCO Working Paper: Country Report*, No. 15, 2007.

Marianne Vigneault, "Grants and Soft Budget Constraints", in Robin Boadway and Anwar Shah, eds., *Intergovernmental Fiscal Transfers: Principles and Practice*, (The World Bank, 2007).

Mario Forni, Domenico Giannone, Marco Lippi and Lucrezia Reichlin, "Opening the Black Box: Structural Factor Models with Large Cross Sections", *Econometric Theory*, Vol. 25, No. 5 (Oct., 2009).

Mark D. Bradbury and J. Edward Kellough, "Representative Bureaucracy: Exploring the Potential for Active Representation in Local Government", *Journal of Public Administration Research and Theory: J – PART*, Vol. 18, No. 4 (Oct., 2008).

Mary Hawkesworth, "Congressional Enactments of Raced – gender: Toward a Theory of Raced – gendered Institutions", *American Political Science Review*, No. 97, Vol. 4, 2003.

Matthias Wrede "Tax Competition and Federalismthe Underprovision of Local Public Goods", *Finanz Archiv/Public Finance Analysis New Series*, Bd. 54, H. 4, 1997.

Michael Spence and Richard Zeckhauser, "Insurance, Information, and Individual Action", *The American Economic Review*, Vol. 61, No. 2 (May, 1971).

Mike Noon and Kim Hoque, "EthnicMinorities and Equal Treatment: The Impact of Gender, Equal Opportunities Policies and Trade Unions", *National Institute Economic Review*, Vol. 176, No. 176 (Apr., 2001).

Milton Harris and Bengt Holmstrom, "On the Duration of Agreements", *International Economic Review*, Vol. 28, No. 2 (Jun., 1987).

Morris P. Fiorina and Kenneth A. Shepsle, "Is Negative Voting an Artifact?", *American Journal of Political Science*, Vol. 33, No. 2 (May, 1989).

Moumita Chel and Vivekananda Mukherjee, "On Autonomous Devolution from the Union Government, Provision of Local Public Goods and Welfare of the States", *Indian Economic Review*, *New Series*, Vol. 51, No. 1/2 (Jan. – Dec., 2016).

N. H. Stern, "On the Specification of Models of Optimum Income Taxation", *Journal of Public Economics*, Vol. 6, No. 1 – 2, 1976.

N. Grant, "Some Problems of Identity and Education: A Comparative Examination of Multicultural Education", *Comparative Education*, Vol. 33, No. 1, 1997.

N. L. Stokey and S. Rebelo, "Growth Effects of Flat – Rate Taxes", *Journal of Political Economy*, Vol. 103, 1995.

Nancy Arthur and Mary Mcmahon, "Multicultural Career Counseling: Theoretical Applications of the Systems Theory Frameworks", *The Career Development Quarterly*, Vol. 53, No. 3, 2005.

Norman Gemmell and Marisa Ratto, "Behavioral Responses to Taxpayer Audits: Evidence from Random Taxpayer Inquiries", *National Tax Journal*, Vol. 65, No. 1 (Mar., 2012).

O. Blanchard, and R. Perotti, "An Empirical Characterization of the Dynamic Effects of Changes in Government Spending and Taxes on Output", *Quarterly Journal of Economics*, Vol. 117, No. 4, 2002.

Oleg Kodolov and Geoffrey Hale, "Budgeting Under Prolonged Constraints: Canadian Provincial Governments Respond to Recession and 'Slowth'", *Canadian Public Policy/Analyse de Politiques*, Vol. 42, No. 1 (Mar., 2016).

OlivierBlanchard and Andrei Shleifer, "Federalism with and without Political Centralization: China Versus Russia", *NBER Working Paper*, No. 7616, 2000.

Olivier Blanchard and Roberto Perotti, "An Empirical Characterization of the Dynamic Effects of Changes in Government Spending and Taxes on Output", *The Quarterly Journal of Economics*, Vol. 117, No. 4 (Nov., 2002).

P. Diamond and J. Mirrlees, "Private Constant Returns and Public Shadow Prices", *The Review of Economic Studies*, Vol. 43, No. 1 (Feb., 1976).

P. Egger, M. Kethenbüerger and M. Smart, "Do Fiscal Transfers Alleviate

Business Tax Competition? Evidence from Germany", *Journal of Public Economics*, *Vol.* 94, No. 3, 2010.

P. R. Mitchell, J. E. Sault, and K. F. Wallis, "Fiscal Policy Rules in Macroeconomic Models: Principles and Practice", *Economic Modelling*, Vol. 17, No. 2, 2004.

Pau Rabanal, "Inflation Differentials between Spain and the EMU: A DSGE Perspective", *Journal of Money, Credit and Banking*, Vol. 41, No. 6 (Sept., 2009).

Paul A. Samuelson, "Proofthat Properly Discounted Present Values of Assets Vibrate Randomly", *The Bell Journal of Economics and Management Science*, Vol. 4, No. 2 (Autumn, 1973).

Paul A. Samuelson, "Stochastic Speculative Price", *Proceedings of the National Academy of Sciences of the United States of America*, Vol. 68, No. 2 (Feb., 1971).

Paul A. Samuelson, "The Consumer Does Benefit from Feasible Price Stability", *The Quarterly Journal of Economics*, Vol. 86, No. 3 (Aug., 1972).

Paul Onyango – Delewa, "Central Government Patronage, Donor Aid, and Budget Performance in Local Government: Testing a Mediation Effect", *Journal of Public Budgeting, Accounting & Financial Management*, Vol. 28, No. 2, 2016.

Peter A. Diamond and James A. Mirrlees, "On the Assignment of Liability: The Uniform Case", *The Bell Journal of Economics*, Vol. 6, No. 2 (Autumn, 1975).

Petter Osmundsen, "Dynamic Taxation of Non – renewable Natural Resources under Asymmetric Information about Reserves", *The Canadian Journal of Economics/Revue canadienne d'Economique*, Vol. 31, No. 4, 1998.

Philip R. Lane and Gian Maria Milesi – Ferretti, "The Transfer Problem Revisited: Net Foreign Assets and Real Exchange Rates", *The Review of Economics and Statistics*, Vol. 86, No. 4 (Nov., 2004).

Qi Li and Jianxin Zhou, "The Uniqueness of Cross – validation Selected Smoothing Parameters in Kernel Estimation of Nonparametric Models", *Econometric Theory*, Vol. 21, No. 5 (Oct., 2005).

R. A. Musgrave, "The Voluntary Exchange Theory of Public Economy", *The Quarterly Journal of Economics*, Vol. 53, No. 2, 1939.

R. Bouakez and N. Rebei, "WhyDoes Private Consumption Rise after a Government Spending Shock?", *Canadian Journal of Economics*, Vol. 40, No. 3, 2007.

R. Clarida, J. Gali and M. Gertler, "Monetary Policy Rules in Practice Some International Evidence", *European Economic Review*, Vol. 42, No. 6, 1998.

R. G. King, C. I. Plosser and S. T. Rebelo, "Production, Growth and Business Cycles", *Journal of Monetary economics*, Vol. 21, No. 2 - 3, 1988.

R. James and J. R. Hines, "Business Tax Burdens and Tax Reform", *Brookings Papers on Economic Activity*, Vol. 48 (Fall, 2017).

R. Lucas, "Supply Side Economies: An Analytic Review", *Oxford Economic Papers*, Vol. 42, 1990.

Rabindra Nath Chakraborty, "Sharing Culture and Resource Conservation in Hunter - Gatherer Societies", *Oxford Economic Papers*, *New Series*, Vol. 59, No. 1, 2007.

Ralph R. Premdas, "Public Policy in a Multi - ethnic State: The Case of National Service in Trinidad and Tobago", *Social and Economic Studies*, Vol. 45, No. 1 (Mar. , 1996).

Rhys Andrews, George A. Boyne, Kenneth J. Meier, Laurence J. O'Toole, Jr. and Richard M. Walker, "Representative Bureaucracy, Organizational Strategy, and Public Service Performance: An Empirical Analysis of English Local Government", *Journal of Public Administration Research and Theory: J - PART*, Vol. 15, No. 4 (Oct. , 2005).

Robert A. Dahl, "The Behavioral Approach in Political Science: Epitaph for a Monument to a Successful Protest", *The American Political Science Review*, Vol. 55, No. 4 (Dec. , 1961).

Robert A. Dahl, "Who Participates in Local Politics and Why", *Science*, *New Series*, Vol. 134, No. 3487 (Oct. , 1961).

Robert J. Barro, "Government Spending in a Simple Model of Endogeneous Growth", *Journal of Political Economy*, Vol. 98, No. 5, 1990.

Robert R. Preuhs, "The Conditional Effects of Minority Descriptive Representation: Black Legislators and PolicyInfluence in the American States", *The Journal of Politics*, Vol. 68, No. 3 (Aug. , 2006).

Rohini Pande, "Can Mandated Political Representation Increase Policy Influence for Disadvantaged Minorities? Theory and Evidence from India", *The A-merican Economic Review*, Vol. 93, No. 4 (Sep. , 2003).

Ronald I. McKinnon, "EMU as a Device for Collective Fiscal Retrenchment", *The American Economic Review*, Vol. 87, No. 2 (May, 1997).

Ronald I. McKinnon, "The Logic of Market – preserving Federalism", *Virginia Law Review*, Vol. 83, No. 7 (Oct. , 1997).

Ross Garnaut and Anthony Clunies Ross, "Uncertainty, Risk Aversion and the Taxing of Natural Resource Projects", *The Economic Journal*, Vol. 85, No. 338, 1975.

Rudiger Dornbusch, Stanley Fischer and Paul A. Samuelson, "Heckscher – Ohlin Trade Theory with a Continuum of Goods", *The Quarterly Journal of Economics*, Vol. 95, No. 2 (Sept. , 1980).

S. H. Schwartz and W. Bilsky, "Toward a Psychological Structure of Human Values", *Journal of Personality and Social Psychology*, Vol. 53, No. 3, 1987.

S. H. Schwartz, "Universals in the Content and Structure of Values: Theoretical Advance and Empirical Tests in 20 Countries", *Advances in Experimental Social Psychology*, Vol. 25, No. 2, 1992.

S. R. Aiyagari, L. J. Christiano and M. Eichenbaum, "The Output, Employment and Interest Rate Effects of Government Consumption", *Journal of Monetary Economics*, Vol. 30, No. 1, 1992.

S. Rose – Ackerman, "Reforming Public Bureaucracy through Economic Incentives?", *Journal of Law Economics & Organization*, Vol. 2, No. 1, 1986.

S. Schmitt – Grohe and M. Uribe, "Balanced – budget Rules, Distortionary Taxes, and Aggregate Instability", *Journal of Political Economy*, Vol. 105, No. 5, 1997.

Sally Coleman, Jeffrey L. Brudney and J. Edward Kellough, "Bureaucracy as a Representative Institution: Toward a Reconciliation of Bureaucratic Government and Democratic Theory", *American Journal of Political Science*, Vol. 42, No. 3 (Jul. , 1998).

Sandra Nutley, James Downe, Steve Martin and Clive Grace: "Policy Transfer and Convergence within the UK: The Case of Local Government Performance Improvement Regimes", *Policy & Politics*, Vol. 40, No. 2, 2012.

Sascha O. Becker, Peter H. Egger, and Maximilian Von Ehrlich, "Absorptive Capacity and the Growth and Investment Effects of Regional Transfers: A Regression Discontinuity Design with Heterogeneous Treatment Effects", *American Economic Journal: Economic Policy*, Vol. 5, No. 5, 2013.

Satya P. Das, "The Political Economy of Revenue Pressure and Tax Collection Efficiency", *Indian Growth and Development Review*, Vol. 4, No. 1, 2011.

Seaton W. Manning, "The Tragedy of the Ten Million Acre Bill", *Social Service Review*, Vol. 36, No. 1 (Mar., 1962).

Shelley D. Wong, "Institutional Policies and Language Minority Students in the U. S.", *TESOL Quarterly*, Vol. 30, No. 3 (Autumn, 1996).

Simon Kuznets, "Economic Growth and Income Inequality", *The American Economic Review*, Vol. 45, No. 1 (Mar., 1955).

Simon Kuznets, "Problems in Comparing Recent Growth Rates for Developed and Less Developed Countries", *Economic Development and Cultural Change*, Vol. 20, No. 2 (Jan., 1972).

Simon Kuznets, "Rural – Urban Differences in Fertility: An International Comparison", *Proceedings of the American Philosophical Society*, Vol. 118, No. 1 (Feb., 1974).

Stephen A. Ross, "The Economic Theory of Agency: The Principal's Problem", *The American Economic Review*, Vol. 63, No. 2 (May, 1973).

Sudhir Chandra, "Towards a Cultural Policy: A Minority Viewpoint", *Economic and Political Weekly*, Vol. 26, No. 7 (Jun., 1972).

T. Buettner, "The Incentive Effects of Fiscal Equalization Transfers on Tax Policy", *Journal of Public Economics*, Vol. 90, No. 3, 2005.

Thomas R. Dye and Harmon Zeigler, "Socialism and Militarism: Confronting Ideology with Evidence", *Political Science and Politics*, Vol. 23, No. 4 (Dec., 1990).

Tiia Tulviste, Kenn Konstabel and Peeter Tulviste, "Stability and Change in Value Consensus of Ethnic Estonians and Russian – speaking Minority", *International Journal of Intercultural Relations*, Vol. 39, No. 3, 2014.

Tiziana Assenza, Te Bao, Cars Hommes and Domenico Massaro, "Experiments on Expectations in Macroeconomics and Finance", *Experiments in Macro-*

economics, Vol. 17, 2014.

Todd Donovan and Shaun Bowler, "Direct Democracy and Minority Rights: An Extension", *American Journal of Political Science*, Vol. 42, No. 3, 1998.

Troy Davig and Eric M. Leeper, "Generalizing the Taylor Principle", *The American Economic Review*, Vol. 97, No. 3 (Jun., 2007).

Troy Davig and Eric M. Leeper, "Temporarily Unstable Government Debt and Inflation", *IMF Economic Review*, Vol. 59, No. 2, 2011.

Tsui and Wang, "Between Separate Stoves and a Single Menu: Fiscal Decentralization in China", *China Quarterly*, Vol. 177, No. 177, 2004.

U. S. Congress, "Economic Opportunity Act of 1964", in *United States Code, Congressional and Administrative News*, 88th *Congress*, 2nd *Session* (St. Paul: West Publishing Co., 1964).

U. S. Congress, "Employment Act of 1946", in *United States Code, Congressional and Administrative News*, 79th *Congress and* 2nd *Session* (West Publishing Co. and Edward Thompson Co., 1946).

U. S. Congress, "Manpower Development and Training Act of 1962", in *United States Code, Congressional and Administrative News*, 87th *Congress*, 2nd *Session* (St. Paul: West Publishing Co., 1962).

Villamor Gamponia and Robert Mendelsohn, "The Taxation of Exhaustible Resources", *The Quarterly Journal of Economics*, Vol. 100, No. 1, 1985.

W. Kenneth, Robert England and Kenneth J. Meier, "Black Representation in Urban School Districts: From School Board to Office to Classroom", *Western Political Quarterly*, Vol. 42, No. 2, 1989.

W. C. Mitchell and W. A. Niskanen, "Bureaucracy and Representative Government", *American Political Science Association*, Vol. 68, No. 4, 1971.

Wallace E. Oates, "The Dual Impact of Federal Aid on State and Local Government Expenditures: A Comment", *National Tax Journal*, Vol. 21, No. 2 (Jun., 1968).

Wallace E. Oates, "The Effects of Property Taxes and Local Public Spending on Property Values: An Empirical Study of Tax Capitalization and Tiebout Hypothesis", *Journal of Political Economy*, Vol. 77, No. 8, 1969.

Wallace E. Oates, "The Theory of Public Finance in a Federal System",

The Canadian Journal of Economics/Revue canadienne d'Economique, Vol. 1, No. 1（Feb. , 1968）.

Wallace E. Oates, "The Effects of Property Taxes and Local Public Spending on Property Values: An Empirical Study of Tax Capitalization and Tiebout Hypothesis", *Journal of Political Economy*, Vol. 77, No. 8, 1969.

Walter I. Trattner, "The Federal Government and Social Welfare in Early Nineteenth Century America", *Social Service Review*, Vol. 50, No. 2（Jun. , 1976）.

William C. Mitchell, "Review", Reviewed Work: *Bureaucracy and Representative Government* by William A. Niskanen, Jr. , *The American Political Science Review*, Vol. 68, No. 4（Dec. , 1974）.

Wojciech Kopczuk, "Incentive Effects of Inheritances and Optimal Estate Taxation", *American Economic Review: Paper & Proceedings*, Vol. 103, No. 3, 2013.

Y. Abu – Laban and D. Stasiulis, "Ethnic Pluralism under Siege: Popular and Partisan Opposition to Multiculturalism", *Canadian Public Policy/Analyse de Politiques*, Vol. 18, No. 4, 1992.

Y. Qian and B. R. Weingast, "Federalism as a Commitment to Perserving Market Incentives", *The Journal of Economic Perspectives*, Vol. 11, No. 4, 1997.

Yasmeen Abu – Laban and Daiva Stasiulis, "Constructing 'Ethnic Canadians': The Implications for Public Policy and Inclusive Citizenship: Rejoinder to Rhoda Howard – Hassmann", *Canadian Public Policy / Analyse de Politiques*, Vol. 26, No. 4（Dec. , 2000）.

Yingyi Qian and Barry R. Weingast, "Federalism as a Commitment to Perserving Market Incentives", *The Journal of Economic Perspectives*, Vol. 11, No. 4,（Autumn, 1997）.

Yingyi Qian and Barry R. Weingast, "Federalism, Chinese Style: The Political Basis for Economic Success in China Gabriella Montinola", *World Politics*, Vol. 48, No. 1（Oct. , 1995）.

Yingyi Qian and Gérard Roland, "Federalism andthe Soft Budget Constraint", *The American Economic Review*, Vol. 88, No. 5（Dec. , 1998）.

Yoko Motani, "Towards a More Just Educational Policy for Minorities in Japan: The Case of Korean Ethnic Schools", *Comparative Education*, Vol. 38, No. 2（May, 2002）.

张冬梅、王婷、刘峰：《资源税深化改革目标定位再思考——以新疆为例》，《新疆社科论坛》2018 年第 3 期。

张冬梅、李茂生、吴凡：《中央对民族地区转移支付和税收返还效果评价与调整建议》，《西南民族大学学报》2018 年第 8 期。

张冬梅、吴凡：《中央对地方税收返还何去何从?》，《经济研究参考》2018 年第 38 期。

魏后凯：《确保民族地区与全国同步全面建成小康社会》，《中国民族》2015 年第 3 期。

魏后凯：《我国区域发展两大失衡问题亟待破解》，《人民论坛》2016 年第 4 期。

汪彤：《民族地区财税失衡的税制因素分析》，《经济研究参考》2016 年第 72 期。

张冬梅：《税收负担与税收结构对民族地区经济发展的影响》，"社会发展与国家治理能力现代化——第二届'发展与治理'高层论坛"会议论文，南京师范大学，2017 年 4 月 22 日。

张冬梅：《民族自治地方财政问题之我见》，"发展与治理研讨会"会议论文，芝加哥大学北京中心，2016 年 4 月 9 日。

张冬梅：《少数民族自治县财政自主性研究》，"财局与政局"会议论文，中央财经大学，2015 年 6 月 6 日。

张冬梅，"Study on Tax Policies for the Development of Ethnic Minority Regions in China"，"Scholars' Colloquium in the 2017 Summer Institute in Law and Economics at the University of Chicago Law School"，19th，July，2017.

致　谢

在著作出版之际，感觉自己有更多的感慨。首先是对研究课题完成的不满足，总觉得某一方面的课题研究也是一个永远不会完结的过程，总是在研究过程中产生新的想法，发现新的研究问题。我总想把事情做到尽善尽美，但又不得不考虑完美与进度的平衡。我没有渴求任何人认可我的研究的价值，只要阅读者能够承认我付出的努力，就心满意足了。然而，我付出努力的背后，有众多专家、学者、同事、同学及家人的支持，在这里我要诚挚地感谢他们。

首先，我要感谢在中国社会科学院博士后进站时我的合作导师。导师给予我的指导使我受益终身。在我研究本项目期间，他耐心与细心的教诲，使我备受鼓舞；他对《中央支持民族地区财政政策研究：效果评价与调整方向》提出了宝贵的建议，还逐字逐句阅读，为我做导师树立了榜样。

其次，我要感谢我所在学校、单位的同事与学生。撰写著作的整个过程都得到了校院领导无微不至地关怀与支持，包括黄泰岩前校长、张丽君院长、谢丽霜教授、王文长教授、杨松武副教授、汪彤副教授等；理学院杨芳副教授，使我在艰苦的学术研究中坚持深入探索和求真务实；非常感谢我的学生吴凡、李茂生、黄少侠为本著作提供了数据。

再次，我要感谢帮助过我的其他专家、学者、同学和朋友，他们是：国家民委的领导温军副司长、范振军处长、中国国际扶贫中心的领导吴忠主任、黄承伟主任，国务院扶贫办张慧东处长，中国人民大学经济学院吴易风教授、吴汉洪教授、方福前教授、陈彦斌教授等，芝加哥大学政治系杨大利教授等，北京大学新结构经济学研究中心主任林毅夫教授、北京大学国民经济研究中心苏剑教授、北京大学政府管理学院沈体雁教授等，中国社会科学院民族学与人类学研究所王希恩教授、龙远蔚教授等；中央财经大学林光彬教授、张苏教授等。特别感谢刘峰副教授为本著作提供了部分资料。

最后，我要感谢我的亲人。我经常因为投入工作而忘记女儿的事情，陪她玩儿的时间较少，但是她给我带来的乐趣不少于我的科研工作；感谢父母与先生的支持与帮助，是他们无私的爱激励着我在发展的路上稳步前进。我的每一项成绩背后都有他们一半的功劳。

张冬梅

北京 2020 年 12 月

图书在版编目（CIP）数据

中央支持民族地区财政政策研究：效果评价与调整方向/张冬梅著. -- 北京：社会科学文献出版社，2021.4

ISBN 978 - 7 - 5201 - 7855 - 6

Ⅰ.①中⋯ Ⅱ.①张⋯ Ⅲ.①民族地区 – 财政政策 – 政策支持 – 研究 – 中国 Ⅳ.①F812.7

中国版本图书馆 CIP 数据核字（2021）第 048573 号

中央支持民族地区财政政策研究：效果评价与调整方向

著　　者／张冬梅

出 版 人／王利民
组稿编辑／许秀江
责任编辑／宋淑洁
文稿编辑／李　璐

出　　版／社会科学文献出版社·经济与管理分社（010）59367226
　　　　　地址：北京市北三环中路甲 29 号院华龙大厦　邮编：100029
　　　　　网址：www. ssap. com. cn
发　　行／市场营销中心（010）59367081　59367083
印　　装／三河市龙林印务有限公司

规　　格／开　本：787mm × 1092mm　1/16
　　　　　印　张：14.75　字　数：250 千字
版　　次／2021 年 4 月第 1 版　2021 年 4 月第 1 次印刷
书　　号／ISBN 978 - 7 - 5201 - 7855 - 6
定　　价／88.00 元

本书如有印装质量问题，请与读者服务中心（010 - 59367028）联系